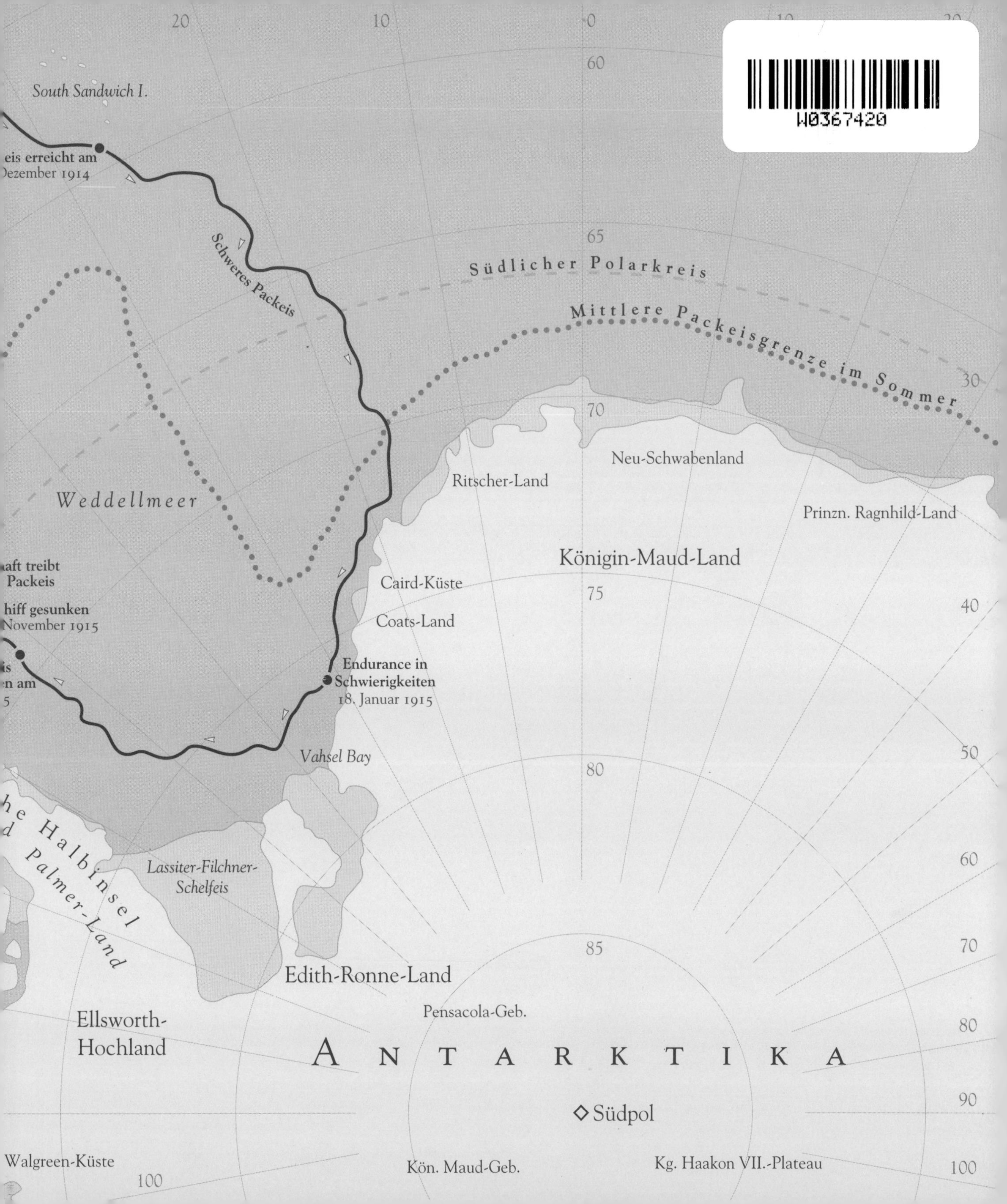

South Sandwich I.
eis erreicht am
ezember 1914
Schweres Packeis
Südlicher Polarkreis
Mittlere Packeisgrenze im Sommer
Weddellmeer
Neu-Schwabenland
Ritscher-Land
Prinzn. Ragnhild-Land
Königin-Maud-Land
aft treibt
Packeis
hiff gesunken
November 1915
Caird-Küste
Coats-Land
Endurance in
Schwierigkeiten
18. Januar 1915
Vahsel Bay
he Halbinsel
d Palmer-Land
Lassiter-Filchner-
Schelfeis
Edith-Ronne-Land
Pensacola-Geb.
Ellsworth-
Hochland
ANTARKTIKA
Südpol
Walgreen-Küste
Kön. Maud-Geb.
Kg. Haakon VII.-Plateau

DURCH DAS PACKEIS

Caroline Alexander

DIE ENDURANCE

Shackletons legendäre Expedition in die Antarktis

Aus dem Amerikanischen von Bruno Elster

Berlin Verlag

Für Mrs. Chippy, die Pionierin

BLACKBOROW MIT MRS. CHIPPY

»NIEMALS WERDE ICH DAS
BANNER EINHOLEN,
NIE SAGEN, ES WAR
DAS LETZTE MAL.«

Sir Ernest Shackleton

DIE RETTUNG

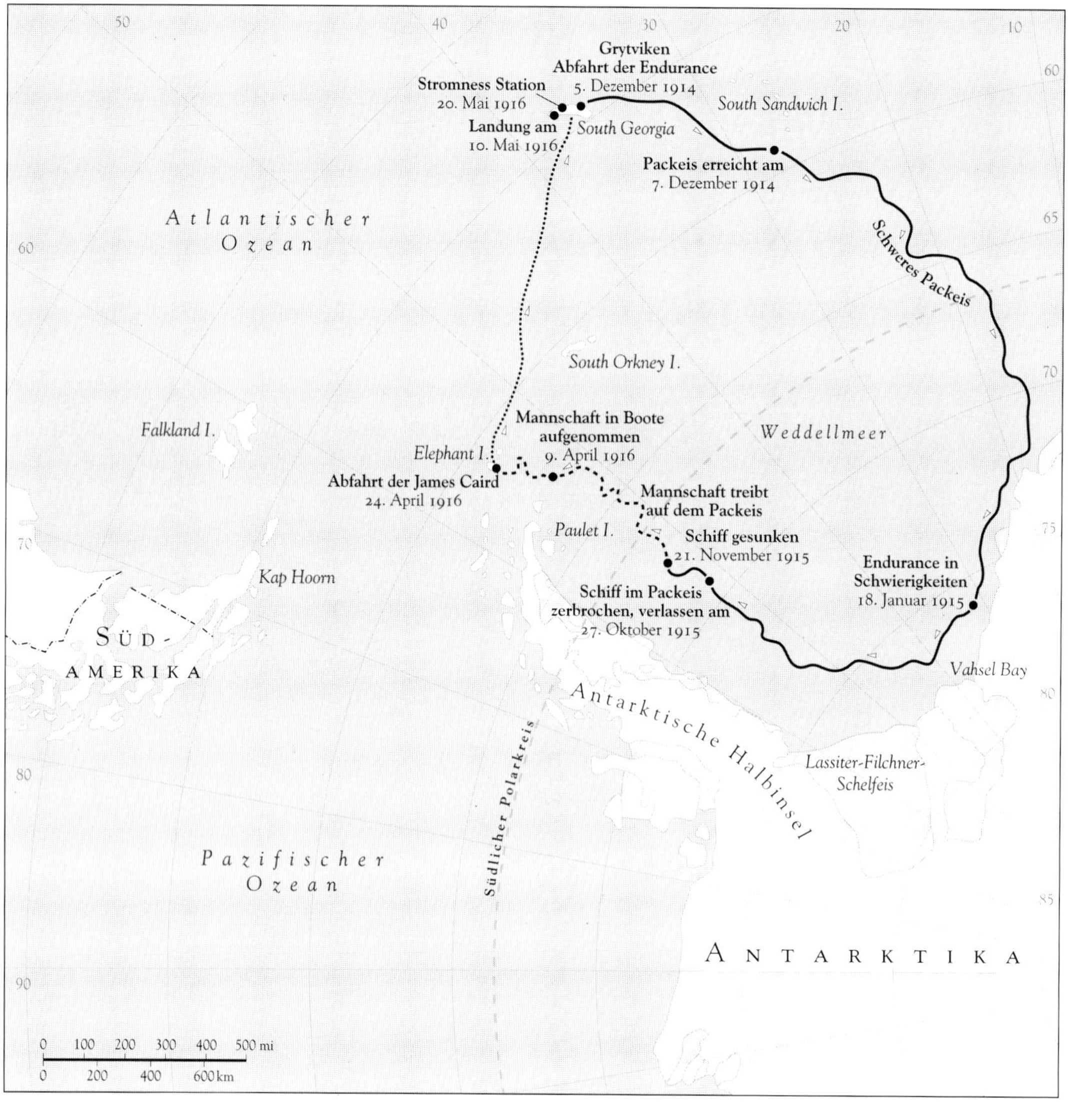
50
40
30
20
10
60
65
70
75
80
85
90
Grytviken
Abfahrt der Endurance
5. Dezember 1914
Stromness Station
20. Mai 1916
Landung am
10. Mai 1916
South Georgia
South Sandwich I.
Packeis erreicht am
7. Dezember 1914
Schweres Packeis
Atlantischer
Ozean
South Orkney I.
Falkland I.
Weddellmeer
Mannschaft in Boote
aufgenommen
9. April 1916
Elephant I.
Abfahrt der James Caird
24. April 1916
Mannschaft treibt
auf dem Packeis
Paulet I.
Schiff gesunken
21. November 1915
Kap Hoorn
Endurance in
Schwierigkeiten
18. Januar 1915
Schiff im Packeis
zerbrochen, verlassen am
27. Oktober 1915
SÜD-
AMERIKA
Vahsel Bay
Antarktische Halbinsel
Südlicher Polarkreis
Lassiter-Filchner-
Schelfeis
Pazifischer
Ozean
ANTARKTIKA
0 100 200 300 400 500 mi
0 200 400 600 km

SIR ERNEST SHACKLETON

Das heroische Zeitalter

Dieser Tag würde dem Kapitän des Schiffes, Frank Worsley, für immer in lebhafter Erinnerung bleiben. Es war Juli, mitten im antarktischen Winter, die Dunkelheit langer Polarnächte lastete seit vielen Wochen auf der Besatzung. Die Temperatur betrug minus 34 Grad Celsius. Um das Schiff herum erstreckte sich in alle Himmelsrichtungen bis an den Horizont ein Meer aus Eis, weiß und geheimnisvoll unter dem sternenklaren Firmament. Von Zeit zu Zeit ließ das Kreischen des Windes jede Unterhaltung verstummen. In weiter Ferne hörte man das Eis stöhnen. Worsley und seine zwei Begleiter lauschten seiner bedrohlichen Stimme, wie sie meilenweit durch die kalte Luft zu ihnen getragen wurde. Manchmal zitterte und ächzte das kleine Schiff, wie zur Erwiderung. Der Holzrumpf stand unter dem Druck des Eises, das von fern her auf die *Endurance* zugeschoben wurde und sie zu zerbrechen drohte. Einer der Männer ergriff das Wort:

»Sie ist ihrem Ende nah … Das Schiff wird das hier nicht überstehen, Skipper. Sie sollten sich mit dem Gedanken anfreunden, daß es nur noch eine Frage der Zeit ist. Mag sein, daß es einige Monate sind, es könnte sich aber auch nur noch um wenige Wochen handeln, oder nur noch um ein paar Tage … aber was das Eis zu fassen bekommt, das behält es auch.«

Das war im Jahre 1915. Die düstere Einschätzung stammte von Sir Ernest Shackleton, dem berühmtesten Polarforscher seiner Zeit. Der dritte Mann war Frank Wild, Zweiter Offizier an Bord. Ihr Schiff, die *Endurance*, war auf dem 74. Breitengrad Süd tief in den gefrorenen Gewässern des antarktischen Weddellmeeres eingeschlossen. Shackleton hatte einen ehrgeizigen Plan. Er war mit seinen Männern nach Süden gesegelt, um eine der letzten verbliebenen Trophäen auf dem Gebiet der Erderkundung für sich zu beanspruchen. Zu Fuß wollte er den antarktischen Kontinent durchqueren.

Seit Dezember 1914 hatte die *Endurance* mit ungewöhnlich schlechten Eisbedingungen zu kämpfen. Sie hatte auf ihrer Überfahrt in antarktisches Gebiet bereits mehr als 1000 Meilen von der entlegenen Wahlfängerstation auf der Insel South Georgia zurückgelegt. 100 Meilen vor dem vorgesehenen Landungsort zwangen Eisschollen die *Endurance* zum Halt. Ein Sturm aus nordöstlicher Richtung tobte sechs Tage lang,

FRANK HURLEY
Der begabte und unerschrockene Fotograf der Expedition bei einer Studioaufnahme mit Burberry-Helm und Umhang.

drückte das Packeis gegen das antarktische Eisschelf und schloß das Schiff ein. Tage später fielen die Temperaturen auf minus 13 Grad Celsius, genug, um das Packeis für den Winter festfrieren zu lassen. Unterdessen wurde die manövrierunfähige *Endurance* durch die leichte, aber unablässige Nordströmung des Weddellmeeres, inmitten des Packeises, immer weiter vom Land, das sie beinahe erreicht hatte, fortgetrieben.

Als Shackleton zu seiner »Imperial Trans-Antarctic Expedition« in See stach, galt er bereits als Nationalheld und konnte auf zwei Polarexpeditionen zurückblicken. Die eine führte ihn bis auf 100 Meilen an den Südpol heran und war damit die weiteste Reise nach Süden, die bis dahin je ein Mensch unternommen hatte. Aber trotz des Heldentums der beiden Expeditionen – sie waren beide gescheitert. Als Shackleton dann 1914 erneut gen Süden aufbrach, war die Trophäe, nach der er zweimal gegriffen hatte, vergeben. Der Südpol war von anderen bezwungen worden. Unerschrocken hatte er nun seinen Blick dem letzten großen Abenteuer zugewandt – der Überquerung des antarktischen Kontinents vom Weddellmeer bis zum Rossmeer.

Die Antarktisexpeditionen des beginnenden 20. Jahrhunderts unterschieden sich grundlegend von allen anderen Forschungsreisen. Weder gefährliche Tiere noch wilde Ureinwohner versperrten den Pionieren den Weg. Bei Windgeschwindigkeiten bis zu 100 Meilen in der Stunde und extremen Temperaturen bis minus 73 Grad Celsius ging es vor allem um den nackten, ursprünglichen Existenzkampf zwischen der entfesselten Kraft der Natur und dem bis an die Grenzen seiner Belastbarkeit geforderten Menschen. Noch in einer anderen Hinsicht galt die Antarktis als einzigartig: Die Forschungsreisenden waren Entdecker im buchstäblichen Sinne des Wortes. Es gab keine Ureinwohner, und der Mensch, der zu dieser Zeit seinen Fuß auf den Kontinent setzte, konnte für sich beanspruchen, dort gewesen zu sein, wo nie zuvor ein menschliches Wesen seinen Schatten geworfen hatte.

Es ist oft gesagt worden, daß die Expedition der *Endurance*, die 1914 begann und erst 1917 ihr Ende fand, somit den Ersten Weltkrieg überspannte, die letzte der Polarexpeditionen des »heroischen Zeitalters« gewesen sei. Die Bedeutung und den Ehrgeiz von Shackletons geplanter Antarktisdurchquerung kann man aber erst richtig einschätzen, wenn man sie in Beziehung setzt zu den Qualen des Heroismus – und Egoismus – vorhergehender Unternehmungen. So verdankt Shackleton seine Größe als Leiter der *Endurance*-Expedition vor allem den kaum vorstellbaren Leiden, die er bei seinen früheren Forschungsreisen erdulden mußte.

Das »heroische Zeitalter« begann, als das Schiff *Discovery* unter dem Kommando von Kapitän Robert Falcon Scott im Februar 1902 in See stach; im August erreichte die *Discovery* den antarktischen McMurdo-Sund. Nach außen hin galt das Unternehmen dem wissenschaftlichen Fortschritt, doch das eigentliche Ziel dieser ersten Antarktisexpedition war es, als erster den bis dahin von niemanden beanspruchten Südpol zu erreichen und so für Großbritannien zu gewinnen. Scott wählte zwei Mitstreiter, die ihn auf diesem ersten Anlauf zum Südpol begleiten sollten. Es waren Dr. Edward Wilson, ein Physiker und Zoologe und enger Freund Scotts, sowie Leutnant Ernest Shackleton, ein zwanzigjähriger Offizier der Handelsmarine, den Aufträge bereits nach Afrika und in den Orient geführt hatten. Die drei Männer brachen am 2. November mit neunzehn Schlittenhunden und fünf beladenen Schlitten auf. Sie standen einer wahrhaft erschreckenden Herausforderung gegenüber: einer mehr als 1600 Meilen langen harten Schlittenfahrt durch ein kaum zugängliches, völlig unbekanntes und auf keiner Karte verzeichnetes Territorium.

Tagsüber schleppten sie ihre Ladung mal mit, mal ohne Hilfe der Hunde, pendelten oft zeitraubend zwischen Stationen hin und her. Am Abend teilten sie ihr karges Essen in genau drei gleiche Portionen und lasen sich gegenseitig Darwin vor, bevor sie sich in ihre gefrorenen Schlafsäcke zurückzogen. Sie hungerten und litten an Skorbut. Die Hunde wurden krank, brachen zusammen und wurden an die übriggebliebenen verfüttert. Scott trieb die Gruppe bis 82° 17' voran, 745 Meilen nördlich des Südpols, bis er schließlich einsehen mußte, daß die Situation hoffnungslos war, und widerwillig den Befehl zur Umkehr gab. Shackleton war vom Skorbut bereits derart gezeichnet, daß er Blut spuckte und zeitweise auf dem Schlitten transportiert werden mußte. Am 3. Februar 1903, drei Monate nach ihrem Aufbruch, erreichten sie ihr Schiff wieder. Die letzte Etappe ihres furchtbaren Marsches war ein Wettlauf ums nackte Überleben gewesen.

An der heroischen Leidensfähigkeit der Teilnehmer dieser ersten Antarktisreise wurden alle weiteren britischen Expeditionen gemessen. Sieht man sich heute die Tagebücher der Expeditionsmitglieder genauer an, so deutet vieles darauf hin, daß diese Leiden unnötig waren. Noch keine drei Wochen unterwegs, schrieb Wilson in sein Tagebuch: »Die Hunde sind sehr müde und langsam« (19. November); »Die Hunde machen heute bei dem schlechten Wetter Schwierigkeiten, und sie zu lenken wird zu einer Aufgabe, die einen verzweifeln läßt« (21. November); »Nun sind die Hunde vollkommen erschöpft und furchtbar langsam, und sie anzutreiben ist vollends zur tierischen Qual geworden« (24. November). Tag um Tag kann man dem Niedergang dieser armen Kreaturen folgen. Alles andere als eine vergnügliche Lektüre.

Scotts eigenes Tagebuch klingt noch ominöser. »Letztendlich sind unsere Skier bisher wenig nützlich. Die Hunde, die jetzt nur noch ein Hindernis sind, werden an die Schlitten gebunden«, schrieb Scott am 6. Januar 1903. Am folgenden Tag notierte er, daß »alle Hunde aus dem Geschirr gespannt wurden, das wir nun an uns selbst befestigten und sieben Stunden lang an ihrer Stelle zogen. Das ging zehn Meilen so, Schlittenlänge für Schlittenlänge ... während die Tiere neben den Schlitten herliefen.« Man stelle sich dieses überwältigend unwirkliche Bild vor: Drei Männer stapfen auf Skiern mit einer Meile pro Stunde durch den antarktischen Schnee, vor die Schlitten gespannt und von einer Meute Hunde begleitet! Scott und seine Begleiter hatten sich weder die Zeit genommen, Ski laufen zu lernen, noch hatten sie irgendwelche Kenntnisse, wie man Hundeschlitten lenkt. Ihre gewaltigen Schwierigkeiten waren keineswegs unvermeidlich, sondern vor allem das Ergebnis von haarsträubenden Versäumnissen. Die Männer waren zudem am Verhungern – nicht etwa, weil eine unvorhersehbare Katastrophe ihre Vorräte vernichtet hätte, sondern allein deswegen, weil sie nicht genügend Nahrung mitgenommen hatten. Shackleton, der kräftigste der Männer, litt am meisten, weil sein Körper mehr Nahrung verbrannte als die der anderen.

Und sie begannen sich zu streiten. Scott und Shackleton hätten von ihrem Wesen her nicht verschiedener sein können. Scott übernahm von der Kriegsmarine ein strenges Regiment. Einmal, auf der *Discovery*, befahl er, einen Mann, der den Befehl verweigert hatte, mitten in der Antarktis in Ketten zu legen. Shackleton dagegen, ein Anglo-Ire, kam aus der Handelsmarine; er war charismatisch und fühlte sich sowohl der Mannschaft wie den Offizieren verbunden. Die langen Tage des Schweigens, dazu unbarmherzige Ermüdung und Leiden, die ununterbrochene Nähe in ihrem Quartier, all das mußte die Nerven der Männer zermürben. Wilson schien mehr als einmal die Aufgabe zuzukommen, den Friedensrichter zu spielen. Jahre später erzählte Scotts Zweiter Offizier, daß dieser sie eines Tages nach dem Frühstück mit den Worten anherrschte: »Kommt her, ihr verfluchten Narren!« Wilson fragte ihn, ob er gemeint sei, was Scott aber verneinte. »Dann muß ich wohl gemeint sein«, sagte Shackleton. »Ganz richtig, du bist der übelste und verfluchteste Narr des ganzen Haufens, und immer wenn du es wagst, mit mir in diesem Ton zu sprechen, werde ich es dir heimzahlen!« Welch eine Szene – drei Männer allein am Ende der Welt, verlassen im unwirklichen, unendlichen Weiß des Eises, die sich gegenseitig anfauchen.

Nach der Rückkehr auf die *Discovery* erklärte Scott Shackleton für dienstuntauglich und schickte ihn nach Hause. Obwohl Shackleton die frühe Rückkehr peinlich war, wurde er in England als Held gefeiert. Kein Mensch vor ihm war weiter in den Süden vorgedrungen. Die Aufmerksamkeit konzentrierte sich auf ihn – den ersten Heimkehrer der Antarktisexpedition. Eines Tages würde sich, das muß ihm klar gewesen sein, diese Anerkennung für eine eigene Expedition ausnutzen lassen. Eines jedoch war sicher: Niemals mehr würde er sich der Führung eines anderen Mannes unterordnen.

Shackleton, Sohn eines Arztes, entstammte dem gehobenen Mittelstand. Er wurde im irischen County Kildare geboren und übersiedelte nach einem kurzen Aufenthalt in Dublin mit seinen Eltern nach England. Er war der ältere von zwei Söhnen und besaß acht Schwestern, die ihn vergötterten. Shackleton wurde am Dulwich College, einer sehr angesehenen bürgerlichen Privatschule, erzogen, bevor er mit sechzehn Jahren bei der Handelsmarine anheuerte. Als er sich als Freiwilliger bei der Nationalen Antarktisexpedition unter Kapitän Scott meldete, war er bereits Dritter Offizier einer angesehenen Handelsschiffslinie. Shackleton war charmant und gutaussehend, mit dunklen, vollen Locken. Sein romantisch gefärbter Ehrgeiz sollte ihn in seinem späteren Leben immer wieder in bizarre und fruchtlose Versuche, sein Glück zu machen, ziehen. Polarexpeditionen sprachen beide seiner Charakterzüge an: seine poetische Natur wie auch seinen Ehrgeiz, sich in einer Welt voller Klassenunterschiede eine Position zu sichern. Die Expedition der *Discovery* öffnete ihm die Tür in eine ruhmreiche Welt, in der er eine ihm angemessene Stellung einnehmen würde; sie bot die Möglichkeit, der Mittelklasse zu entkommen.

1904 heiratete Shackleton seine geduldige Verlobte Emily Dorman, die als Tochter eines wohlhabenden Rechtsanwalts über ein bescheidenes Vermögen verfügte. Jetzt wünschte er sich nichts sehnlicher, als sich einen Namen zu machen. Nachdem journalistische, geschäftliche, sogar politische Ambitionen fehlgeschlagen waren, wandte sich Shackleton seiner eigentlichen Bestimmung zu. Im Frühjahr 1907 erhielt er Mittel für eine neue Expedition zum Südpol. Im August desselben Jahres, nach kaum sieben Monaten hektischer Vorbereitungen, setzte sein Schiff, die *Nimrod*, die Segel und stach mit Kurs nach Süden in See.

Shackleton hatte auf seiner Expedition mit der *Discovery* eine Menge gelernt, aber keineswegs alles, was für ein derartiges Unterfangen nötig gewesen wäre; die *Nimrod* lief mit zehn Manschuraiponys, aber nur neun Hunden aus, obwohl alle vorangegangenen Expeditionen bewiesen hatten, daß Hundeschlitten in der Antarktis das einzige praktikable Transportmittel waren. Auch Shackletons Fertigkeiten auf Skiern hatten wenig Fortschritte gemacht. Zudem sollte sich zeigen, daß ein großer Teil der Bergsteigerausrüstung unbrauchbar war.

Ungeachtet dieser Mängel, brach Shackleton mit seinen Begleitern und vier Ponys am 29. Oktober 1908 von seinem Basislager am Kap Royds über die Große Eisbarriere hinweg zu seinem zweiten Marsch nach Süden auf. Und abermals bot sich ein trostloses Bild. Die Ponys glitten aus, stolperten und versanken zeitweilig bis zum Bauch im Schnee. Ihr Schicksal war es schließlich, erschossen und verspeist zu werden. Anfang Dezember erreichten Shackleton und seine drei Begleiter, Frank Wild, Dr. Eric Marshall und Leutnant Jameson Adams, die Zunge eines bislang unbekannten Gletschers am Fuß des Bergmassivs, das sich an die Große Eisbarriere anschloß. Shackleton taufte ihn – nach einem Finanzier der Expedition – auf den Namen Beardmoregletscher. Über ihn wollte die Gruppe vom Ross-Schelfeis zu der kontinentalen Ebene hinter den Bergen vordringen.

Begleitet von Socks, ihrem einzig übriggebliebenen und unbeschlagenen Pony, kämpften sich die Männer ohne Steigeisen die tückische Eiszunge hinauf. Am dritten Tag fand das Pony in einer Gletscherspalte den Tod. Die Männer schleppten sich, gezeichnet von Schneeblindheit, Hunger und Erfrierungen, bis zu 88° 23' Süd jenseits des Beardmoregletschers. Sie waren nur noch ungefähr 100 Meilen vom Pol entfernt. Hier nahm Shackleton eine realistische Einschätzung ihrer Vorräte und schwindenden Kräfte vor und traf die bittere Entscheidung umzukehren, solange es noch eine Überlebenschance gab.

Kurz vor dem Ende des Marsches erkrankte Adams schwer. Shackleton und Frank Wild warfen alle entbehrliche Ausrüstung ab. Ein verzweifelter Wettlauf um das Überleben ihres Begleiters begann. Sie marschierten 36 Stunden nahezu ohne Pause zu ihrem Lager. Als sie den langersehnten Stützpunkt endlich erreichten, stellten sie fest, daß er verlassen war. Kurz darauf wurden sie von einem Suchtrupp der *Nimrod* entdeckt.

Shackleton hatte Scott um etwa 360 Meilen übertroffen. Obwohl er und seine Begleiter enorm gelitten hatten, überlebten sie. Und dank des frischen Ponyfleischs hatten sie den Skorbut in Schach halten können. Nach England zurückgekehrt, wurde Shackleton zum Nationalhelden. Er wurde in den Adelsstand erhoben. Öffentlich gab er vor, eine weitere Südpolexpedition vorzubereiten, die das Land westlich von Kap Adare am Rossmeer erforschen sollte. Doch in Wirklichkeit mußte er seine Zeit darauf verwenden, die Schulden für die *Nimrod* abzuzahlen. In den nächsten Jahren machte Shackleton Vortragsreisen, diktierte den Bestseller *The Heart of the Antarctic*, der seine Expedition schilderte, und verwandelte sogar die *Nimrod* in ein Museum, für das er Eintritt verlangte. Unterdessen bereitete Scott mit den Gebeten und besten Wünschen des ganzen Landes seinen zweiten Anlauf zum Südpol vor. Shackleton, der in einem Morast aus finanziellen Verpflichtungen steckte, blieb nichts anderes übrig, als die Schlagzeilen zur Kenntnis zu nehmen und abzuwarten.

Scotts letzte Reise stellte ein ganz eigenes Epos dar. Im Oktober 1910 sickerte die Nachricht durch, daß der norwegische Forscher Roald Amundsen den Plan einer Arktiserkundung fallengelassen hatte, um statt dessen in den Süden aufzubrechen. Seine Absicht war es, den Engländern am Pol zuvorzukommen. Das Rennen hatte begonnen.

Beide Expeditionen brachen im Oktober 1911 auf, Scott von seiner alten Basis am Kap Evans, Amundsen von der Bay of Whales, etwas weiter östlich. Scott, der mit einer verwunderlichen Kombination von Transportmitteln startete, kam mit seiner Gruppe bald ins Stocken. Er benutzte Ponys, die sich schon bei Shackleton als unbrauchbar erwiesen hatten, Motorschlitten, die nicht funktionierten, und Hunde, die niemand treiben konnte. So schleppten sie sich in Richtung Süden und folgten der Route, die schon Shackleton gewählt hatte. Das Drama von Hunger und Entbehrung wiederholte sich.

Amundsen und seine vier Begleiter bewegten sich auf Skiern und mit einem Team von 52 hervorragend trainierten und an die Verhältnisse gewöhnten Hunden. Er schaffte durchschnittlich 15 bis 20 Meilen am Tag, Scott dagegen nur 10 bis 13 Meilen. Auf ihrem Rückweg erreichten die Norweger gar eine Geschwindigkeit von 30 Meilen am Tag.

»Kann nicht verstehen, was die Engländer meinen, wenn sie sagen, daß man mit Hunden hier nicht vorankommt«, notierte Amundsen verblüfft in seinem Tagebuch.

Am 16. Januar 1912 taumelte Scotts entkräftetes Team auf 89° Süd zu, nur um im Schnee die Spuren von Amundsens Skiern und Schlitten zu finden. »Das schlimmste war passiert«, vertraute Scott seinem Tagebuch an, »alle Träume sind zunichte.« Am folgenden Tag hißte die niedergeschlagene Mannschaft ihre Fahne am Pol, machte Aufzeichnungen und Fotos und bereitete sich auf die Umkehr vor. »Großer Gott! Was für ein fürchterlicher Ort. Jetzt der Rückweg. Es wird ein verzweifelter Kampf«, schrieb Scott. »Ich frage mich, ob wir es schaffen werden.« Sie schafften es nicht. Alle fünf Männer aus Scotts Gruppe starben auf dem Eis. Das Ende kam in einem wütenden Schneesturm, der die drei überlebenden Männer der Gruppe in ihrem Zelt, nur sieben Meilen von einem lebensrettenden Vorratsdepot entfernt, festhielt. Hier offenbarte sich Scotts wahre Größe, nicht etwa als Führer einer Expedition, sondern als Meister der Sprache.

»Wir werden sterben wie Gentlemen«, schrieb er an den Schatzmeister der Expedition in England. »Ich denke, das wird zeigen, daß Mut und die Kraft durchzuhalten noch nicht aus unserer Rasse gewichen sind.« Was er der Öffentlichkeit mitzuteilen hat, ist eine bewegende Litanei von Entschuldigungen. Die unzulänglichen Ponys, das Wetter, der Schnee; »die furchtbaren, wüsten Eismassen«; »ein Mangel an Brennmaterial in den Depots, den ich mir nicht erklären kann«, die Krankheit des tapferen Gefährten Titus Oates. Dennoch, man muß ein ziemlich abgeklärter Leser sein, wenn man von dieser Flut letzter Worte unbewegt bliebe, die aus dem kleinen standhaften Zelt in die endlose weiße Nacht, die rundherum toste, hinausgingen.

»Hätten wir überlebt, hätte ich eine Geschichte der Tapferkeit, der Ausdauer und des Mutes meiner Gefährten erzählt, die das Herz jedes Engländers berührt hätte. So müssen diese groben Notizen und unsere Leichen von dieser Geschichte zeugen …«

»Es ist bedauerlich«, schrieb er am 29. März als letzte Eintragung in sein Tagebuch, »aber ich glaube nicht, daß ich weiterschreiben kann.«

Es dauerte fast ein Jahr, bis Scotts letzte Worte die Welt erreichten. Als es dann im Februar 1913 geschah, stürzten sie das ganze Empire in tiefe Trauer. »Abgesehen von einer einzigen Ausnahme, Nelsons Tod in der Stunde des Sieges, gab es nichts, was als dramatischer empfunden wurde«, schrieb ein Journalist. Scotts Tragödie wurde in der Presse und von der Kanzel herab gedacht. In der öffentlichen Darstellung waren seine verhängnisvollen, eigensinnigen und groben Fehler nicht nur vergessen, sie schienen nie existiert zu haben. Ein Mythos war geboren und verbreitete sich durch die Publikation von Scotts Tagebüchern, die von Sir James Barrie, dem Autor von *Peter Pan* und somit einem Meister sentimentaler Prosa, geschickt bearbeitet worden waren.

Dies war also der Hintergrund, vor dem Shackleton seine »Imperial Trans-Antarctic Expedition« vorbereitete. Ein Jahr nach der Nachricht vom Tode Scotts wurde die Expedition der *Endurance* mit gemischten Gefühlen aufgenommen. Einerseits galt sie als ein mit Spannung erwartetes nationales Ereignis, andererseits aber gab es widerstreitende Gefühle. In der öffentlichen Vorstellung war der Südpol mehr denn je der Ort für heldenhafte Abenteuer; es schien aber undenkbar, daß irgendein zukünftiger Erfolg das glorreiche Scheitern Scotts übertreffen könnte.

Shackletons Ziele indessen, die er in seinem Expeditionsprospekt darlegte, waren zwingend: »Gefühlsmäßig betrachtet, ist es die letzte große Polarreise, die man machen kann. Es wird eine größere Reise als die zum Pol und zurück, und ich spüre, daß es für die britische Nation an der Zeit ist, sie in Angriff zu nehmen, da wir bei der Eroberung des Nordpols wie auch des Südpols geschlagen wurden. So bleibt nur noch die größte und aufsehenerregendste Reise von allen – die Durchquerung des Kontinents.«

Schließlich gelang es Shackleton, die Mittel für sein großes Abenteuer aufzutreiben. Die Hauptunterstützung bekam er von der britischen Regierung und von Sir James Key Caird, einem wohlhabenden schottischen Jutehersteller, der eine fürstliche Summe von 24 000 Pfund beisteuerte. Andere nennenswerte Wohltäter waren Miss Jannet Stancomb-Wills, die Tochter eines Tabakmillionärs, und Dudley Docker, Inhaber einer Pistolenfabrik in Birmingham. Kleinere Beträge kamen von der Königlichen Geographischen Gesellschaft, weiteren Privatpersonen und Privatschulen in England, welche die Hundeteams finanzierten. Eine weitere Finanzquelle war der Vorschuß aus dem Verkauf von allen Rechten an den »Nachrichten und Bildern« der Expedition. Die Antarktis war der erste Kontinent, der mit der Kamera entdeckt wurde. Seit Scotts erster Expedition im Jahre 1902 hatte die Fotografie jeden Schritt, der in die unberührten Weiten gemacht wurde, festgehalten. Diese Aufnahmen waren nicht nur von historischem und geographischem Interesse, sondern auch enorm populär. »90° Süd«, Herbert Pontings filmische Hommage an Scotts letzte Expedition, war noch sehr populär, als Shackletons Mannschaft aufbrach. All das bedachte Shackleton, als er das »Imperial Trans-Antarctic Film Syndicate« gründete, das alle Filmrechte der Expedition verwerten sollte. Die Exklusivrechte an der Geschichte selbst wurden an den *Daily Chronicle* vergeben.

Shackleton kaufte ein Schiff von Norwegens angesehener Schiffswerft Framnaes, die sich als Lieferant von Polarschiffen einen Namen gemacht hatte. Es handelte sich um einen 300 Tonnen schweren Holzschoner, die *Polaris,* die noch niemals Segel gesetzt hatte. Sie war 144 Fuß lang und wurde aus Eichen- und norwegischen Fichtenplanken gefertigt, die bis zu einem Meter dick waren. Man hatte sie mit harzigem Grünholz überzogen, das so hart ist, daß es normalerweise nicht verarbeitet werden kann. Jedes Detail der Konstruktion war von einem Schiffsbaumeister liebevoll und gewissenhaft geplant, um ein Maximum an Stabilität sicherzustellen. Sie war, so schien es, ideal, um dem Eis zu widerstehen. Shackleton taufte sie *Endurance*, seinem Familienmotto folgend – *Fortitudine vincimus* – »durch Ausdauer werden wir siegen«.

Tatsächlich wurden zwei Schiffe benötigt. Shackletons Pläne sahen vor, daß ein Schiff zu seiner alten Basis am Kap Royds im Rossmeer segeln sollte, während er seinen Überlandmarsch vom Weddellmeer aus starten wollte. Von Kap Royds sollte eine sechs Mann starke Gruppe ins Inland vorstoßen, um ein Vorratslager für Shackletons transkontinentale Gruppe anzulegen, das sie benötigen würden, wenn sie sich von der anderen Seite einen Weg durch den Kontinent gebahnt hatten. Für diese Aufgabe erwarb Shackleton die *Aurora*, einen alten Segler aus dem Jahr 1876, der vormals seinem Kollegen, dem großen australischen Entdecker Douglas Mawson, gedient hatte.

Im August schien alles bereit zu sein. Obwohl die britische Presse begeistertes Interesse an Shackletons neuem Polarabenteuer zeigte, war das Auslaufen der *Endurance* von ihrem Londoner Liegeplatz am 1. August 1914 überschattet von wichtigeren Neuigkeiten. Deutschland hatte Rußland den Krieg erklärt, ein ganz Europa umfassender Krieg drohte. Die *Endurance* war gerade auf der Überfahrt von London nach Plymouth, das Schiff war noch in britischen Gewässern, als am Montag, dem 4. August, die Generalmobilmachung ausgerufen wurde. Nachdem sich Shackleton mit seiner Mannschaft beraten hatte, stellte er die *Endurance* und seine Besatzung der Regierung zur Verfügung, da er glaubte, »es seien genügend ausgebildete und erfahrene Leute darunter, um einen Zerstörer zu bemannen«.

Insgeheim muß er den Atem angehalten haben. Nach so viel Arbeit und Planung schon am Beginn zu scheitern! Aber das Telegramm, das von der Admiralität zurückkam, enthielt nur ein Wort: »Fahrt!« Ein längeres Telegramm von Winston Churchill,

DR. MACKLIN BÜRSTET MOOCH UND SPLITLIP
Die 69 Schlittenhunde, die in Buenos Aires an Bord genommen wurden, erforderten ständige Pflege.

damals Erster Lord der Admiralität, folgte, in dem er mitteilte, die Regierung wünsche, daß die Expedition stattfinde. Am 8. August stach die *Endurance* von Plymouth aus in See.

Amundsens auf Effizienz begründeten Triumph vor Augen, hatte Shackleton bei seinen Vorbereitungen eine für britische Verhältnisse geradezu sensationelle Sorgfalt an den Tag gelegt. Es war ihm gelungen, einen jungen Offizier der Royal Marines zu verpflichten, der offiziell als Motorexperte mitfuhr, aber auch genügend Erfahrungen auf Skiern hatte, um als Ausbilder für die Mannschaft eingesetzt werden zu können. Die *Illustrated London News* brachte ein Foto, das Shackleton bei der Erprobung seiner neuen Kuppelzelte in Norwegen zeigte. Er hatte Ernährungswissenschaftler konsultiert, um die Schlittenrationen festzulegen, und ordnete auf den nachdrücklichen Rat der Norweger hin an, 69 kanadische Schlittenhunde nach Buenos Aires zu transportieren, wo sie von der *Endurance* auf ihrem Weg nach Süden an Bord genommen werden sollten. Die Hunde waren nach den Worten von Shackletons Stellvertreter »eine Mischung aus Wolf & allen nur vorstellbaren großen Hunden, Collie, Dogge, Bluthund, Neufundländer, Retriever, Airedale-Terrier etc.«.

Trotz dieser Bemühungen war seine Mannschaft noch nicht in der Verfassung, in der Shackleton sie sich wünschte. Er hatte zwar Hunde, doch sein einziger erfahrener Trainer und Treiber, ein Kanadier, stieg in letzter Minute aus, da Shackleton nicht willens war, eine teure Versicherung abzuschließen. Außerdem hatten sie Wurmmittel vergessen, das die Hunde, wie sich herausstellen sollte, unbedingt brauchen würden. Shackleton hatte vor, den Kontinent mit einer Geschwindigkeit von 15 Meilen pro Tag zu durchqueren, nur wenig von Amundsens Durchschnittsgeschwindigkeit von 16 Mei-

OWD BOB
Die Schlittenhunde waren keine Huskies, sondern eine sehr gemischte Gruppe von großen Hunden, die in Kanada bewiesen hatten, daß sie Kälte ertragen konnten. »Da ist keiner drunter, der nicht in gewissem Grad ein Mischling ist.« (Lees in seinem Tagebuch)

SOLDIER
Wilds Leithund

len pro Tag auf dem Weg zum Pol entfernt. Aber nur einer von Shackletons Männern konnte tatsächlich Ski laufen.

Indessen hatte die Expedition einen immateriellen Rückhalt, der Shackletons früheren Anstrengungen entstammte. 1909, als er sich bis 88° Süd geschleppt hatte, weniger als 100 Meilen vor dem Pol, hatte er dem sicheren Ruhm den Rücken gekehrt und seine Männer statt dessen zurückgeführt. Nach so vielen unerbittlichen Meilen war es qualvoll, den Triumph einem anderen zu überlassen – geschweige denn einem Rivalen. Shackleton widerstand der Selbsttäuschung, daß er die Meilen, auf die er damals verzichtete, hätte zurücklegen können, ohne mit weniger als seinem Leben dafür zu bezahlen. Hätte er weniger Selbstkontrolle besessen oder den Ruhm verzweifelter gesucht, wäre Shackleton sicher der erste Mann gewesen, der den Südpol erreichte. Er und seine treuen Gefährten wären jedoch ebenso sicher irgendwo nahe der Stelle, wo Scott und seine Gruppe in ihrem kleinen Zelt umkamen, gestorben. Shackletons Entscheidung umzukehren war mehr als ein Akt des Mutes. Sie zeugte von einem hartnäckigen Optimismus, der ein Grundpfeiler seines Charakters war. Im Leben würden sich immer wieder neue Möglichkeiten bieten.

»Man hat das Gefühl, daß Shackleton, wenn er der Mann gewesen wäre, der Amundsen am Pol unterlegen wäre, sich auf dem Rückweg mit den Norwegern getroffen und gemeinsam mit ihnen eine große Siegesfeier veranstaltet hätte«, sagte mir einmal ein berühmter Polarhistoriker. Die Verzweiflung, die Scott nach seiner Niederlage gegen Amundsen niederdrückte, war Shackletons Wesen fremd. Es schien, als wäre er im Besitz einer wilden, aber jederzeit anpassungsfähigen Zielstrebigkeit. Entschlossen, den Pol zu erreichen, tat er alles, um dorthin zu gelangen; als jedoch das Leben auf dem

Spiel stand, war er in der Lage, Ehrgeiz und Ruhmsucht oder auch die Angst, als Versager dazustehen, beiseitezuschieben.

Schon früh in seiner Laufbahn war Shackleton als ein Führer bekannt, der zuallererst an seine Männer dachte. Dies flößte jedem ein unerschütterliches Vertrauen in seine Entscheidungen ein und führte zu bedingungsloser Loyalität. Während seines Rückmarsches vom 88. Breitengrad notierte sein Begleiter Frank Wild, der zu Beginn der Expedition nicht gerade ein Bewunderer Shackletons gewesen war, einen Vorfall in seinem Tagebuch, der seine Meinung über ihn für immer veränderte. Während einer unzureichenden Mahlzeit aus Trockenobst und Ponyfleisch überredete Shackleton ihn am 23. November, einen seiner Zwiebacke zu essen, von denen jeder Mann täglich nur vier zugeteilt bekam.

»Ich nehme nicht an, daß sich irgend jemand anderes in der Welt vorstellen kann, wieviel Großzügigkeit und Zuneigung er damit gezeigt hatte«, schrieb Wild und unterstrich seine Worte: »Ich schwöre BEI GOTT, ich werde es niemals vergessen. Tausend Pfund hätten diesen Zwieback nicht kaufen können.«

Als Shackleton im August 1914 die *Endurance* nach Süden führte, war Frank Wild sein Stellvertreter. Seine eiserne Loyalität sollte sich für die Expedition als lebensentscheidender Vorteil erweisen. Wie mangelhaft die Vorbereitungen für die »Imperial Trans-Antarctic Expedition« auch gewesen sein mögen, eines war sicher – ihre Teilnehmer hatten einen Anführer, der Größe gezeigt hatte.

Sicher, Shackleton sollte es einmal mehr nicht gelingen, die Ziele seiner Expedition zu erreichen; tatsächlich würde er nie mehr den Fuß auf den antarktischen Kontinent setzen. Aber trotzdem sollte er seine Männer durch eines der größten Überlebensepen in den Annalen der Entdeckungsreisen geleiten.

FRANK WILD
Shackletons loyaler Vertreter war nach Macklin »immer ruhig, kühl und sachlich, ob es sich nun um eine Routinesache oder um eine ernste Krise handelte, er war immer derselbe; wenn er aber einem Mann befahl zu springen, sprang der ziemlich schnell«.

AM BUG DER ›ENDURANCE‹, 9. DEZEMBER 1914
»Nebel, geringe Sicht, um 4:15 liefen wir auf Packeis.« (Hurley, Tagebuch)

Süden

Am 8. August 1914 verließ die *Endurance* England mit südlichem Kurs und erreichte via Madeira und Montevideo Buenos Aires, wo sie zwei Wochen vor Anker lag. Der Aufenthalt wurde dazu genutzt, um die Vorräte aufzustocken und die Mannschaft zu vervollständigen. Shackleton schloß sich der Expedition erst Mitte Oktober in Buenos Aires an.

Auf der ersten Etappe gen Süden war allerhand schiefgegangen. Die *Endurance* hatte nicht genügend Kohle gebunkert, also wurde das Holz, das eigentlich für die Wetterstation in der Antarktis vorgesehen war, verfeuert. Die Disziplin an Bord war unter dem Kommando des feurigen Kapitäns Frank Worsley, eines temperamentvollen Neuseeländers, ausgesprochen lax.

Mit einiger Begeisterung erwähnt Worsley eine heftige Auseinandersetzung vor Madeira: »Irving wurde von einem Schwert am Kopf getroffen & an Barrs Stirn zerschellte eine große Blumenvase.« Bezeichnenderweise verschwanden die Namen Irving und Barr zusammen mit zwei weiteren aus der Heuerliste, kurz nachdem Shackleton an Bord gegangen war.

Einige Tage zuvor hatte sich in Buenos Aires bereits James Francis Hurley, ein begabter australischer Fotograf, der Besatzung der *Endurance* angeschlossen; auf ihn konzentrierten sich Shackletons Pläne, die Expedition filmisch zu dokumentieren. Hurley schien für ein solches Abenteuer wie geschaffen zu sein. Bereits als Junge war er unabhängig und störrisch, riß mit dreizehn Jahren von zu Hause aus und fand Arbeit in einem Eisenwerk seiner Heimatgegend. Von dort wurde er auf eine Werft in Sydney versetzt. Schon als Jugendlicher kaufte er sich seine erste Kamera, eine Kodak für fünfzehn Schilling, die er in Raten von einem Schilling pro Woche abstotterte. Seine ersten professionellen Arbeiten waren Fotos für Postkarten, doch schon bald versuchte er Aufträge zu ergattern, die seinen Fähigkeiten mehr entsprachen.

Am 26. Oktober setzte die *Endurance*, schwarz gestrichen und mit frischen Vorräten und 69 kanadischen Schlittenhunden an Bord, wieder die Segel und stach mit Kurs nach Süden in See. Für die Expeditionsleiter war es wenig beruhigend zu hören, daß das außergewöhnlich feuchte Wetter in Buenos Aires darauf schließen ließ, daß das Weddellmeer noch nicht offen war. Und daß die Finanzierung der Expedition nach wie

KAPITÄN ZUR SEE
T. ORDE-LEES
Er diente bei den Royal Marines als Trainer und Ausbilder, hatte in China gearbeitet, bevor er sich der Mannschaft der *Endurance* anschloß. Er war der Teilnahme an Scotts zweiter Expedition nur knapp entgangen.

vor auf wackligen Beinen stand, kann auch nicht zu Shackletons Seelenruhe beigetragen haben. Der Geologe der Expedition, James Wordie, hatte Shackleton Geld aus seiner eigenen Tasche vorgestreckt, damit dieser Brennstoff kaufen konnte. Und obwohl die *Endurance* einen Radioempfänger mit sich führte, hatte es für eine Sendeanlage nicht mehr gereicht.

Nichtsdestoweniger, das Schiff war auf dem Weg nach South Georgia, der Insel östlich der Falklandinseln, dem letzten Hafen, den es anlaufen sollte.

Wie bei den meisten Expeditionen dieser Art, befand sich an Bord eine buntgemischte Mannschaft aus Offizieren, Wissenschaftlern und Seeleuten. In Scotts Expeditionsmannschaft waren diese Gruppen streng voneinander geschieden gewesen, Shackleton dagegen legte wenig Wert auf derartige Feinheiten.

»Wir haben alle Hände voll zu tun!« schrieb der Kapitän zur See Thomas Orde-Lees in sein Tagebuch: »Die Mannschaft ist für die Arbeit an Bord eines Segelschiffes nicht groß genug & immer, wenn wir segeln & ein Manöver nötig ist, müssen Wissenschaftler an die Taue ... Die Leinen machen die Hände wund, sie sind dreckig & verteert, aber es ist eine gute Übung.«

Lees war Shackletons Ski-Experte und zudem dazu verdammt, sich um die propellergetriebenen Motorschlitten zu kümmern, die niemals funktionieren sollten. Seine Tagebücher sind nicht nur die wortreichsten und eigenwilligsten, die von den Expeditionsteilnehmern erhalten sind, sondern auch die informativsten. Lees hatte eine bekannte Privatschule, Malborough, besucht. Niemand empfand die niedrigen Arbeiten als widerlicher, auch wenn er ihren Sinn sehr wohl erkennen konnte. »... Man kann sich danach ja waschen & wahrscheinlich sind sie vom Standpunkt der Disziplin sogar förderlich«, gestand er seinem Tagebuch. Nicht einmal Shackleton konnte ahnen, wie sehr die Disziplin jedes einzelnen auf die Probe gestellt werden würde, um das Überleben der Gruppe zu garantieren.

Elf Tage, nachdem sie Buenos Aires verlassen hatte, erreichte die *Endurance* am 5. November 1914 South Georgia, umtost von Schneeböen, die die zerklüftete Steilküste verschleierten. Die Mannschaft wurde von den wenigen Bewohnern der Insel, ausnahmslos norwegische Walfänger, herzlich begrüßt. Sie zeigten sich beeindruckt davon, welche Liebenswürdigkeit sich ihre Gastgeber hier am abgelegensten Punkt der menschlichen Zivilisation bewahrt hatten. Es gab elektrisches Licht und warmes Was-

DEN FUSSBODEN SCHEUERN
Von links nach rechts: Wordie, Cheetham und Macklin.
»Ich hasse das Scheuern. Ich kann in den meisten Dingen jeden Kastenstolz beiseite schieben, aber ich finde, das Scheuern ist keine Arbeit für Menschen, die unter kultivierten Bedingungen aufgewachsen sind.«
(Lees, Tagebuch)

DIE GRYTVIKEN WALFANGSTATION, VON DER ›ENDURANCE‹ AUS GESEHEN

Dies war der letzte Hafen, bevor das Schiff nach Süden ins Weddellmeer vorstieß.

ser, das Haus des Leiters der Station Grytviken, Fridtjof Jacobsen, war nicht nur warm, es blühten sogar Geranien in den Erkerfenstern. All dieser Charme konnte jedoch nicht über den Schmutz der Walfangindustrie hinwegtäuschen: Die natürlichen Häfen der Insel waren überschwemmt von öligen Innereien und überlagert von dem Gestank verwesender Walkadaver, das Wasser von Grytviken war rot.

Die Walfänger stellten zusätzliche Vorräte an Kohle und Bekleidung auf Kredit zur Verfügung. Mindestens ebenso wertvoll waren indessen die Informationen und Ratschläge, die sie Shackleton zukommen ließen. Niemand kannte sich in den Gewässern, die Shackleton durchfahren wollte, besser aus. Sie bestätigten die Nachrichten aus Buenos Aires, daß die Eisbedingungen in diesem Jahr besonders schlecht seien. Niemand könne sich daran erinnern, daß das Packeis jemals so weit nach Norden vorgedrungen sei. Sie rieten Shackleton, bis zum antarktischen Spätsommer zu warten, und so wurde aus dem geplanten kurzen Aufenthalt der *Endurance* in South Georgia ein ganzer Monat.

Den Sommer in South Georgia scheint die Besatzung auf recht angenehme Weise verbracht zu haben. Die Männer lernten sich kennen und konnten sich mit ihrer jeweiligen Aufgabe vertraut machen. Inmitten der atemberaubenden subantarktischen Flora und Fauna – See-Elefanten, Pinguine und andere Vogelarten waren hier zu Hause – wurde ihnen langsam bewußt, daß ihr Abenteuer im unermeßlichen weißen Süden tatsächlich begonnen hatte. Die Hundetrainer brachten ihre Schützlinge zu einem nahe gelegenen Berghang und versuchten, sie davon abzuhalten, sich mit Walaas vollzufressen und die alten Walfängerfriedhöfe umzugraben. Die Wissenschaftler wanderten zu den Bergen hinauf, um die Vielfalt der Natur zu beobachten und Exemplare seltener

DIE VESLEGARD HÜTTE AUF SOUTH GEORGIA, 28. NOVEMBER 1914
Reginald James machte diese Aufnahme von Wordie, Harley (die Kamera-Ausrüstung über der Schulter) und Clark, die während des Aufenthalts auf der Insel eine mehrtägige Wanderung unternahmen.

Spezies zu finden. Frank Hurley schleppte mit Hilfe von Kapitän Worsley und dem Ersten Offizier, Lionel Greenstreet, seine vierzig Pfund schwere Kamera-Ausrüstung auf den Ducefell Mountain über dem Hafen von Grytviken und hielt das Bild der *Endurance* vor Anker fest, die vor der Kulisse riesiger Berge klein und unscheinbar wirkte. Lees dagegen hatte bezeichnenderweise vor, auf eigene Faust zu abenteuerlichen Kletterpartien aufzubrechen. Shackleton, ebenso bezeichnend, verbot es ihm. Der Zimmermann war damit beschäftigt, eine Abdeckung auf dem Schiffsdeck zu errichten. Die Seeleute blieben auf dem Schiff.

Mehrere der Expeditionsmitglieder konnten sich als alte Antarktisfahrer bezeichnen. Der Dritte Offizier, Alfred Cheetham, war, abgesehen von Frank Wild, häufiger in der Antarktis gewesen als jeder andere an Bord der *Endurance*. 1902 hatte er als Bootsmann auf der *Morning* gedient, dem Schiff, das Scotts *Discovery* suchen und mit Nachschub versorgen sollte; als Dritter Offizier gehörte er unter Shackleton zur Besatzung der *Nimrod*, und abermals unter Scott zur Mannschaft der *Terra Nova*. Cheetham, der in Liverpool geboren wurde, war klein und drahtig. Bekannt für seine fröhliche und gutmütige Art, stimmte er, sowohl auf der *Nimrod* als auch auf der *Endurance*, die Seemannsshantys an, ein alter Seebär. Als er gefragt wurde, ob er sich der Mannschaft der *Nimrod* anschließen wolle, so wird erzählt, sagte er auf der Stelle zu. Dann eilte er zu der Frau seines Kameraden »Chippy« Bilsby, der Zimmermann auf der *Morning* gewesen war, um ihr zu sagen, daß ihr Ehemann wieder in die Antarktis aufbreche. Danach lief er zu dem Haus, an dem Bilsby gerade arbeitete.

»Ey, Chippy, pack die Sachen«, rief er in breitestem Liverpooler Dialekt, »laß uns beide zum Südpol dackeln.«

PANORAMA VON SOUTH GEORGIA, MIT DER ›ENDURANCE‹ IM HAFEN
Worsley und Greenstreet (im Vordergrund) halfen Hurley, seine Ausrüstung den Ducefell hinaufzuschleppen, um diese Aufnahme zu machen.

Bilsby: »Ich muß erst der Missus Bescheid sagen.«

Cheetham: »Ich hab's ihr schon gesagt. Laß uns abdampfen, Chippy.«

Auch Frank Hurley hatte schon an einer Südpolarexpedition teilgenommen. Er war gerade 26, als er 1911 hörte, daß Dr. Douglas Mawson, der bekannteste australische Polarforscher, eine Fahrt in die Antarktis plante. Er war fest entschlossen, die Stelle als Expeditionsfotograf zu bekommen, verfügte jedoch nicht über Kontakte, die ihm zu einer Empfehlung hätten verhelfen können. So lauerte er Mawson in einem Eisenbahnabteil auf und pries sich dem Forscher die ganze Fahrt über an. Drei Tage später erhielt Hurley die Zusage. Mawson war von Hurleys Entschlossenheit angetan gewesen. Der Erfolg, den schließlich Hurleys Film über die Expedition Mawsons, *Home of the Blizzard,* hatte, regte Shackletons bereits erwähntes Projekt des »Imperial Trans-Antarctic Film Syndicate« an. An Bord galt Hurley als ein ausgesprochen harter Mann, der in der Lage war, extremen Bedingungen zu trotzen und alles zu tun, um zu seinen Fotos zu kommen. Er wurde bewundert, doch nicht alle mochten ihn. Als einer, der es in der Welt durch Talent und harte Arbeit zu etwas gebracht hatte, war er sich seiner außergewöhnlichen Fähigkeiten sehr bewußt. Für Schmeicheleien war er empfänglich, die Mannschaft hielt ihn für »ziemlich pompös«. Sein Spitzname lautete »der Prinz«.

George Marston war schon auf der *Nimrod* mit Shackleton gefahren. Er war Absolvent einer Londoner Kunsthochschule und zählte zu einer Clique von jungen Leuten, der auch zwei Schwestern Shackletons, Helen und Kathleen, angehörten. Sie ermutigten ihn, sich um die Stellung als künstlerischer Begleiter der Expedition zu bewerben. Marston nahm während der Expedition der *Nimrod* an drei Schlittenfahrten teil, eine davon mit Shackleton, bei dem seine körperlichen Fähigkeiten einen bleibenden Eindruck hinterließen. Der Sohn eines Stellmachers und Enkel eines Schiffsbauers war, genau wie Hurley, wunderbar vielseitig – was sich als ausgesprochen nützlich erweisen sollte.

Über den Vollmatrosen Thomas McLeod, einen abergläubischen Schotten, der mit Scott auf der *Terra Nova* und mit Shackleton auf der *Nimrod* gefahren war, ist wenig bekannt. Seit seinem vierzehnten Lebensjahr fuhr er zur See und konnte bereits auf 27 Jahre Berufserfahrung zurückblicken.

Tom Crean war ein großer, rauhbeiniger irischer Seemann, eines von zehn Kindern einer Farmerfamilie aus einem entlegenen Teil von County Kerry. 1893 heuerte er mit sechzehn Jahren – wobei er seinem Alter zwei Jahre hinzufügte – bei der Kriegsmarine an und arbeitete sich dort nach oben. Crean sprach immer mit großem Bedauern davon, daß er seine Schulausbildung nach der Grundschule abgebrochen hatte. Doch mehr noch als der Umstand seiner schlechten Ausbildung mag seinem beruflichen Aufstieg im Wege gestanden haben, daß er sich dessen so schmerzlich bewußt war. Auf der *Endurance* war Crean Zweiter Offizier.

Sein Rang entsprach freilich keineswegs seiner tatsächlichen Stellung; Crean war, um es mit Shackletons eigenen Worten zu sagen, ein »Trumpf«. Er begleitete Scotts Südpolarexpedition auf der *Discovery* und der *Terra Nova* und erhielt für die letztere die Albert-Medaille für Tapferkeit. Zudem gehörte er zu den sechzehn Männern, die 1911 mit Scott zum Südpol aufgebrochen waren. Scott vermied es, im voraus festzulegen, wer für die Gruppe vorgesehen war, die schließlich zum Pol selbst vorstoßen sollte, und wer kurz vor der entscheidenden Etappe umkehren mußte. Am 3. Januar 1912 teilte Scott Crean und zwei weiteren Männern, Leutnant »Teddy« Evans und William Lashly, mit, daß sie am folgenden Tag umzukehren hätten. Obgleich die Lebensmittel und die Ausrüstung auf zwei Teams mit jeweils vier Mann aufgeteilt waren, beschloß Scott in letzter Minute, die Polarmannschaft um einen fünften Mann, »Birdie« Bowers, aufzustocken. Diese Entscheidung trug nicht nur zum Untergang seiner eigenen Gruppe bei, die nun einen zusätzlichen Mann zu verpflegen hatte, sondern belastete auch das Trio der vorzeitig Zurückkehrenden, da sie einen Vier-Mann-Schlitten ziehen mußten. Evans, der bereits unter Skorbut litt, brach zusammen und wurde von seinen Kameraden gezogen, bis sie nicht mehr weiter konnten. Darauf machte sich Crean, 35 Meilen vom nächsten Depot entfernt, mit drei Zwiebacken und zwei Tafeln Schokolade als Proviant, alleine auf den Weg.

»Ich war ziemlich erschöpft, als ich die Hütte erreichte«, schrieb Crean einem Freund. Er war nicht leicht zu erschüttern.

Auf derselben Expedition bereiteten Crean und seine beiden Kameraden, nach einem harten Marsch mit den Ponys über aufgebrochene Eisschollen hinweg, ihr Essen vor. Durch ein Versehen wurde ein Beutel Currypulver für Kakao gehalten. »Crean«, erinnerte sich sein Zeltnachbar, »trank seinen Becher vollständig aus, bevor er merkte, daß irgend etwas nicht stimmte.« Aber so hart er auch war, brach er doch am 87. Breitengrad weinend zusammen, als Scott ihm und seinen Gefährten mitteilte, daß sie, nur 150 Meilen von ihrem Ziel entfernt, nicht die Ehre hatten, ihm weiter zum Pol zu folgen.

CREAN (STEHEND) UND CHEETHAM
Der »irische Riese« und der winzige »Veteran der Antarktik«. Crean war auf der *Terra Nova* und der *Discovery* mit Scott gefahren, bevor er sich Shackleton auf der *Endurance* anschloß.

Eine Reihe von Seeleuten auf der *Endurance* hatte zuvor als Trawlerfischer auf der Nordsee gearbeitet. Wenig läßt darauf schließen, daß sie sympathische Kumpanen waren. Einer von ihnen, John Vincent, vormals Matrose bei der Kriegsmarine und Fischer an der Küste Islands, sollte sich als ausgesprochen streitsüchtiger Raufbold herausstellen. Zur Mannschaft gehörten auch zwei Heizer. William Stephenson, ein ehemaliger Matrose der Kriegsmarine, und Ernest Holness aus Yorkshire, der jüngste der Besatzung, der nach Lees »der loyalste Mann der ganzen Expedition« war.

Vier der Seeleute waren besonders beliebt. Timothy McCarthy, ein junger Ire, war bekannt für seinen wundervollen, überschwenglichen Humor und seine Schlagfertigkeit. Walter How aus London war gerade drei Wochen von einer Expedition zurück, als er sich für die »Imperial Trans-Antarctic Expedition« bewarb. Shackleton war beeindruckt von seinen Fähigkeiten, die er sich an Bord eines kanadischen Versorgungsschiffs, das nur wenige Meilen unter dem Nordpolarkreis an der Küste Labradors verkehrte, erworben hatte. Auch How besaß ein fröhliches Wesen, und er war ein talentierter Zeichner. William Bakewell schloß sich der Expedition in Buenos Aires an. Bevor er im Alter von 27 Jahren Matrose wurde, arbeitete er als Landarbeiter, Holzfäller, Straßenarbeiter und Cowboy in Montana. Sein Schiff, die *Golden Gate,* war auf einer Sandbank auf Grund gelaufen, und so gingen er und sein Schiffskamerad Perce Blackborow am Hafen von Buenos Aires auf und ab, auf der Suche nach einer Überfahrt nach England, bis sie schließlich die *Endurance* vor sich sahen.

»Es war«, sagte er, »Liebe auf den ersten Blick.« Als sie erfuhren, daß sie dem berühmten Polarforscher Sir Ernest Shackleton gehörte, der gerade seine Mannschaft zusammenstellte, boten sie ihre Dienste an. Shackleton war erfreut darüber, daß Bakewell auf Segelschiffen gefahren war, und heuerte ihn an. (Dabei dürfte ihm nicht geschadet haben, daß er sich, der einzige Amerikaner an Bord, als Kanadier ausgab, das damals noch britische Kolonie war.) Blackborow indessen wurde abgewiesen, da Shackleton entschied, daß er nun genug Männer habe. Mit Hilfe von Bakewell und dessen neuen Schiffskameraden Walter How versteckte sich Blackborow jedoch in einem Kleiderspind auf dem Vorderdeck. Einen Tag nach dem Auslaufen aus Buenos Aires wurde er entdeckt und vor Shackleton gezerrt. Hungrig, frierend und seekrank mußte der junge Mann eine mächtige Standpauke des »Bosses« über sich ergehen lassen, die alle anwesenden Seeleute tief beeindruckte. Am Ende seiner Tirade beugte sich Shackleton vor und sagte: »Ist dir klar, daß wir auf dieser Expedition oft großen Hunger haben werden, und wenn dann ein blinder Passagier zur Verfügung steht, der als erstes verspeist wird?« Dies wurde allgemein als Billigung der Anwesenheit Blackborows interpretiert. Er wurde als Küchenjunge angeheuert, um in der Kombüse auszuhelfen, sein Lohn betrug drei Pfund im Monat. Bald achtete Shackleton den ruhigen, gewissenhaften Waliser ebenso hoch wie jeden anderen Mann der Mannschaft.

GEORGE E. MARSTON
Der Künstler der Expedition wurde von einem früheren Schiffskameraden so beschrieben: »Er hatte den Körperbau und das Gesicht eines Preisboxers und das Gemüt eines gefallenen Engels.«

DAS DECK DER ›ENDURANCE‹ AUF DER FAHRT NACH SÜDEN

»Als wir uns neben sie legten, sah ich den Namen am Heck, *Endurance*, London. Bei genauerem Hinsehen sah sie nicht mehr so sauber und gut getrimmt aus, da das Deck voller Kisten und Behälter war, dazu etwa tausend Hunde.« (Bakewell, Autobiographie)

Einer der ältesten Männer an Bord war Henry McNish, der Chippy – das war der übliche Spitzname für Schiffszimmerleute – gerufen wurde. Er war ein ungehobelter alter Seebär aus dem vor dem Hafen von Glasgow liegenden Cathcart. Von Anbeginn an erregte er Shackletons Mißtrauen.

»Der Zimmermann ist der einzige Mann, bei dem ich mir nicht todsicher bin«, hatte Shackleton an seinen Freund und Agenten Ernest Perris geschrieben, kurz bevor sie South Georgia verließen. McNish war vielleicht das rätselhafteste Mitglied der Expedition. Er behauptete, daß er mit William Bruces schottischer Expedition 1902 nach Süden gesegelt sei, was nicht der Wahrheit entsprach. In jedem Fall war er viel herumgekommen. Shackleton und seine Schiffskameraden glaubten ihn in den Fünfzigern, in Wirklichkeit war er jedoch gerade vierzig Jahre alt. Wenn er auch nicht sonderlich beliebt war, respektierte man ihn im allgemeinen, da er nicht nur ein hervorragender Schiffszimmermann, sondern auch ein erfahrener Seemann war.

»Chips war weder umgänglich noch tolerant«, erinnerte sich ein Schiffskamerad von einer anderen Expedition. »Seine schottische Stimme rasselte wie ausgefranster Draht.« McNish hatte seine Katze mitgebracht, die unbändige Mrs. Chippy. Von mehreren Expeditionsmitgliedern wurde die Katze als »Dame mit Charakter« beschrieben. Seine (denn irgendwann stellte sich heraus, daß Mrs. Chippy ein Kater war) Lieblingsbeschäftigung war es, eine Abkürzung über die Dächer der Hundehütten zu nehmen und die halbwilden Schlittenhunde wütend zu machen – freilich nicht, ohne sich vorher vergewissert zu haben, daß diese in ihren Zwingern fest angeleint waren.

Shackleton nicht mitgezählt, war die Mannschaft 27 Mann stark und damit relativ klein, um die Fahrt nach Süden durchzustehen; tausend Meilen eisübersäten Ozeans lagen zwischen ihnen und ihrem Bestimmungsort. Wohl ein jeder beschäftigte sich damit, sorgfältig und genau die Fähigkeiten und den Charakter seiner Begleiter abzuschätzen. Nicht einmal Shackleton blieb von solchen Wertungen verschont.

»[Ein] seltsamer Vogel, ein Mann voller Launen, ich weiß nicht, ob ich ihn mag oder nicht«, schrieb der Erste Offizier Greenstreet an seinen Vater. Shackleton kam gesundheitlich angeschlagen in Buenos Aires an und scheint während des Aufenthalts in South Georgia nicht in bester

CLARK IM BIOLOGISCHEN LABOR
Die anderen spielten ihm einmal einen Streich, indem sie Spaghetti in einen seiner Glasbehälter füllten.

Form gewesen zu sein. Als er ihn auf einer kurzen Wanderung begleitete, beobachtete Wordie, daß er »unter starkem Husten litt und ihn der Marsch ziemlich ermüdete«. Shackleton hatte Gründe genug, sich Sorgen zu machen: Die schlechtesten Eisbedingungen seit Menschengedenken schienen sich nicht im mindesten verbessern zu wollen, und einige der Walfänger schlugen vor, daß sie ihren Aufbruch bis zur nächsten warmen Jahreszeit verschieben sollten. Für Shackleton jedoch war die Verschiebung der Expedition gleichbedeutend mit der endgültigen Aufgabe. Hinter ihm lagen der Krieg und eine Unmenge finanzieller Verbindlichkeiten.

Am Morgen des 5. Dezember 1914 dampfte die *Endurance* aus Grytvikens Cumberland Bay hinaus. Sie hatte frische Vorräte geladen – die Ladung schloß auch zwei lebende Schweine ein –, die Mannschaft war ausgeruht und sah erwartungsvoll der nächsten Station der Reise entgegen. Die Berge South Georgias blieben bis in den Abend in Sicht, als die *Endurance* auf Südsüdostkurs ging. Schon am nächsten Tag passierte das Schiff zahlreiche Eisberge und stieß am 7. Dezember auf die ersten Ausläufer des Packeises.

Das Weddellmeer stellte ein fast einzigartiges Gefahrengebiet für Schiffe dar. Es ist von drei Landstreifen umgeben – der Kette der South Sandwich-Inseln im Osten, dem eigentlichen Antarktischen Kontinent sowie der langen Zunge der Antarktischen Halbinsel im Westen. Die vorherrschende Strömung bewegt sich in dem ungefähr kreisförmigen Weddellmeer langsam im Uhrzeigersinn. Meereis, das sich hier das ganze Jahr über bilden kann, wird aufgrund dieser Strömung nicht in das wärmere nördliche Wasser abgetrieben. Es wird in einer schier endlosen Spirale bewegt und schließlich durch

WORSLEY GIBT DEM RUDERGÄNGER ANWEISUNGEN FÜR DEN KURS DURCH DAS EIS
Vor dem Wind geschützt, zeigt Worsley vom Bug aus die Richtung mit einem Semaphor an.

die westliche Strömung gegen die Antarktische Halbinsel gedrückt.

Die folgenden sechs Wochen bahnte sich die *Endurance* behutsam einen Weg nach Süden, wich den Eisschollen und dem Packeis aus und brach manchmal auch durch sie hindurch. Shackleton hoffte, daß er, wenn er sich jenseits des östlichen Randes des Packeises hielt, sich in einem Bogen den Weg in Richtung Vahsel Bay bahnen könnte. Die Taktik funktionierte nur eine Zeitlang, und bald mußte er das Packeis durchbrechen.

Auf dem Weg nach Süden traf die *Endurance* auf verschneite Eisfelder, riesige Schollen, die eine Fläche von bis zu 150 Quadratmeilen hatten. »Den ganzen Tag haben wir das Schiff als Rammbock benutzt«, schrieb Hurley Mitte Dezember in sein Tagebuch. »Wir bewundern unser kleines robustes Schiff, das an dem Kampf gegen unseren gemeinsamen Feind seine Freude zu haben scheint und die Eisschollen in großem Stil zertrümmert. Wenn das Schiff auf das Eis aufprallt, stoppt es schlagartig und erzittert von den Toppen bis zum Kiel; dann entsteht meist unmittelbar ein langer Riß, der direkt vor unserem Bug seinen Ausgang nimmt. Wir dampfen hinein, und als wären wir ein Keil, bricht das Eis langsam so weit auf, daß eine Durchfahrt möglich wird.«

Der tagelange dichte Nebel klärte sich zu strahlendem Sonnenschein auf. Während der langen Abenddämmerung antarktischer Sommernächte schien das aufgebrochene Packeis wie unzählige riesige weiße Wasserlilien auf einem himmelblauen Teich dahinzutreiben. Das Schiff passierte Krabbenfresserrobben, die sich auf den Eisschollen sonnten, und große Mengen von immer unterhaltsamen Kaiserpinguinen, die unerwartet auftauchten und auf die Eisschollen emporschnellten, von wo sie die vorbeifahrende *Endurance* aufgeregt anschrien. Allmählich wurden die offenen Wasserflächen immer seltener, bis das ganze Meer wie ein riesiges Schneefeld aussah, nur noch hier und da von Rinnen und Kanälen durchzogen.

Das Weihnachtsfest wurde mit Gebäck und Weihnachtspudding gefeiert, mit farbenfroher Beflaggung und gedeckten Tischen und einem Ständchen am Abend. Von der Reling aus konnten sie einen überwältigenden Sonnenuntergang bewundern, und am letzten Tag des Jahres 1914, nachdem sich das Schiff den ganzen Morgen mühevoll durch ein besonders massives Eisfeld gearbeitet hatte, überquerte die *Endurance* den südlichen Polarkreis. Ein traumgleiches Glitzern spiegelte sich auf dem ruhigen Wasser. In der Nacht zum 1. Januar 1915 stimmte der schottische Teil der Mannschaft

DIE ›ENDURANCE‹ IM PACKEIS
»Packeis könnte man als ein gigantisches und endloses von der Natur erfundenes Puzzle beschreiben.«
(Shackleton, *South*)

»Auld Lang Syne« an und weckte damit die »respektablen Mitglieder«, die sich bereits zurückgezogen hatten. Lees vermerkte mürrisch: »Die Schotten sind an Neujahr wirklich ein Ärgernis, und sie haben nie gute Stimmen.« Unterdessen schüttelten sich Shackleton, Wild, Worsley und Hudson auf der Brücke die Hände und wünschten einander ein frohes neues Jahr.

Der Himmel war nun meist bedeckt, und die *Endurance* stieß zunehmend auf Eisberge, große Gebilde, die wie phantastische Skulpturen aus blauweißem Marmor aus dem pfauenblauen Wasser emporragten. Die Expeditionsmannschaft vertrieb sich die Zeit mit häuslichen Verrichtungen. Lees stopfte seine Socken, wusch und flickte seine Kleidung. Hurley fotografierte in der Mitternachtssonne. Robert Clark, der Biologe, untersuchte die Kieselalgen des Weddellmeeres unter dem Mikroskop. Am 6. Januar wurden die Hunde zum ersten Mal, seit das Schiff South Georgia vor einem Monat verlassen hatte, auf einer geeigneten Eisscholle ausgeführt. Auf der Stelle gerieten sie sich – wie so oft – in die Wolle, brachen durch das dünne Eis und fielen ins Wasser.

Am 7. und 8. Januar zwangen die Eisbedingungen das Schiff, den Weg, auf dem sie durch das Packeis gekommen waren, zurückzufahren, um nach einer geeigneteren Route zu suchen. Am 10. Januar erreichten sie dann bei 72° Süd einen bedeutenden Meilenstein: Das Schiff kam in Sichtweite von Coats-Land und fuhr nun dicht an der dreißig Meter hohen Wand der Eisbarriere entlang. Die *Endurance* war, bei guter Fahrt, nur noch eine knappe Woche von der Vahsel Bay entfernt. Geplant war, daß das Schiff für den Winter nach South Georgia oder Buenos Aires zurückkehren würde. Und so schrieben die Männer, die am Südpol überwintern sollten, eifrig Briefe, die das Schiff auf seiner Rückfahrt ins Winterquartier mitnehmen sollte.

EISBERG AM 21. NOVEMBER 1914
»Um 10:00 liefen wir durch lange Rinnen eisfreien Wassers, in denen einige Eisberge von grandioser Gestalt trieben. Einen, der etwa 70 Meter hoch war, fotografierte ich.« (Hurley, Tagebuch)

DAS DECK NACH EINEM LEICHTEN SCHNEEFALL
»Es ist wundervoll, daß die Hunde lieber auf dem schneebedeckten Deck schlafen als in ihren Zwingern.«
(Lees, Tagebuch)

Den 11. Januar begann die Schiffsmannschaft mit einem Frühstück aus Haferflokken, Robbenleber und Schinken. Schlechtes Wetter zwang die *Endurance*, vor einer großen Eisscholle beizudrehen. Der Zimmermann McNish nutzte die Fahrtunterbrechung, um eine kleine Kommode für den »Boss« zu zimmern. Shackleton selber sah »todmüde« aus; er hatte die letzten paar Tage kaum geschlafen. Die beiden Schweine, die in South Georgia an Bord gekommen waren (sie hießen Sir Patrick und Bridget Dennis), waren inzwischen dick und fett, und Sally, eines der Hundeweibchen, hatte drei Welpen geworfen; mit Belustigung beobachtete die Mannschaft, wie der harte Tom Crean sie »wie eine Krankenschwester« bemutterte. Der Tag ging mit einer Mahlzeit aus dicker Linsensuppe, geschmortem Robbenfleisch, Dosenerbsen und Vanillesoße zu Ende.

Die Morgendämmerung des 12. Januar brachte Nebel und Schneefall, abgesehen davon war es aber ein ausgesprochen angenehmer Tag. Clark fing mit seinem Schleppnetz interessante Kleinlebewesen, und gegen Abend passierten sie einen Schwarm junger Kaiserpinguine auf einer Eisscholle dicht am Schiff. Die *Endurance* brach unter

6. JANUAR 1915; AUSLAUF FÜR DIE HUNDE
»Während des Tages ließen wir die Hunde auf der großen Eisscholle laufen, an der wir festgemacht hatten. Der Auslauf tat ihnen gut, es war der erste seit fast einem Monat.« (Hurley, Tagebuch)

CREAN MIT WELPEN
»Den Schweinen gegenüber wohnen fünf Welpen & ihre Mutter, das ›Ereignis‹ hat sich vor drei Tagen abgespielt, aber bisher hat nur Crean, der die Mutter wie eine Krankenschwester versorgt, die Kleinen gesehen, wir hören nur ihre schrillen, leisen Stimmen. Die werden uns bald Spaß machen.« (Lees, Tagebuch)

Dampf durch das Packeis in offenes Wasser und erreichte die Bucht, die den südlichsten Punkt markierte, den William Bruces Expedition 1903 erreicht hatte. Die Lotung von ungefähr 150 Faden zeigte an, daß sie nahe an der Küste waren. Lees verschwand im Vorratsraum und kramte triumphierend »eine Dose Marmelade und die eine oder andere Sache, die Shackleton besonders mochte«, hervor.

Nachdem die *Endurance* die ganze Nacht schweres Packeis vor der Eisbarriere umschifft hatte, wurde sie am 13. Januar erneut von Eisschollen umschlossen, und es gab keinerlei Anzeichen für eine Rinne. Zwei Stunden suchten die Männer nach einem Ausweg, drosselten dann die Maschine und blieben liegen. Am folgenden Tag saß das Schiff immer noch fest. Das Wetter war jedoch atemberaubend. Mit Temperaturen um minus 4 Grad Celsius war es das beste, seitdem sie South Georgia verlassen hatten. Hurley, immer auf Ausschau nach Motiven für Fotos, beschrieb die Umgebung folgendermaßen:

> Die Eisberge & -schollen spiegelten sich im tiefblauen Wasser, während das feste Eis im Sonnenschein schimmerte & tiefblaue Schatten warf. Es war der schönste Anblick, den ich jemals im Süden erlebt habe. Das Eis sah aus wie Sägezähne, gezackt, gar nicht wie Packeis. Große Druckkämme, die bis zu sieben Meter hoch aufgeworfen wurden, bezeugen die enormen Kräfte des Eises in diesen Breiten.

Aus dem Krähennest sah Lees, daß sich das Packeis ungebrochen in alle Richtungen erstreckte.

ANGELEGT, 14. JANUAR 1915
»Den ganzen Tag lagen wir an der Eisscholle … Ein prächtiger Tag.
Der schönste, seit wir South Georgia verlassen haben & erst der zweite Sonnentag.«
(Hurley, Tagebuch)

14. JANUAR 1915
»Das Eis sah aus wie Sägezähne, gezackt, gar nicht wie Packeis. Große Druckkämme, die bis zu sieben Meter hoch aufgeworfen wurden, bezeugen die enormen Kräfte des Eises in diesen Breiten.«
(Hurley, Tagebuch)

14. JANUAR, 74°10' S 27°10' W
Das Anlegen am Eis gab der Mannschaft Gelegenheit, ein paar Leibesübungen zu machen.

PACKEIS, 20. JANUAR 1915

Aufgenommen an dem Tag, an dem die *Endurance* endgültig von Eis eingeschlossen wurde.
»Wir haben nur noch 85 Meilen bis zu unserem Ziel, aber der Wind ist immer noch nordöstlich & drückt das Eis herein.«
(McNish, Tagebuch)

DIE ›ENDURANCE‹
UNTER SEGELN
Am Abend des 24. Januar tauchte eine Rinne offenen Wassers vor dem Schiff auf. »Heute um 21:00 setzten wir alle Segel & brachten den Motor auf Volldampf, um die Eisbarriere zwischen uns & dem offenen Wasser zu durchbrechen, aber wir schafften es nicht.« (Lees, Tagebuch)

Am Abend kam aber eine Brise auf, und noch vor Mitternacht schien eine Gasse offenen Wassers am Fuß der Eisbarriere aufzutauchen. Früh am Morgen des 15. Januar konnte die *Endurance* unter diesigem Himmel weiterfahren. Den Tag über wurde eine ungewöhnlich große Zahl Seehunde gesehen. Um 15 Uhr passierte das Schiff eine große Gruppe, die auf dem Weg von der Eisbarriere zum Packeis hinüber war. Die gesamte Mannschaft versammelte sich an Deck, um ihnen zuzusehen und den Ruf der Seehunde nachzuahmen, die neben dem Schiff herschwammen und spielten wie Delphine. Es war ein Ereignis, an das sich jeder gerne erinnerte. Am Abend war der Himmel klar, und glücklicherweise hatte sich eine Fahrrinne geöffnet, die es der *Endurance* erlaubte, ihre Fahrt nach Süden mit gesetzten Segeln fortzusetzen. Schönes, klares Wetter lag vor ihnen. Kurz vor Mitternacht tat sich vor dem Schiff im seltsamen anhaltenden Zwielicht eine Bucht auf, die von der schützenden Zunge eines großen Gletschers und der Eisbarriere gebildet wurde.

»Die Bucht … wäre ein exzellenter Landeplatz gewesen«, schrieb Shackleton, als er den »natürlichen Kai« aus flachem Eis bemerkte, der aufgrund seiner ungewöhnlichen Umgebung außer von Norden von allen Seiten windgeschützt war. »Ich nannte den Ort Glacier Bay«, fuhr er fort, »und später hatte ich Grund, mich ihrer wehmütig zu erinnern.«

Die *Endurance* fuhr die Nacht hindurch unter Dampf an der Gletscherfront entlang. Am frühen Morgen erreichte sie einen weiteren Gletscherausläufer mit tiefen Spalten, dessen gefrorene Sturzbäche sich über ein Kliff ergossen, das sich 120 Meter über dem Meer erhob. Um 8:30 Uhr endete die prächtige Fahrt über eine Strecke von 124 Meilen vor dichtem Packeis, das teilweise, wie Shackleton vermutete, durch die auffallend großen Eisberge in der Umgebung festgehalten wurde.

Das Schiff stoppte bei einem kleinen Eisberg, auf dem sich deutlich erkennbare Einlagerungen abzeichneten, die der Biologe der Expedition als Biotitgranit identifizierte. Im Verlauf des Tages kam ein östlicher Wind auf, der schließlich zu einem heftigen Sturm wurde. Während das leewärtige Eis unter dem Druck zu brechen und sich zu teilen begann, lag die *Endurance* im Schutz des Eisberges. Es war überaus lästig, nach einem derart zufriedenstellenden Abschnitt aufgehalten zu werden. Lees vertrieb sich die Zeit, indem er die Vorräte im Frachtraum in Ordnung brachte.

Der Sturm ließ im Laufe der folgenden Tage nicht nach. Die *Endurance,* die den Anker nicht ausgebracht hatte, wurde in der rauhen See hin- und hergeworfen und drehte in einem kleinen Kreis Runde um Runde. Einige Seehunde glitten durch die Wellen hinter ihr, die Köpfe weit aus dem Wasser gestreckt. Hurley schaute in seiner Schlafkoje von seinem Buch auf und sah durch das Bullauge die gewaltigen weißen Eisberge unter der niedrigen Wolkendecke.

Am Morgen des 18. Januar hatte sich der Sturm so weit gelegt, daß die *Endurance* es wagen konnte, die Segel zu setzen. Am Fuß der Gletscherwand hatte sich eine Fahrrinne geöffnet. Sie stieß jedoch am Nachmittag erneut auf Packeis. Vorsichtig tastete sie sich durch Rinnen in offenes Wasser, wo sie 24 Meilen vorankam, bevor sie erneut auf Trümmereis und große lose Eisschollen stieß. »Die Beschaffenheit des Packeises hat sich abermals verändert«, notierte Worsley. »Die Eisschollen sind dick, aber zu einem Großteil mit Schnee versetzt. Sie sind zwar aufgebrochen, aber die Trümmer zwischen ihnen sind so dick & hart, daß wir sie nicht wegschieben können, es sei denn, wir wendeten enorme Kraft auf ... Daher ziehen wir es vor beizudrehen, um abzuwarten, ob sich das Packeis öffnet, wenn sich der Nordostwind legt.«

Bei fortwährend rauher See kämpfte Lees mit Seekrankheit, hielt aber am Ruder aus, wo es »schneite, stürmte und ganz und gar scheußlich war«. Den Nachmittag verbrachte er damit, die Vorräte für die Landung vorzubereiten. Er trennte sie in einen »Schiffs-Stapel« und einen »Küsten-Stapel«. Die weniger betriebsamen Mitglieder der Expedition langweilten sich angesichts dieser Verzögerung.

»Es ist schon erfreulich zu wissen, daß wir nur noch 80 Meilen von unserer Station, der Vahsel-Bucht, entfernt sind«, schrieb Hurley, den deutschen Namen verwendend. »Wir sind alle froh, sie endlich zu erreichen, da die Eintönigkeit die meisten von uns ermüdet hat.«

Das Wetter am folgenden Morgen war gut, aber die Eisbedingungen hatten sich verschlechtert. Das Packeis hatte sich die Nacht über rings um das Schiff geschlossen. Die Wissenschaftler nahmen pflichtbewußt Eisproben, aber auch jeder andere hatte seine Aufmerksamkeit auf das Eis gerichtet. Der Sturm hatte es so fest gegen den kontinentalen Schelf gedrückt, daß jetzt auch vom Krähennest aus nirgendwo mehr freies Wasser gesichtet werden konnte. Als sich die Männer schlafen legten, hofften sie darauf, daß ein Umschlagen des Windes das Packeis öffnen und die Weiterfahrt ermöglichen würde. Die *Endurance* war nun nur noch einen guten Segeltag von der Vahsel Bay entfernt.

Der Sturm aus Nordost, der seit dem 16. Januar immer mal wieder aufgekommen war, verstärkte sich im Verlauf der Nacht erneut. Der Tag war trübe und verschneit. Es zeigte sich, daß das Eis über Nacht noch fester gegen das Schiff gepreßt worden war. Die Temperaturen waren mit minus 2 Grad jetzt mild, so daß Lees notierte: »Wir haben gegenwärtig keine Angst, daß wir einfrieren werden.« Man konnte sich nicht vom Schiff entfernen, und es gab nicht viel zu tun. Die Sensation des Tages war der Abschuß einer drei Meter langen Krabbenfresserrobbe – frisches Fleisch für die Männer, die Hunde und Mrs. Chippy. Die Wissenschaftler sangen ein Lied in Clarks Koje, die ein beliebter Versammlungsort war, da sie in der Nähe der Heizkessel lag. Hurley fuhr fort, Briefe zu schreiben, die das Schiff mitnehmen sollte, wenn es nach South Georgia zurückkehrte. Lees war damit beschäftigt, seine Kleidung zu waschen und auszubessern.

Am 21. Januar kam der Sturm nach wie vor aus Nordost und trieb den Schnee vom Eisschelf herüber. Folglich war die Luft feucht, die Offiziersmesse und die Kabinen beschlugen und wurden klamm. Das Eis drückte gegen das Ruder und gab Anlaß zu ernstlicher Besorgnis, so daß die Mannschaft über Bord geschickt wurde, um es wegzuschlagen und den Rumpf freizuhalten. Auch wenn es eine Vergeudung von kostbarer Kohle bedeutete, ließ Shackleton den Kessel unter vollen Dampf setzen und bereitete sich darauf vor, die kleinste Öffnung des Packeises für einen möglichen Befreiungsver-

such zu nutzen. Fest im Eis eingeschlossen, begann die *Endurance*, mit dem Packeis von der Kreisströmung des Weddellmeeres fortgetragen zu werden; bald würde sie sich von der Küste fortbewegen.

Nach sechs Tagen mit abwechselnd auffrischendem und abflauendem Wind, legte sich am 22. Januar der Nordoststurm schließlich. Am Morgen des folgenden Tages war es sonnig und still. Hurley nutzte das Sonnenlicht, um einige Farbfotos zu machen, und Lees begann wieder zu schrubben und zu putzen. Eine Überprüfung der Brennstoffvorräte der *Endurance* zeigte, daß von den 160 Tonnen Kohle, die in South Georgia gebunkert worden waren, nur noch 75 Tonnen übriggeblieben waren.

Am 24. Januar tat sich gegen Mitternacht steuerbords ein Riß im Eis auf, der eine Rinne eröffnete – allerdings in einer Entfernung von 100 Metern. Das Schiff wurde unter Volldampf gesetzt, und die Segel wurden aufgezogen. Der *Endurance* gelang es jedoch nicht durchzubrechen, und die Schiffsmannschaft versuchte, auf dem Eis mit Hacken und Brechstangen einen Pfad zu der verlockenden Gasse in die Freiheit zu schlagen. Aber obwohl sie das Eis in einiger Entfernung vor sich aufbrechen sahen, tat sich um das Schiff herum nichts.

»Sitzen im Eis fest. Keine Bewegung auszumachen.« – »Noch fest und kein Anzeichen für eine Öffnung.« – »Die Wasserschneise, die wir vor Augen hatten, ist wieder fast vollständig geschlossen.« Die Tagebucheintragungen der folgenden Tage zeigen die zunehmende Enttäuschung der Mannschaft. Langsam dämmerte es ihr, als wie verhängnisvoll sich die – im Rückblick in der Nacht des 18. Januar fast beiläufig getroffene – Entscheidung, im Packeis haltzumachen, für ihre Pläne erweisen sollte.

DIE ›ENDURANCE‹ UNTER VOLLER BESEGELUNG IM EIS
Worsley betitelte dieses Foto mit den Worten: »Die ›Endurance‹ im Stolz ihrer Jugend.«

FUSSBALL AUF DEM EIS
Eine beliebte Ablenkung. Macklin und Clark, beide Schotten, wurden als die besten Spieler anerkannt. Es spielte die Backbordwache gegen die Steuerbordwache.

DER WÖCHENTLICHE GRAMMOPHONABEND IM RITZ
Einige der Matrosen entwickelten den Aberglauben, daß das Grammophon verstärkten Eisdruck anzog.

»Es scheint, daß wir für den Winter festsitzen«, schrieb Hurley am Abend des 27. Januar. »Ein merkliches Absinken der Temperatur um Mitternacht auf minus 13 Grad Celsius ist zu verzeichnen. Das hatte zur Folge, daß viele der kleinen Rinnen verschwanden und die Eisschollen zusammenfroren, ein bedrohlicher Vorgang.«

Die tägliche Tiefenlotung zeigte, daß das Schiff immer weiter vom Land wegtrieb. Da es kaum noch etwas zu tun gab, setzte unvermeidlich Langeweile ein. Fußballspiele auf dem Eis und die Beschäftigung mit den Hunden boten ein wenig Ablenkung. In der Offiziersmesse vergnügten sich die Wissenschaftler, indem sie sich am Abend gegenseitig laut vorlasen, und die sonntäglichen Gesangsabende wurden zur regelmäßigen Einrichtung. Samstagnacht wurde der traditionelle Toast »auf unsere Geliebten und Ehefrauen« ausgebracht, unfehlbar gefolgt von dem Chor: »Mögen sie niemals aufeinandertreffen!« – ein Ritual, das eines Nachts von McNish überzogen wurde und zu einer heftigen Auseinandersetzung im Vorderdeck führte.

Obwohl die Wissenschaftler und die Seeleute darauf vorbereitet waren, eine gemeinsame Reise in den Süden zu unternehmen, hatten sie doch nicht damit gerechnet, einen Polarwinter lang miteinander auskommen zu müssen. Zwar war in Buenos Aires auch die Möglichkeit erwogen worden, mit dem Schiff zu überwintern, aber der ursprüngliche Plan sah vor, daß das Schiff in seinen sicheren Hafen zurückkehren sollte, nachdem es die Expeditionsgruppe mit ihrer Ausrüstung abgesetzt hatte.

»Die Vorstellung, den Winter zusammen in einem im Eis eingeschlossenen Schiff zu verbringen, ist alles andere als erfreulich«, schrieb Hurley Anfang Februar, »um so mehr, als die Enge zwangsläufig die Arbeit behindert und uns die Gesellschaft der Seeleute aufzwingt, die sicher eine liebenswürdige Truppe sind, im ganzen genommen aber

DAS EIS UM DIE ›ENDURANCE‹ WIRD AUFGESCHLAGEN

Am 14. und 15. Februar tauchte etwa 300 Meter vor dem Schiff ein Stück offenes Wasser auf, und die Mannschaft versuchte mit größter Energie, eine Rinne dorthin freizuschlagen.

keine besondere Vorliebe für den wissenschaftlichen Stab haben.«

Mehrmals kam Hoffnung auf, wenn eine Rinne erschien oder eine Veränderung im Eis bemerkt wurde. Und mehr als einmal hatten die Männer vor, das Schiff freizubrechen oder freizurütteln. Am 22. Februar, die *Endurance* trieb immer noch nach Südwesten, erreichte sie den 77. Breitengrad: Es sollte die südlichste Stelle sein, zu der die »Imperial Trans-Antarctic Expedition« vordrang.

»Der Sommer war vorüber«, schrieb Shackleton. »Er war uns wirklich nicht wohlgesinnt ... Die Robben sind verschwunden, und die Vögel haben uns verlassen. Das Land zeigte sich immer noch mit schönem Wetter am fernen Horizont, aber es war jetzt außerhalb unserer Reichweite ...« Am 24. Februar befahl Shackleton die Einstellung der Schiffsroutine, und die *Endurance* wurde offiziell zur Winterstation.

DER VERSUCH, DAS EIS UM DAS SCHIFF AUFZUHACKEN
»Das Aufhacken des Eises selbst ist schon hart, aber die herausgeschlagenen & -gesägten Blöcke aus dem Wasser zu heben & zu zerkleinern, ist unglaublich schwierig. Sie wiegen drei- bis vierhundert Pfund.« (Lees, Tagebuch)

Die *Endurance* hatte sich im Verlauf von sechs Wochen tapfer durch 1000 Meilen Packeis gekämpft und war bis auf eine einzige Tagesreise an ihren Landeplatz herangekommen. Nun, erschöpft durch die erfolglosen Versuche, das Schiff freizubekommen, konnten Shackleton und seine Männer nur noch hilflos zusehen, wie sie immer weiter außer Sichtweite des Landes gerieten. Diese schicksalhafte Wendung der Ereignisse bewegte niemanden mehr als Shackleton selbst. Er hatte nicht nur die Verantwortung, seine so unterschiedliche Mannschaft in guter Gesundheit und guter seelischer Verfassung durch den Winter zu bringen, sondern er mußte auch eine bittere persönliche Enttäuschung verkraften. Er war vierzig Jahre alt, und die Vorbereitung der Expedition hatte enorme Energien gekostet. Angesichts des Krieges war es unwahrscheinlich, daß er jemals wieder eine Möglichkeit erhalten würde, an den Südpol zurückzukehren. Dies war seine letzte Chance. Eine Zeitlang bestand noch die theoretische Möglichkeit, daß die Expedition im Frühjahr fortgesetzt werden könnte, wenn das Aufbrechen des Eises das Schiff befreien würde, doch war auch Shackleton realistisch genug zu sehen, daß jeder verstreichende Tag dies zunehmend unmöglich machte.

»Es war quälend, ja, es war zum Verrücktwerden«, schrieb Alexander Macklin, einer der Schiffsärzte, in sein Tagebuch. »Shackleton zeigte gerade in dieser Zeit den Funken wahrer Größe; er wurde über all das nicht wütend, zeigte auch nicht die leiseste Spur der Enttäuschung; er sagte uns ganz einfach ruhig und gefaßt, daß wir den Winter im Packeis verbringen müßten, erklärte die Gefahren und Möglichkeiten, verlor niemals seinen Optimismus. Er bereitete sich einfach auf den Winter vor.«

Inzwischen versuchte Huberth Hudson, der Navigator, ununterbrochen über das Schiffsradio Signale von den Falklandinseln zu empfangen, der nächstgelegenen Sendestation, aber vergeblich. Nicht nur war die Expedition außer Sichtweite des Landes, niemand auf der Welt wußte, wo sie war.

»Alle Männer arbeiten an dem Eis, und wir bringen das Schiff etwa ein Drittel der Strecke ans offene Wasser heran.«
(Hurley, Tagebuch)

»Alle bis Mitternacht an der Arbeit. Dann werden die zwei Drittel der Strecke in Augenschein genommen, die noch vor uns liegen. Der Rest des Eises ist unpassierbar, und die Arbeit wird widerwillig eingestellt.«
(Hurley, Tagebuch)

DIE ›ENDURANCE‹ IM EIS
Hurley bemerkte einmal, daß das Packeis häufig einer sich auftürmenden See ähnelte.

EIN SONNENUNTERGANG IM MITTSOMMER, FEBRUAR 1915
»Es war ein schöner Abend. Die Atmosphäre war voller schimmernder Frostkristalle.«
(Hurley, Tagebuch)

DAS SCHIFF IN EINER DRUCKSPALTE. 19. OKTOBER 1915
»Einen Augenblick sah es so aus, als ob das Schiff sich ganz auf die Seite legte.
Machte ein paar gute Aufnahmen unseres tapferen Schiffes.«
(Hurley, Tagebuch)

Die Endurance *zerbricht*

Der März begann mit einem Schneesturm und einer Temperatur von minus 22 Grad Celsius. Die Eisschollen um das Schiff herum wurden von dem Wind, der sie übereinanderschob, so unwegsam, daß die Männer zwei Schlitten bei dem Versuch zerbrachen, Robbenfleisch über die aufgebrochene Oberfläche zu ziehen. Gegen Ende desselben Tages ordnete Worsley an, daß alle Männer auf dem Schiff zu bleiben hatten, da der Schneesturm so heftig geworden war, daß es gefährlich wurde, draußen herumzulaufen.

Als das Wetter wieder aufklarte, erfüllten das Knarren des Eises und die Laute des ständig wechselnden Windes die Stille. In der Nacht wurden die Männer von dem lichten Glitzern über den Eisschollen wachgehalten, das durch das ständige südliche Zwielicht hervorgerufen wurde. Realistischerweise war nicht zu erwarten, daß das Eis vor dem antarktischen Frühling aufbrechen würde, irgendwann im Oktober – in etwa sieben Monaten.

Nach Shackletons ursprünglichen Plänen hätte die Polarmannschaft, die sich aus Wissenschaftlern und Hundeführern zusammensetzte, alle Hände voll zu tun gehabt, die Reise vorzubereiten, die im kommenden Frühling stattfinden sollte. Diejenigen, die auf dem Schiff zurückbleiben sollten, hätten sich auf die Rückfahrt in den Winterhafen gemacht. Aber jetzt gab es nichts zu tun, und die Gefahr einer betäubenden Langeweile hing über ihnen. Shackleton kannte die besondere psychische Belastung, die die gespenstische Ruhe und schwarze Leere des bevorstehenden Antarktiswinters mit sich brachte, aus eigener Erfahrung.

Um sich dagegen zu wappnen, ordnete er eine strenge Winterroutine an. Anstatt der üblichen Ablösung der Wache in kurzen Intervallen, tat nun ein einziger Wachposten von 20 Uhr abends bis 8 Uhr morgens seinen Dienst. Dies erlaubte es allen anderen, die Nacht durchzuschlafen. Um die Moral zu heben und die Männer vor der Kälte zu schützen, gab Shackleton die Winterkleidung, die ursprünglich für die Polargruppe bestimmt war, an alle Männer aus (jedes Kleidungsstück wurde von Lees sorgsam in seinem Tagebuch aufgelistet): Jeder bekam zwei Jaeger-Wollhemden und lange Unterwäsche, Fausthandschuhe aus Shetlandwolle, einen Shetlandpullover und, am wichtigsten, Burberrymäntel und -hosen. Sie waren, nach den Worten eines Expeditions-

HURLEY UND MACKLIN ZU HAUSE

»Es soll die Längsseite entlang Kammern geben, die jeweils zwei Männer unterbringen, sie messen etwa 2 x 2,5 Meter. Sie bekommen Vorhänge statt Türen.« (Lees, Tagebuch)

mitglieds, leicht wie Regenschirmstoff, aber so fest gewebt, daß sie windundurchlässig waren. Einige der Seeleute verstauten die neuen Kleider sofort in ihrem Kleiderspind, um später wie »feine Herren« in die Zivilisation zurückkehren zu können. Wenige Kleidungsstücke wurden – im Glauben, oder vielmehr unter dem Vorwand, daß die Antarktisdurchquerung noch stattfinden werde – beiseite gelegt.

Shackletons erste Sorge war nun, bequeme Winterquartiere für seine Männer zu schaffen. Im März schwankten die Temperaturen zwischen minus 12 und minus 24 Grad, und die Kabinen auf dem Achterdeck, in denen die Wissenschaftler und Schiffsoffiziere wohnten, waren bitterkalt. Shackleton ordnete an, die Ladeflächen zwischen den Decks freizuräumen, und Chippy McNish begann in diesem geschützteren Bereich, Kabinen abzuteilen. Am 11. März zogen die Männer in ihr neues, von ihnen »Ritz« genanntes Quartier. Jede etwa zwei mal drei Meter große Kammer beherbergte zwei Männer. Die Kabinen bekamen Spitznamen wie »Billabong«, »Ankerplatz« und »Seemannsruh«. In der Mitte des Raumes stand ein großer Tisch, an dem das Essen eingenommen wurde, und ein Ofen wurde an das Kopfende gestellt. Das Ritz war nicht nur warm, die Enge gab den Männern auch das Gefühl familiärer Behaglichkeit. Crean, Wild, Marston und Worsley zogen in die alte Offiziersmesse, die Matrosen blieben im Vorderdeck, das ausreichend geschützt und warm war. Shackleton wohnte weiterhin alleine in der achtern gelegenen Kapitänskabine, dem kältesten Teil des Schiffes. Dann kümmerten sich die Männer um die Winterunterkünfte für ihre vierbeinigen Kameraden. Sie brachten die Hunde in Iglus, die sie »Dogloos« nannten, außerhalb des Schiffes unter. Auch die Schweine wurden von Bord in einfache Winterquartiere, die sogenannten »Pigloos«, gebracht. Mrs. Chippy blieb an Bord.

Die Nächte wurden länger, und Ende März waren Tag und Nacht gleich lang. Die etwa fünfzig Hunde, die groß, kräftig, wild und verspielt waren, rückten nun in den Mittelpunkt des Interesses und der Unterhaltung. Ihre Pflege beanspruchte mehrere Stunden täglich, während ihre Eigenheiten und Possen und ihre verschiedenen Charaktere für Unterhaltung sorgten. Die Hunde waren gerne auf dem Eis, und wenn Schneestürme kamen, rollten sie sich zu pelzigen Knäueln zusammen und schliefen unter dem Schnee.

SCHIFFSKABINE DER ›ENDURANCE‹
Shackletons Kabine, die ordentliche Heimstatt seines Ehrgeizes

»Wenn sie die Gefahr verspüren, von ihren menschlichen Gefährten übersehen zu werden«, schrieb Worsley, »setzen sie sich auf, schütteln sich, singen & tanzen & rollen sich dann wieder zusammen für ein weiteres Nickerchen bis zum FRESSEN – alle unsere Hunde buchstabieren das so.«

Anfang April teilte Shackleton die Hunde in sechs Teams ein und wies ihnen jeweils einen Führer zu, der seine Schutzbefohlenen mit großem Stolz betrachtete. Die Rivalitäten und Rennen zwischen den Teams boten zusätzliche Unterhaltung. (»Mein Team ist eines der besten«, vertraute Hurley, selbstbewußt wie immer, seinem Tagebuch an.)

DER WEG ZUR RINNE
Eine Kette von Eishügeln, die mit Leinen verbunden waren, diente als Orientierungshilfe bei Schneestürmen.

ZWINGER UM DAS SCHIFF
»Die Hunde alle an Land gebracht, sehr zu ihrer Freude. Alle Männer bauten Iglus oder besser ›Dogloos‹ aus Eisblöcken und Schnee ... Die Hunde wurden mit einer Kette festgehalten, deren eines Ende ins Eis eingegraben wurde und dort festfror.« (Hurley, Tagebuch)

MACKLIN UND GREENSTREET KOCHEN SPECK FÜR DIE HUNDE
Eine Anzahl von Hütten aus Eis, darunter eine Quarantänestation und eine Hundeklinik, bildeten den »Dogloo«-Komplex.

Die Gesundheit der Hunde bereitete den Männern ständig Sorge. Einige waren durch den Befall mit Darmwürmern bereits gestorben. Auch für die Schweine war der April ein tragischer Monat, da die Matrosen sie in Schweinefleisch verwandelten.

Die Männer erprobten die Hundeteams im schwachen Licht oder suchten nach den nun seltener anzutreffenden Seehunden oder unternahmen Erkundungsmärsche über das Eis. Einige Eisberge hatten sich, genauso wie die glücklose *Endurance,* im Packeis verfangen, und so trieben Schiff und Landschaft in der nordwestlichen Strömung gemeinsam weiter. Viele dieser Eisberge wurden für die Männer, die jetzt in einer unberechenbaren Welt lebten, zu vertrauten und mit Sympathie betrachteten Begleitern. Einer dieser Berge, auf den sie erstmals Anfang Januar, als sie noch Fahrt machten, gestoßen waren und passend »Festungsberg« genannt hatten, war besonders bemerkenswert. Etwa fünfzig Meter hoch, erhob er sich zwanzig Meilen vom Schiff entfernt majestätisch über dem Eis.

Am Abend sangen sie zur Unterhaltung Lieder, angeführt von Leonard Hussey, dem beliebten Meteorologen, der zugleich ein guter Banjospieler war. Gelegentlich hielt Hurley Lichtbildervorträge, in denen er Schnee- und Eisbilder von seiner Expedition mit Mawson oder Bilder der Sonne und Vegetation, die er von einer Java-Expedition mitgebracht hatte, zeigte. Nachdem die meisten ins Bett gegangen waren, wurde der einsame Wachposten oft von seinen Freunden besucht, und sie teilten sich brüderlich Kakao und Sardinen auf Toast. Diese nächtlichen Besucher wurden »Geister« genannt.

Am 1. Mai versank die Sonne endgültig und würde die nächsten sechs Monate nicht mehr gesehen werden. Nun hatten die Männer kaum noch etwas zu tun. Zwar führten sie das Training mit den Hunden fort, obwohl es bei diesem Licht schwieriger war, die Schlitten sicher über das zerklüftete Eis zu lenken; weitere Ausflüge vom Schiff wurden jedoch ausgesetzt. Ablenkungen jeder Art mußten her. Hurley und Hussey wurden begeisterte Schachgegner, ihnen kam die geistige Anregung des Spieles entgegen. Die Seeleute im Vorderdeck spielten Karten und Dame. Die Männer lasen und diskutierten Bücher, und eine Zeitlang kamen im Ritz Ratespiele groß in Mode. Ende Mai verfielen die Männer dem Winterwahnsinn, sie rasierten sich die Schädel und posierten in großer Heiterkeit, als Hurley diesen Augenblick mit einer Fotografie unsterblich machte.

HURLEY BEI EINEM LICHTBILDERVORTRAG
»Hurley zeigt Lichtbilder von Neuseeland. Da ich die Ehre habe, der einzige Neuseeländer an Bord zu sein, gebe ich mein Bestes, etwas dazu zu sagen, aber es besteht meistens nur aus: ›Das ist dieser oder jener Ort.‹ Am Ende führe ich einen Maori *haka* oder Kriegstanz vor, mit drei oder vier hervorragenden Schülern.«
(Worsley, Tagebuch)

Aber selbst in den Wintermonaten gab es Tage und Nächte intensiver und magischer Schönheit, die die Gemüter aufhellte und die Männer daran erinnerte, warum sie sich in diese unerbittliche Welt hinausgewagt hatten.

Das schwache Tageslicht und der strahlende Mond über dem vereisten Meer tauchten die Landschaft in ein mysteriöses Licht. In der absoluten Dunkelheit klarer Nächte funkelten die Sterne mit ungeahntem Glanz, während ein schwaches Südpolarlicht den Horizont einfärbte. Als Hurley von einer nächtlichen Schlittenfahrt zurückkehrte, beschrieb er emphatisch das Gefühl, direkt in die Mondscheibe hineinzufahren.

Die Tagebücher der Männer spiegeln eine im allgemeinen recht zufriedene Mannschaft wider. Sicher gab es Anzeichen von Gereiztheit, und natürlich machte sich die Belastung des Zusammenhockens in engen Quartieren mit den ewig gleichen Gesichtern bemerkbar. Es gab jedoch kaum ernsthafte Auseinandersetzungen.

»Wir alle versuchen, möglichst freundschaftlich auf dem Schiff zu leben, trotz unserer unterschiedlichen Interessen und dem Umstand, daß die meisten Männer das sind, was man festgefügte Persönlichkeiten nennen könnte, und sehr unterschiedlicher Herkunft entstammen«, schrieb Lees, der wie immer auf die sozialen Abstufungen achtete. Dann fährt er fort: »Es besteht keine echte Notwendigkeit, irgendwelche Streitereien

CLARK KEHRT VOM BEWEGUNGSTRAINING ZURÜCK

Seine Skier unter dem Arm, steigt er in die Schiffsluke.

mit seinen Kameraden heraufzubeschwören. Zwischen Gentlemen sollte und kann Streit vermieden werden, und es gibt keinen Grund dafür, warum das hier nicht der Fall sein sollte.« Das war eine besonders großzügige Aussage, bedenkt man, daß Hussey und Hurley ihm kurz zuvor, als er schlief, eine Handvoll Linsen in den offenen Mund geschüttet hatten, um sein Schnarchen zu unterbinden.

Der allgemeine Friede auf der *Endurance* war aber keinesfalls das Ergebnis eines Zufalls, sondern verdankte sich der Methode, mit der Shackleton sich seine Männer aussuchte. Als James bei Shackleton vorsprach, verwirrte ihn der große Forscher damit, daß er nicht nach seinen Qualifikationen für eine Polarexpedition oder Einzelheiten seiner wissenschaftlichen Arbeit fragte, sondern ob er singen könne.

»Oh, ich meine nicht so was wie Caruso«, fuhr Shackleton fort, »aber ich nehme an, Sie können ein bißchen mit den anderen Jungs rumbrüllen?« Seine Frage sollte sich später als ungemein zweckmäßig erweisen. Was er suchte, war eine »Haltung«, keine papierenen Zeugnisse.

Shackletons Gegenwart bestimmte jedes Ereignis, das auf dem Schiff stattfand. Einerseits war er immer bereit, sich mit der Mannschaft auf gleicher Stufe zu bewegen: Er ließ sich wie jeder andere die Haare abscheren und stimmte bei den Liederabenden begeistert und mißtönend ein. Andererseits sorgte er sich ständig um seine Mannschaft, benötigte dafür aber keine grüblerische Abgeschiedenheit. Er war immer mitten unter seinen Männern und strahlte Zuversicht aus. Allein diese Tatsache war größtenteils dafür verantwortlich, daß trotz der schwierigen Lage eine Atmosphäre relativer Sicherheit entstand.

EIN MORGEN IM RITZ, IM WINTER 1915

Links hinten trägt Blackborow einen Brocken Eis auf der Schulter, der geschmolzen werden soll. Rechts arbeiten die Wissenschaftler.

HUSSEY UND HURLEY BEIM SCHACH

»Hussey und ich haben diese Nacht Wache & wir spielen Schach. Wir sind beide begeisterte Spieler & es bringt den eingeschlafenen Verstand ein bißchen auf Trab.« (Hurley, Tagebuch)

Shackleton vertraute nicht auf sinnlose Disziplin, und dennoch geschah letztlich nichts ohne seine Zustimmung. Er war bekannt für seine unbedingte Gerechtigkeit, daher wurde seinen Befehlen nicht nur Folge geleistet, weil sie Befehle waren, sondern weil sie vor allem für vernünftig gehalten wurden. Seine Aufmerksamkeit gegenüber dem Vorderdeck war gewissenhaft und bewies sich, als die Winterkleidung verteilt wurde. Die Besatzung des Vorderdecks wurde zuerst bedacht, vor den Offizieren und der Polarmannschaft. »Wenn jemand zu kurz kommt, sind es auf keinen Fall die Seeleute«, schrieb Worsley.

Walter How und William Bakewell, beide einfache Matrosen, aber leidenschaftliche Leser, konnten sich darauf freuen, die Bücher, die sie der exzellenten Schiffsbücherei entliehen hatten, im persönlichen Gespräch mit Sir Ernest Shackleton zu diskutieren. Blackborow, der blinde Passagier, mußte gar bei Sir Ernest in die Lehre gehen, da diesem der pflichtbewußte junge Mann ans Herz gewachsen war. Aber wenn die Lage es erforderte, konnte Shackleton auch den schwierigsten Individuen kompromißlos entgegentreten. John Vincent, der Bootsmann, ein aufschneiderischer Hochseefischer, den anderen Seeleuten an Größe und Kraft überlegen, war ein brutaler Mann. Als eine Vertretung des Vorderdecks sich bei Shackleton beschwerte, von ihm schlecht behandelt worden zu sein, ließ der Boss Vincent in seine Kabine holen. Vincent wurde degradiert und verließ schwer erschüttert die Kabine. Er machte nie wieder Ärger. Shackleton hielt es für nicht erforderlich, sich Rückendeckung für diese Begegnung zu holen, die bei einem geringeren Mann durchaus hätte schwierig werden können.

»Er konnte einen Ausdruck annehmen, einen Blick voller Verachtung, der einen zusammenschrumpfen ließ«, berichtete der Erste Offizier Lionel Greenstreet. »Er konnte sehr verletzend sein, wenn er wollte, aber ich denke, es war mehr der Blick.«

Vor allem anderen beurteilte Shackleton einen Mann danach, welchen Grad an Optimismus er ausstrahlte. »Optimismus«, sagte Shackleton einmal, »ist wahre moralische Tapferkeit.« Jene, die nicht mit dieser Gabe gesegnet waren, betrachtete er mit offensichtlicher Geringschätzung. Dies war bei dem armen Lees der Fall. Lees war der wahrscheinlich bei allen am wenigsten beliebte Teilnehmer der Expedition: Er war überheblich und immer unauffindbar, wenn kräftiges Zupacken gefragt war. Für Shackleton jedoch hatten diese Schwächen weniger Gewicht als Lees übertriebene Sorge um die Vorräte und deren Zuteilung. Lees war zum Lagerhalter ernannt worden und war verantwortlich für die Rationierung der Vorräte und die Buchführung über den Verbrauch. Die gewissenhafte Erfüllung seiner Pflichten wurde allerdings dadurch beeinträchtigt, daß er die Angewohnheit besaß, allerlei alltäglichen Kleinkram für seinen eigenen Gebrauch heimlich auf die Seite zu schaffen und zu horten. Für Shackleton war dies ein Zeichen von morbidem Pessimismus und ein Mangel an Vertrauen in die zukünftige Versorgung. Er verachtete Lees, und daran konnte auch dessen Verehrung für ihn nichts ändern.

Shackleton war jedoch kein nachtragender Mensch. Als Lees später im Winter aufgrund starker Rückenschmerzen bettlägerig wurde – er hatte Schnee geschaufelt (»die erste Arbeit, die er verrichtet hat, seit wir London verließen«, wie McNish säuerlich bemerkte) –, ließ Shackleton ihn in seine eigene Kabine legen. Er sah regelmäßig nach ihm und brachte ihm Tee.

»Am Anfang«, schrieb Lees jammervoll, »lag ich in meiner eigenen Koje in nahezu vollständiger Finsternis & niemand kümmerte sich um mich.«

Dies sind die Worte eines einsamen Mannes. Sicherlich spürte Shackleton, daß eine weniger offenkundige Schwäche hinter Lees' Symptomen steckte. Daher erlöste er Lees rasch von seinem Selbstmitleid und den Sticheleien seiner Kameraden, um dessen Ego zu stärken – das alles tat er für einen Mann, den er eigentlich nicht mochte.

R. W. JAMES, WISSENSCHAFTLER
»James war Physiker und wollte während der Expedition vor allem magnetische Beobachtungen machen und die Verfinsterung von Sternen studieren ... Er hatte einige sehr komplizierte elektrische Apparate, die keiner von uns verstand, und ein Witz, der ihn sehr ärgerte, besagte, daß er sie auch nicht verstand.«
(Macklin, Tagebuch)

Ein anderer Stützpfeiler der hohen Moral an Bord der *Endurance* war Frank Wild, Shackletons Stellvertreter. Niemand sagte je etwas Schlechtes über ihn. »Er hat ausgesprochenes Taktgefühl«, schrieb Lees, »und die glückliche Begabung, wenig zu sagen und die Leute dennoch dazu zu bringen, genau das zu tun, was er will ... Wann immer er uns Befehle gibt, gibt er sie auf die netteste Art.« Wild war vierzig, genauso alt wie Shackleton. Er war in Yorkshire geboren, als Sohn eines Schullehrers, und gab – fälschlicherweise – vor, ein direkter Nachfahre des berühmten Kapitän Cook zu sein. Vor seiner ersten Fahrt nach Süden auf der *Discovery* hatte Wild sowohl in der Handels- als auch in der Kriegsmarine gedient. Später hatte er Scotts Angebot abgelehnt, an der Expedition der *Terra Nova* teilzunehmen, um statt dessen Mawsons Antarktisexpedition zu begleiten. Wild war äußerst kompetent, gelassen und zurückhaltend, und er kümmerte sich um all die nebensächlichen Beschwerden – etwa daß Clark, der Biologe, nicht höflich genug sei und Marston ein Tyrann. Jedem noch so kleinen Kummer begegnete Wild mit ganzer Aufmerksamkeit, was dazu führte, daß der Bittsteller sich verstanden fühlte, auch wenn gar keine Maßnahmen ergriffen worden waren. Wilds Loyalität gegenüber Shackleton ging bis ins Mark, und zusammen bildeten die beiden Männer ein ausgesprochen effizientes Team.

Trotz aller Bemühungen, sich Ablenkung zu verschaffen, wurde den Wissenschaftlern die Zeit lang. James »Jock« Wordie, der Geologe, und Reginald »Jimmy« James, der Physiker, waren schon seit ihrer Studienzeit in Cambridge befreundet. Der ernste und reservierte James war ein typischer Akademiker, brillant und engagiert auf seinem Gebiet, außerhalb dessen dafür etwas begriffsstutzig und unbeholfen. Er war der Sohn eines Londoner Regenschirmmachers und hatte ein wohlbehütetes Akademikerleben geführt. Um in den Süden zu fahren, hatte er eine vielversprechende Universitätsstelle aufgegeben. James war ein guter Gesellschafter. Leidenschaftlich verbreitete er sich über Themen wie Verdunstung, den Druck von Gasen und atmosphärische Phänomene, wobei ihn Greenstreet und Hudson oftmals aufzogen und mit ihren scherzhaften Fragen schließlich zum Schweigen brachten. Überraschenderweise erwies er sich als einer der besten Schauspieler bei den satirischen Sketchen, die einen wichtigen Teil der Unterhaltung an Bord ausmachten.

WORSLEY UND JAMES BEI BEOBACHTUNGEN IM WINTER

»Worsley und James hatten ein großes Teleskop, das sie aufstellten. Indem sie den Moment der Verfinsterung gewisser Sterne bestimmten, konnten sie die genaue Zeit ermitteln.« (Macklin, Tagebuch)

Wordie war aus Glasgow und unter den Expeditionsteilnehmern sehr beliebt. Sein trockener Humor und die gutmütige Art, in der er die anderen auf den Arm nahm, wurden sehr geschätzt. Er hatte sich während seines Cambridge-Aufenthalts entschlossen, an der Expedition teilzunehmen, obwohl er mit Lady Scott, Kapitän Robert Scotts temperamentvoller Witwe, zu Abend gesessen hatte, die »versuchte, alle möglichen Kandidaten von dem Gedanken abzubringen«, mit Shackleton zu fahren. Aber Wordie argwöhnte, daß dies »die letzte große Expedition in den Süden« sein könnte. Da er im Bereich der Geologie nicht viel zu tun hatte, hatte er sich der Gletscherkunde zugewandt.

Robert Clark, der Biologe, war ein trockener, kurz angebundener Mann; selbst auf Hurleys Fotografien sind seine Reserviertheit und seine Verschlossenheit unübersehbar. Da er hart arbeitete und kräftig war und immer zu den Freiwilligen zählte, wenn es um unangenehme Arbeiten wie Kohle schaufeln ging, wurde er von allen Männern respektiert; außerdem war er ein ausgezeichneter Fußballspieler. Sobald die *Endurance* England verließ, arbeitete er mit seinen Schleppnetzen und setzte seine wissenschaftlichen Arbeiten auch im Eis mit grimmiger Miene fort. Ständig war er dabei, Pinguine zu häuten und zu sezieren, was unter den Matrosen das Gerücht aufkommen ließ, die Wissenschaftler suchten in den Bäuchen der Tiere nach Gold.

Leonard Hussey, der Meteorologe, war gebürtiger Londoner, und seine Schiffskameraden machten sich den Spaß, ihn damit zu hänseln, daß er ein »Cockney« sei. Nach Abschluß des Studiums an der London University hatte er als Archäologe im Sudan gearbeitet, bevor er sich der *Endurance* anschloß; Shackleton behauptete, ihn ausgewählt zu haben, weil ihn die extravagante Vorstellung amüsierte, daß ein Mann vom Herzen Afrikas in die Antarktis reiste. Husseys Hingabe an die Wissenschaft war vermutlich nicht ganz so stark ausgeprägt wie die seiner Mitstreiter.

»Die Launen des Klimas verwirren Hussey«, beobachtete Lees. »Immer wenn er zu wissen glaubt, was es als nächstes tun wird, geschieht genau das Gegenteil.«

Die beiden Ärzte an Bord, Alexander Macklin und James McIlroy, waren mit den Hunden vollauf beschäftigt: Beide waren zu Gespannführern ernannt worden, und es war ihre Aufgabe, sich um die von Parasiten geplagten Tiere zu kümmern. Macklin war Schotte, der Sohn eines Arztes von den Scilly Inseln. Einen Großteil seiner Jugend

J. H. WORDIE
»Jock ist ein Schotte aus Glasgow, einer der beliebtesten Männer. Er hält gar nichts von Cliquen.« (Lees, Tagebuch)

ROBERT S. CLARK
»Eines Tages sahen wir eine Gruppe merkwürdiger Pinguine. Clark war so ekstatisch, wie es ein trockener Aberdeener sein kann.« (Macklin, Tagebuch)

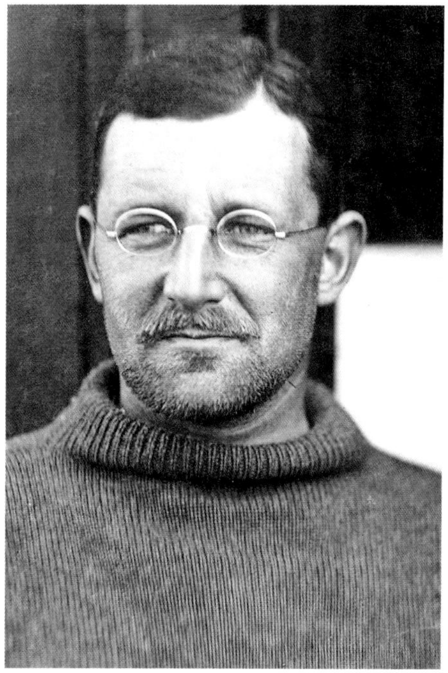

LEONARD D. A. HUSSEY
»Mir schien, daß Hussey nie viel zu tun hatte, aber wenn wir wollten, daß er rauskam und er keine Lust hatte, sagte er immer, er sei unter großem Druck, müsse arbeiten.« (Macklin, Tagebuch)

A. H. MACKLIN
Verläßlich und loyal, war Macklin der einzige, der zum ersten Mal in der Antarktis war.

hatte er in kleinen Booten rund um die Inseln verbracht. Obgleich er leicht aufbrausen konnte, war er im allgemeinen sanftmütig. Er arbeitete hart. Außerdem galt er als der beste Rugbyspieler der Gruppe. McIlroy, gutaussehend und mit sardonischem Lächeln, war mit seinen ungefähr 35 Jahren längst ein Mann von Welt, er hatte jahrelang in

EIN MANN ÜBERPRÜFT EIN EISLOCH NEBEN DEM SCHIFF
Wahrscheinlich Clark, der immer auf der Suche nach neuen Spezies war.

Ägypten, Malaysia und Japan praktiziert und als Schiffsarzt auf einem ostindischen Passagierdampfer gearbeitet. Er kam aus Nordirland (ein Drittel der Besatzung waren Schotten und Iren), und sein Humor konnte boshaft sein. Eine seiner erfolgreichsten Darbietungen – wie von Lees selbst berichtet – war eine Imitation Lees' grenzenloser Ehrerbietung für Shackleton:

> [McIlroy:] (Überschwenglich um Shackleton herumtanzend): »Ja, Sir, o ja sicher, Sir, Sardinen, Sir, hier kommen sie (rennt zur Speisekammer und zurück), und Brot, Sir, o ja, Sir, Brot, Sir, Sie sollen das Brot der Nachtwache haben, Sir (läuft erneut zur Speisekammer mit viel kriecherischem Gefuchtel und so weiter), und darf ich Ihnen die Schuhe putzen, Sir ...«

Im Vorderdeck verbrachten die Seeleute den größten Teil der Zeit in der Koje.

»Sie verschlafen die Zeit so weit als möglich und scheinen sich nie nach irgendwelcher Beschäftigung umzusehen«, schrieb Lees mißbilligend. Die Matrosen waren von den Nachtwachen ausgenommen, und obwohl sie natürlich in ihren eigenen Quartieren Ordnung halten mußten, wurden sie nie geholt, um im Ritz auszuhelfen. Wiederum war es Shackleton, der dafür sorgte, daß sich niemand auf dem unteren Deck benachteiligt fühlte. Es hatte Hinweise darauf gegeben, daß die Matrosen Schwierigkeiten machen würden, insbesondere was die Mahlzeiten betraf. Obwohl es üblich war, Robben- und Pinguinfleisch in der Messe zu servieren, beschwerten sich die Seeleute darüber, daß Robbenfleisch anstelle des kostbaren Dosenfleisches zu servieren »eine Methode war, die Ausgaben für die Expedition niedrig zu halten.« Shackletons Geduld war jedoch nicht unerschöpflich. Eines Nachmittags wurde vom Vorderdeck gemeldet, daß einem der Matrosen das Tagesmenü Heinz-Spaghetti in Tomatensoße nicht geschmeckt habe. Shackleton ließ ihm antworten, daß er selbst dazu erzogen worden sei, zu essen, was auf den Tisch kam.

Louis Rickinson und Alfred Kerr, die beiden Maschinisten, waren derart ruhig und zurückhaltend, daß ihre Schiffskameraden nur wenig über sie wußten, obwohl beide für ihre Tüchtigkeit und Ordentlichkeit bewundert wurden. Rickinson, ein Mann von etwa 35 Jahren, war berühmt dafür, sich mit Verbrennungsmotoren besonders gut aus-

NACHTWACHE MIT BESUCHERN
Der Wachhabende mußte die Feuer in den Öfen in Gang halten, ein Auge auf die Hunde haben und vor allem nach Anzeichen einer Veränderung des Eises Ausschau halten.

EIN BLICK INS VORDERDECK
How mit Ukulele, Stephenson neben ihm. Um den Tisch (von links nach rechts) Holness, Vincent, Blackborow, McLeod.

zukennen – und dafür, besonders kälteempfindlich zu sein. Kerr, der knapp über zwanzig war, hatte vorher auf großen Öltankern gearbeitet.

Wahrscheinlich hatte niemand weniger zu tun als die drei Männer, deren Aufgabe es war, die *Endurance* vorwärtszubewegen. Frank Worsley, der Kapitän, war nun in jeglicher Hinsicht ein Mann ohne Schiff. Worsley kam aus einer gebildeten Familie von Siedlern, die von England nach Neuseeland ausgewandert war. In seiner Kindheit und Jugend führte er das rauhe Leben eines Pioniers in freier Natur. Mit sechzehn folgte er seinem Bruder und ging als Schiffsjunge auf einem Wollfrachter zur See. Nachdem er sich in der Handelsmarine nach oben gearbeitet hatte, ging er schließlich nach England und wurde Mitglied der Royal Naval Reserve. Ungestüm und launisch, glich er in mancher Hinsicht den temperamentvollen Schlittenhunden. Einer der Gründe, weswegen Shackleton seinen Plan, die *Endurance* über Winter in einen sicheren Hafen zu steuern, noch einmal überdachte, war, daß er Worsley nicht zutraute, das Schiff im nächsten antarktischen Sommer sicher wieder zurückzubringen. Nur wenige Männer genossen die Expedition mit all ihren Extremen so wie Frank Worsley. Gerne behauptete er, daß seine Kabine zu stickig sei, und schlief im Gang, wo Temperaturen um den Gefrierpunkt herrschten. Er hatte Freude daran, seine Schiffskameraden zu schockieren, indem er ein Schneebad auf dem Eis nahm. Seine Tagebücher stecken voller Anekdoten, die von einem scharfen Blick für Situationskomik, aber auch für die Schönheit der Landschaft um ihn herum zeugen. Wie Shackleton war er ein Romantiker, ein Träumer auf der Suche nach verborgenen Schätzen und nach ungewöhnlichen Orten. Trotz allem aber war Worsley ein hervorragender Seemann. Bevor er nach England übersiedelte, diente er lange Jahre dem New Zealand Government Steamer

Service. Im Pazifik lernte er, auch kleinere Boote durch hohe Dünung zu bringen.

Lionel Greenstreet, ein junger Offizier der Handelsmarine, der gerade zwischen zwei Aufträgen Zeit hatte, war kurzfristig – 24 Stunden, bevor das Schiff aus Plymouth absegelte – auf der *Endurance* angeheuert worden, als der ursprüngliche Erste Offizier absagte, um den Kriegsdienst anzutreten. Sein Vater war ein geachteter Kapitän in der New Zealand Shipping Company. Greenstreet war intelligent, kritisch und ein harter Arbeiter, und er freundete sich sowohl mit dem schweigsamen Clark als auch dem hochfahrenden Frank Hurley an.

Huberth Hudson, der Navigator, war der Sohn eines Pastors. Er war in einer gebildeten Familie groß geworden, doch die Nachbarschaft im Londoner East End war rauh. Im Alter von vierzehn Jahren hatte er die Schule verlassen, um zur See zu fahren. Er hatte als Maat in der Handelsmarine angeheuert und lernte eifrig, um die Offiziersprüfung ablegen zu können, während er auf der *Endurance* war. Unter seinen Schiffskameraden galt er als außergewöhnlich gutherzig und selbstlos, manchmal aber auch als ein wenig übergeschnappt.

KAPITÄN
FRANK WORSLEY
»Die heraustechenden Eigenheiten des Skippers waren sein großer Eifer, in jedem Hafen zu verkünden: ›Sir Ernest Shackletons Flaggschiff *Endurance* auf Entdeckungsfahrt in die Antarktis‹, und darauf zu bestehen, daß die Kabinen zu muffig seien und er deshalb im Gang schlafen müsse, was er auch tat. Aber trotz dieser Merkwürdigkeiten ist er durchaus ›da‹.«
(Lees, Tagebuch)

»Man weiß nie ganz genau«, schrieb Lees, »ob er am Rande eines Nervenzusammenbruchs steht oder ob er vor unterdrücktem Intellekt überschäumt.« Als er zu einem Kostümfest am Anfang der Expedition in ein Bettlaken gehüllt und mit einem Topfdeckel auf dem Kopf erschien, verdiente er sich den Spitznamen »Buddha«. Außerdem war er der tüchtigste Pinguinfänger an Bord.

Eine Handvoll Männer war trotz der Verzögerung der Expedition vollauf beschäftigt. Der Koch, Charles Green, und der Küchengehilfe Blackborow waren in der Kombüse vom frühen Morgen bis in den Abend hinein emsig damit beschäftigt, die Mahlzeiten für 28 Männer vorzubereiten. Green war der Sohn eines Konditors. Mit einundzwanzig war er von zu Hause weggelaufen, um zur See zu gehen. Er wurde Koch in der Handelsmarine. Als der Krieg ausbrach, heuerte er auf einem Passagierschiff der Royal Mail Line an, das in Buenos Aires vor Anker lag. Als Green dann hörte, daß der Koch der *Endurance* gefeuert worden war, bewarb er sich um die Stelle; Worsley hatte er bereits in Sardinien kennengelernt.

Blackborow wuchs als ältestes von neun Kindern in Newport in Wales auf, ganz in der Nähe des geschäftigen Hafens. Hinter seiner netten, lockeren Art tauchte manchmal eine Spur von Gereiztheit auf, seine Meinung äußerte er im allgemeinen ohne

Umschweife. Mit nur zwanzig Jahren war er das jüngste Besatzungsmitglied.

Auch Chippy McNish war selten ohne Beschäftigung. Er war weit mehr als ein einfacher Zimmermann und entpuppte sich bald als ein exzellenter Handwerker und Schiffsbauer. Ständig war er dabei, irgendwelche Dinge herzustellen oder umzubauen – Bridgetische, Kommoden, Hundezwinger, Abdeckungen.

HUDSON MIT JUNGEN KAISERPINGUINEN AM 12. JANUAR 1915
Der Navigator erwarb sich großen Ruhm als Pinguinfänger

DER KOCH HÄUTET EINEN PINGUIN IN DER KOMBÜSE
Auf der *Endurance* begann Greens Tag im Morgengrauen und endete erst nach dem Abendessen. Er war der Sohn eines Konditors, und neben der Zubereitung der auf dem Eis erlegten Tiere buk er zwölf Laibe Brot pro Tag.

»Er führte alle Arbeiten erstklassig aus«, bemerkte sein Schiffskamerad Macklin. Keiner sah ihn jemals etwas abmessen: Er guckte sich seine Aufgabe einfach an, verschwand und sägte die Teile zu, die immer perfekt paßten. Sogar Lees, der ihn nicht ausstehen konnte, erkannte an, daß McNish »mit Holz umgehen konnte«. Obwohl er weder Offizier noch Wissenschaftler war, gehörte McNish offiziell zur Achterdeckmannschaft, weshalb er nicht im Vorderdeck untergebracht war, sondern in der Offiziersmesse, die jetzt ins Ritz verlegt war. Für den mäkeligen Lees war es eine Strafe, mit einem so unkultivierten Menschen am selben Tisch essen zu müssen (»wenn es darum geht, Erbsen mit dem Messer in den Mund zu bringen, ist er ein echter Jongleur«). Lees wäre sehr überrascht gewesen, wenn er McNishs Ansichten über das Benehmen der Polargruppe, zu der auch Lees gehörte, erfahren hätte: »Ich bin schon mit allen möglichen Männern zur See gefahren«, vertraute McNish seinem Tagebuch an, »mit Segel- & Dampfschiffen, aber so etwas wie unsere Polargruppe habe ich noch nicht erlebt: Die schmutzigsten Ausdrücke werden wie Koseworte benutzt & das schlimmste ist, daß es geduldet wird.« Dies von einem alten Seebären, dessen unverblümte Redensarten fast jeden an Bord einschüchterten.

Zwischen McNish und Worsley herrschte wenig Zuneigung, auch weil McNish keine Anstalten machte zu verbergen, daß er Worsleys Übermut und seine sprunghafte Art verachtete. In diesen ersten Wintermonaten des Jahres 1915 ahnte kein Expeditionsmitglied, daß am Ende ihrer aller Leben von den Fähigkeiten dieser beiden Männer abhängen würde – des ungestümen Kapitäns und des schroffen, ungehobelten Chippy McNish.

Schließlich blieb auch Frank Hurleys Arbeit von den veränderten Plänen unbeeinträchtigt. Als talentierter Bastler beschäftigte er sich andauernd mit selbstgestellten Aufgaben. So erfand er beispielsweise eine spezielle »Abtaukiste« für gefrorenes Robbenfleisch und schnitzte Schilder für die Kabinen des Ritz. Da er einige Zeit als Elektriker in einer Poststelle in Sydney gearbeitet hatte, gelang es ihm, die Elektroanlage der *Endurance* am Laufen zu halten. Aber vor allem anderen war er mit seiner Fotografie beschäftigt. Hurleys Bilder aus den frühen Tagen der Expedition, als die *Endurance* zum ersten Mal in den Treibeisgürtel fuhr, zeigen wundervolle, kühne abstrakte Muster; die Stellung der Schiffsmasten gegen das Eis oder das Kreuz aus Mast und Rahen vor einer Rinne offenen Wassers. Die Bilder spiegeln die eigenwillige Empfindung wider, die gesamte Antarktis vor sich zu haben wie eine weiße Leinwand, in die sich die klaren, gestochenen Linien der *Endurance* und ihre Schatten einätzen.

FRANK HURLEY
»Hurley, unser Fotograf, ist ein interessanter Mann. Er kommt aus Australien – & er ist sehr australisch. Er war Fotograf auf Sir Douglas Mawsons Antarktisexpedition nach Adélieland. Als Fotograf ist er hervorragend & ich bezweifle, daß selbst Ponting seinen Arbeiten gleichkäme.« (Lees, Tagebuch)

»H ist ein Wunder«, schrieb Worsley gegen Ende Januar. »Mit fröhlichen australischen Flüchen klettert er allein in der Takelage herum & sucht überall die gefährlichsten & rutschigsten Stellen, die er finden kann, wobei er immer zufrieden & glücklich ist, und er flucht, wenn er ein gutes oder ungewöhnliches Bild machen kann. Er steht ohne Hut & mit wehenden Haaren da, wenn wir alle in Handschuhen & behelmt sind, er knipst & dreht an seinen Hebeln & bringt so gleichermaßen Flüche der Freude & Bilder voller Leben hervor.«

Als die *Endurance* im Eis festsaß, richtete er seine Kamera einerseits auf das Leben im Inneren des Schiffes, andererseits zeigte er das Schiff inmitten der proteischen Welt des Eises. Er war zu allen Tages- und Nachtzeiten im Dienst. Manchmal stand er um Mitternacht auf, um Bilder zu schießen. Er hatte eine große Sensibilität für das stets wechselnde Spiel des Lichts, dieses Spektakel von Himmel und Eis und Schatten.

Die kalten Temperaturen erschwerten seine Arbeit in jeder Hinsicht. Um die Kondensation zu vermeiden, die sich auf den Kameras bildete, wenn er sie aus der Kälte ins wärmere Schiffsinnere trug, baute Hurley auf Deck einen Schrank, in dem die Kameras bei annähernd gleichbleibender Temperatur aufbewahrt werden konnten.

FRANK HURLEY
Die Aufnahme zeigt seinen Fotoapparat und die Filmkamera.

»Trotzdem«, schrieb er, »muß ich sehr achtsam mit den Apparaten umgehen, wann immer ich sie herausnehme. Sie müssen mit Petroleum eingeölt werden etc., besonders die Filmkamera. Der Film wird extrem brüchig.«

Auch die Entwicklung der Filme wurde nicht gerade unter idealen Bedingungen ausgeführt.

»Die Arbeit in der Dunkelkammer gestaltete sich extrem schwierig bei diesen Temperaturen, draußen sind minus 25 Grad«, schrieb er gegen Ende des Winters. »Die Dunkelkammer über dem Maschinenraum wird mit Hilfe eines Ofens bei einer Temperatur über dem Gefrierpunkt gehalten. Es ist sehr umständlich, die Platten zu waschen, denn der Tank muß warm gehalten werden, damit die Platten nicht in einem Eisblock eingeschlossen werden. Nachdem ich das Wasser einige Male gewechselt habe, bringe ich die Platten in Sir E's Kabine, die im allgemeinen eine einigermaßen gleichbleibende Temperatur hat. Die trockenen Platten werden aufgestellt & sorgfältig katalogisiert. Die Entwicklung ist eine Qual für die Finger, die um die Nägel brüchig und rissig werden, was sehr schmerzhaft ist.«

An anderer Stelle bemerkt er trocken, daß »die Schwierigkeiten bereits bei der Beschaffung von ausreichend Wasser beginnen«. Alles Wasser mußte selbstverständlich aus Eis geschmolzen werden.

Der April war, in Shackletons Worten, »nicht ereignislos«. Zweimal in diesem Monat hörte man das Eis um das Schiff ächzen, es drückte gegen die Seiten und brachte die *Endurance* leicht zum Vibrieren; es war der erste deutliche Hinweis auf das tödliche Potential des Packeises.

Am letzten Tag des Monats wurde die Schiffsmannschaft durch eine ganz besondere

HURLEY AUF DER RAH, SHACKLETON AUF DECK
»Hurley war immer sehr geschäftig, immer auf der Suche nach Bildern. Er setzte sich ans äußerste Ende einer Rah, um Panorama-Aufnahmen des Packeises zu machen.«
(Macklin, Tagebuch)

HURLEY MIT KAMERA

Darbietung unterhalten. Shackleton und Worsley inspizierten gerade Lees' Motorschlitten. Sie machten eine Pause und begannen dann aus einer plötzlichen Laune heraus, auf dem Eis einen Walzer zu tanzen, während eines der Besatzungsmitglieder »The Policeman's Holiday« pfiff. Lees' Bericht von diesem außerordentlichen Ereignis war überaus scharfsinnig.

»Das ist ganz Sir Ernest«, schrieb er über die schwungvollen Drehungen des berühmten Polarforschers. »Er ist immer dazu fähig, seine Sorgen unter den Tisch zu kehren und ein zuversichtliches Gesicht aufzusetzen. Seine unerschütterliche Fröhlichkeit bedeutet einem Haufen enttäuschter Entdekker, wie wir es sind, viel. Ungeachtet seiner eigenen Enttäuschung, und wir alle wissen, daß sie groß sein muß, erscheint er nie anders als ein Ausbund von guter Laune und Zuversicht. Er ist einer der größten Optimisten der Welt ... Er betritt die Arena immer wieder mit demselben Geist, mit dem ein Preisboxer in den Ring steigt.«

Im Juni begann die dunkelste Zeit des Jahres. Außer dem Mond und ein paar Stunden schwacher Dämmerung gab es kein Licht. Die Temperatur war unter minus 30 Grad gefallen, und Wasserrinnen, die am Vortag noch frei gewesen waren, überfroren über Nacht mit einer 15 Zentimeter dicken Eisschicht.

In diese Todesstille inmitten der Dunkelheit brach am 9. Juni ein gewaltiger Eisdruck ein. Gut 450 Meter vom Schiff entfernt rieben sich kolossale Eisplatten ächzend aneinander, und ab und zu brachen sie mit dem gedämpften Krachen ferner Kanonen auf. Etliche Männer gingen mit Laternen hinaus, um zu beobachten, wie der Druck riesige Eisblöcke auftürmte. Jeder dieser Blöcke war viele Tonnen schwer, dennoch wurde einer über den anderen geschoben, bis zu einer Höhe von fünf Metern. Diese Verwerfungen gingen bis zum 12. Juni weiter, aber das Wetter wurde so schlecht, daß weitere Exkursionen unmöglich waren.

Am 15. Juni war endlich alles wieder ruhig, und ein Rennen zwischen den Hundeteams wurde für den nächsten Tag angesetzt. Das Hundederby war eine willkommene Abwechslung nach den bedrohlichen Druckschüben des Eises. Im Zwielicht wurde die Bahn mit Sturmlampen beleuchtet, und Shackleton selbst gab das Startkommando. Er hatte allen den Tag freigegeben, und mehrere der Vollmatrosen trugen zur Ausgelassenheit des Tages bei und erschienen als Buchmacher verkleidet, obwohl, wie Hurley anmerkte, »niemand ihre Quoten annahm, da sie ein wenig anrüchig aussahen«. Beglei-

DIE ›ENDURANCE‹ IM EIS, 4. APRIL 1915
»In der Nacht des 3. hörten wir im Osten das Reiben und Schieben des Eises, und am Morgen sahen wir, daß neues Eis bis zu drei Meter hochgedrückt worden war. Dies war die erste Andeutung einer Gefahr, die in späteren Monaten bedrohliche Ausmaße annehmen sollte.«
(Shackleton, *South*)

tet vom Geflatter der Taschentücher und von Gejohle, liefen die Hunde los. Wilds Team gewann, es legte die 800 Meter in zwei Minuten und sechzehn Sekunden zurück.

Nur ein paar Tage später wurde ein weiterer Feiertag festlich begangen. Des 22. Juni, Mittwinternacht, wurde mit einem Festmahl und einer Veranstaltung nach Tisch gedacht. Hurley hatte eine Bühne errichtet, mit Wimpeln dekoriert und Acetylen-Lämpchen als Rampenlicht aufgestellt. Die Ouvertüre »Discord Fantasia in vier Sätzen« wurde von der »Billabong Band« aufgeführt, während James den erfolgreichsten Sketch des Abends darbot, indem er als Herr Professor von Schopenbaum einen Vortrag über die Kalorie zum besten gab.

»Sehr geistreich & absolut unverständlich«, schrieb Worsley begeistert. Nach Mitternacht sang die Gesellschaft »God Save the King« und wünschte einander Glück für die kommenden Tage.

»Inmitten der Gemütlichkeit des Ritz kann man sich schwer vorstellen, daß wir festgefroren in einem Meer aus Packeis in der Mitte des Weddellmeeres dahintreiben«, schrieb Hurley. Doch er fügte hinzu: »Oft frage ich mich, was aus alledem werden soll.« Seine Worte deuten an, daß gewisse Möglichkeiten gar nicht zur Sprache gebracht wurden, selbst als die dröhnenden Laute des unter dem Druck zerberstenden Eises durch die klare Luft bis in das gefangene Schiff drangen.

Bis Ende Juni war die *Endurance* mehr als 670 Meilen getrieben, und jede Meile brachte sie der offenen See jenseits der Packeisgrenze und damit der Aussicht auf Freiheit näher. Die Stunden des Tageslichts nahmen jetzt spürbar zu, so daß die Männer

ABENDESSEN IM WINTER, 22. JUNI 1915
»Dinner um sechs Uhr abends. Schweinebraten, Bratäpfel & Erbsen, Plumpudding.« (McNish, Tagebuch)

darauf hoffen konnten, bald wieder die Sonne zu sehen. Mit dem wiederkehrenden Tageslicht wurde das Training der Hunde einfacher. Konzerte und Lichtbildervorträge boten nach wie vor Zerstreuung.

Nach mehreren Tagen Windstille erhob sich am 12. Juli eine starke Brise, die am 13. zu einem ausgewachsenen Schneesturm wurde. Das Schiff bebte, als das Eis rundherum zu knirschen begann, Wild und Worsley waren bei Shackleton in der Kabine.

»Der Wind heulte in der Takelage«, erinnerte sich Worsley, »und unwillkürlich mußte ich daran denken, daß dies genau die Laute waren, die man von einem Menschen in Todesangst erwarten würde.« Wenn der Wind abflaute, hörten die drei Männer das Eis, wie es sich knirschend am Rumpf des Schiffes rieb. Unruhig lief Shackleton auf und ab. Dann blieb er stehen und teilte ihnen mit, was er schon seit Monaten wußte.

»Das Schiff wird das hier nicht überstehen, Skipper«, sagte er. »Sie sollten sich mit dem Gedanken anfreunden, daß es nur noch eine Frage der Zeit ist. Mag sein, daß es einige Monate sind, es könnte sich aber auch nur noch um wenige Wochen handeln, oder nur noch um ein paar Tage ... aber was das Eis zu fassen bekommt, das behält es auch.«

Worsley berichtet, daß er diese Mitteilung mit einer Mischung aus Verzweiflung und Ungläubigkeit aufnahm. Es ist schwer zu sagen, ob er in den wenigen verbleibenden Monaten den Verlust seines Schiffes wirklich für unausweichlich hielt. Auf seine Art war er ein noch unverbesserlicherer Optimist als Shackleton.

Aber Shackleton wußte es, und Wild glaubte Shackleton bedingungslos. Die Männer beendeten ihr Treffen und wandten sich der alten Routine zu, ohne etwas zu verraten.

»Es ist bitterkalt, und niemandem ist es erlaubt, sich vom Schiff zu entfernen«, schrieb Hurley am darauffolgenden Tag. »Dennoch sind wir nicht beunruhigt. Die Gemütlichkeit des Ritz ist zu verführerisch.« McNish auf der gegenüberliegenden Seite des Ritz schrieb etwas ganz anderes in sein Tagebuch.

»Wir haben einen leichten Stoß abbekommen diese Nacht oder früh am Morgen«, schrieb der erfahrene Seemann. »Auf jeden Fall war da ein Geräusch achtern unter dem Kiel, es hörte sich an, als ob das Eis aufbräche. Ich bin an Deck gerannt, aber wir konnten die Ursache nicht herausfinden. Der Boss glaubt, es war ein Wal, aber ich denke da anders.«

Als am 21. Juli erneut starker Eisdruck aufkam, ordnete Shackleton an, die Decks für den Fall freizuräumen, daß die Hunde vom aufbrechenden Eis an Bord geholt werden müßten; Nachtwachen wurden aufgestellt, die stündlich abgelöst wurden. Am folgenden Tag eilte Worsley in das Ritz und meldete, daß das Eis nur 30 Meter vor ihnen aufgebrochen war. Alle Mann zogen sich Burberrys an, setzten ihre Kopfbedeckungen auf und liefen an Deck. Etwa 300 Meter vom Backbordbug entfernt war eine kolossale Druckwelle dabei, massive Eisblöcke aufeinanderzustapeln, als wären es Zuckerwürfel. Die Schlitten wurden von der Eisscholle geholt, und Shackleton, Wild und Worsley übernahmen je eine vierstündige Nachtwache. Shackletons tägliches Schlafpensum war nun auf drei Stunden am Nachmittag gesunken.

DIE MANNSCHAFT DER ›ENDURANCE‹
»Der Kiel sitzt fest & es ist unmöglich, ihn freizukriegen, aber im Moment ist alles ruhig & wir frieren wieder ein, aber um die Eisscholle herum gibt es eine Menge Risse. Hurley machte am Mittwoch ein Gruppenfoto.« (NcNish, Tagebuch)

In den nächsten Tagen wurden Notrationen auf die einsatzbereiten Schlitten geladen, und am 1. August wurden die Hunde hastig an Bord gebracht, kurz bevor eine Druckwelle einige Eisblöcke anschob, die die Hundehütten niederwalzten und sie zwischen sich öffnenden und schließenden Eisschollen zu Staub zermahlten.

Ein großer Eisklumpen, der sich unter dem Ruder verklemmt hatte, konnte zwar weggeschlagen werden, aber er hatte bereits Schaden angerichtet.

Als ein Sturm sich erhob, wurde die *Endurance* vom Eisdruck wie ein Spielzeug geschüttelt und immer wieder hin- und hergeschoben. Ohne ein Geräusch leistete sie Widerstand, aber als dieser Angriff verebbte, drückte sie ein massiver neuer Druck von den Seiten her zusammen. Sie stöhnte und ächzte, und die Spanten und sogar die Decksbalken krümmten sich.

»Jeder packte seine warmen Sachen in einem möglichst kleinen Bündel zusammen«, schrieb McNish in jener Nacht. »Ich habe die Fotos meiner Lieben in die Bibel gesteckt, die uns Queen Alexandra geschenkt hat & sie in meine Tasche gesteckt.«

Um das Schiff herum sprangen Eisblöcke, die von wandernden Eisschollen erfaßt wurden, umher wie Kirschkerne, die zwischen einem riesigen Daumen und Zeigefinger herausgequetscht wurden. Der Wind blieb die ganze Nacht stark, klang jedoch am folgenden Tag ab. Alles war nun, abgesehen von einem gelegentlichen fernen Grollen, ruhig. Shackleton berechnete, daß der Sturm in den drei Tagen das Schiff mindestens 37 Meilen nach Norden getrieben hatte.

Während dieser Schicksalsprüfung hatte Lees, der sich von seinem Ischias erholte,

AM ENDE DES WINTERS. 1. AUGUST 1915
»Unsere Lage wurde extrem gefährlich, da riesige Eisblöcke übereinandergeschoben wurden und es anscheinend darauf abgesehen hatten, sich gegen unsere Wände zu werfen.«
(Hurley, Tagebuch)

NEUE, MIT EISBLUMEN BEDECKTE RINNEN – VORFRÜHLING
»Habe heute morgen wieder die Farbkamera genommen. Genauso herrliches Licht wie gestern, vielleicht noch großartiger. Wunderbare Eisblumen auf der Rinne, erleuchtet von der Morgensonne, ähneln sie einem Feld von rosa Nelken.« (Hurley, Tagebuch)

DIE RÜCKKEHR DER SONNE
»Extreme Reifbildung während der Nacht, unsere Takelage ganz davon umhüllt. Einige der Seile sind doppelt so dick wie gewöhnlich, aber die Wirkung ist phantastisch.« (Hurley, Tagebuch)

allein in Marstons Koje gelegen, in die er auf eigenes Ersuchen verlegt worden war. Von dort aus hatte er dem Poltern und Geschiebe des Eises wie auch den Schritten der Wache über seinem Kopf gelauscht. Während das Schiff schaukelte und bebte, hielt er den Atem an und wartete ab, wie es sich wieder hinlegte. Am 9. August wagte er sich – dünner geworden und sehr geschwächt – das erste Mal nach drei Wochen wieder nach draußen. Es erwartete ihn ein überwältigender Anblick: Die *Endurance* lag in einer vollkommen neuen Landschaft. Alle vertrauten Orientierungspunkte waren verschwunden oder an andere Orte gewandert, und das Schiff schien sich fast 100 Meter durch das zwei Meter dicke Eis bewegt zu haben.

»Wie dieses kleine Schiff inmitten einer so mächtigen Umwälzung überlebte, ist unfaßbar«, schrieb er. »Es liegt ein bißchen auf der Seite mit gebrochenem Ruder & ringsherum sind Stapel von Eisblöcken, die bis auf die Höhe des Decks reichen. Vorher betraten wir eine fast ebene Eisscholle, wenn man jetzt hinaustritt, findet man sich auf der Stelle in einem Labyrinth von Eisblöcken & Schluchten wieder.«

Die *Endurance* hatte also überlebt, und der Druck war verschwunden. Nach und nach klarte das Wetter auf, und da der Winter sich seinem Ende näherte, kehrte auch die Sonne zögernd zurück und schien jeden Tag mehrere Stunden. Die Stimmung besserte sich, und die täglichen Arbeiten wurden wieder aufgenommen. Für die größte Attraktion sorgte Crean, der es auf sich genommen hatte, die Welpen zu trainieren, die er so zärtlich aufgezogen hatte. An ihrem ersten Tag im Geschirr legten sich seine fetten Schützlinge (von denen jeder schon gut 60 Pfund wog) auf den Rücken, strampelten mit den Beinen in der Luft und heulten.

»Ihr Gejaule hallte meilenweit wider«, schrieb Worsley, einer der vielen Zuschauer des Spektakels. »Sie laufen nie geradeaus … Obwohl jeder der Welpen die Stimme Jeremiahs besitzt, gleichen ihre Bäuche dem Falstaffs, und sie mühen sich schnaufend

DIE WELPEN (VON SALLY UND SAMPSON)
Von links nach rechts: Nell, Toby, Roger und Nelson. »Neben ihrem Stiefvater Crean adoptierten die Welpen Amundsen. Sie tyrannisierten ihn gnadenlos. Es war kein ungewöhnlicher Anblick, ihn, den größten Hund des Rudels, mit philosophisch ergebener Miene in der Kälte sitzen zu sehen, während ein runder Welpe den Eingang zu seiner Hütte besetzt hatte.« (Shackleton, *South*)

und keuchend vergeblich ab, bis sie zu ihrer Freude auf das Schiff zusteuern, und für ein paar Minuten ziehen sie dann den verhaßten Schlitten beinahe so schnell wie ein richtiges Gespann. Crean will ihnen in zwei weiteren Lektionen beibringen, den Schlitten ohne die Hilfe eines älteren Leittieres zu ziehen. Dann werden sie ganz offiziell von Hündchen zu Hunden befördert.«

Der Rest des August verging ohne Zwischenfälle. Prachtvolle Sonnenaufgänge färbten das Eis rosa, die zarten Eisformationen, die sich auf neuen Wasserrinnen bildeten, ähnelten Nelkenfeldern. In der Nacht des 27. August, bei einer Temperatur von minus 31 Grad, stellte Hurley zwanzig Blitzlichter hinter den Eishügeln um die schwer geprüfte *Endurance* auf.

»Halb geblendet durch die aufeinanderfolgenden Blitze«, notierte er, »verlor ich zwischen den Hügeln die Orientierung, stieß mir die Schienbeine an herausragenden Eiskanten und stolperte in tiefe Schneewehen.« Aber das Bild, das er festgehalten hatte, war gespenstisch: die rauhreifverkrustete *Endurance*, dem Eis trotzend, ein Geisterschiff, stattlich und verletzlich zugleich.

TRAINING FÜR DIE HUNDE
Nachdem der Druck des Eises die Mannschaft dazu gezwungen hatte, die Hunde vom Eis zu holen und sie wieder auf dem Schiff einzuquartieren, wurden sie jeden zweiten Tag zum Training von Bord gebracht.

Der Frühling rückte näher. Die Männer begannen darüber zu spekulieren, ob sie, wenn das Schiff wieder freikam, geradewegs zur Vahsel Bay zurückkehren und die Überquerung des Kontinents in Angriff nehmen oder erst, des Proviants wegen, in bewohntes Gebiet zurückfahren würden. Es wurden Wetten darauf abgeschlossen, wann der Tag des »Freibrechens« kommen würde; McIlroy setzte auf den 3. November; Lees, wie immer pessimistisch, hielt es für unwahrscheinlich, daß es vor Mitte Februar soweit sein würde; Shackleton sagte, er schätze, es werde der 2. Oktober sein.

In der Nacht des 26. August kehrte der Eisdruck wieder. Für mehrere Tage stellte er keine unmittelbare Gefahr dar, aber in den frühen Stunden des 2. September ergriff er die *Endurance* mit aller Macht.

»In der Nacht des 2. September durchlebte ich einen der schrecklichsten Augenblicke meines Lebens«, erinnerte sich Bakewell. »Ich lag in meiner Koje, als … das Schiff buchstäblich in die Luft schnellte und auf der Seite aufkam.« Die Eisenplatten im Maschinenraum krümmten sich, Türrahmen zerbarsten, Querbalken bogen sich, als würden sie zersplittern. Die *Endurance* wehrte sich und stöhnte wie im Todeskampf.

DAS ANSCHIRREN DER HUNDE

»Das Geschirr ähnelt jenem, das Amundsen benutzte. Es besteht aus einem gepolsterten Joch, an dem die Leinen befestigt sind, die mit einem Bauchband gesichert werden.« (Hurley, Tagebuch)

EIN HUNDETEAM AUF DEM EIS

»Ein guter Leithund findet den besten Weg durch unwegsames Gelände, läßt keine Beißereien im Team zu und bleibt selber immer diszipliniert ... Ein Team von neun Hunden kann etwa 1 000 Pfund ziehen.« (Hurley, Tagebuch)

DIE HUNDETEAMS
»Ein Team scheint von so edler und hochgezüchteter Abkunft zu sein, daß ihr Eigner erwartet, daß die ganze Schöpfung den Atem anhält, wenn es vorüberzieht. Ein vulgärer Mensch … besaß die unglaubliche Unverschämtheit, einen schrecklichen Kriegsschrei auszustoßen, als er auf dem Schlitten saß, den diese würdevollen, aber nervösen Kreaturen zogen. Er wurde von dem Eigner aufs strengste ermahnt und darauf hingewiesen, wie sehr er die schönen, aber empfindsamen und delikaten Hündchen erschreckt hatte.«
(Worsley, Tagebuch)

DIE ›ENDURANCE‹ BEI NACHT

27. August 1915: »In der Nacht machte ich Blitzlichtaufnahmen des vom Eis bedrohten Schiffes. Ich brauchte dazu etwa 20 Blitzlichter, eins hinter jeder Aufgipfelung des Packeises und nicht weniger als 10, um das Schiff selbst zu beleuchten.«
(Hurley, Tagebuch)

DIE EISSCHOLLE BRICHT AUF. 29. SEPTEMBER 1915

»Mein Geburtstag & ich hoffe sehr, meinen nächsten zu Hause verbringen zu können. Wir haben guten Wind, südlich & zehn Meter vor dem Schiff verläuft ein Riß. Wenn der Wind anhält, wird das Eis aufbrechen.« (McNish, Tagebuch)

»Es gab Augenblicke, in denen wir es nicht für möglich hielten, daß das Schiff dies aushielt«, schrieb McNish. Er hatte beobachtet, wie die Eisenplatten mit einer Fläche von einem Quadratmeter sich vier Zentimeter weit aufwölbten. Aber der Druck ging vorüber, und eine Woche später war McNish damit beschäftigt, ein Ruderhaus zu bauen, das den Steuermann vor den Elementen schützen sollte. Shackleton hatte inzwischen im stillen berechnet, daß sie 250 Meilen vom nächsten bekannten Festland und mehr als 500 Meilen vom nächsten Außenposten der Zivilisation entfernt waren.

Der September verlief ohne weitere Zwischenfälle, obwohl das Grollen des Drucks in der Ferne selten verstummte und die Schollen im Umkreis des Schiffes ständig in Bewegung waren. Die Männer spielten Fußball auf dem Eis, richteten die Hunde ab und jagten Robben, die mit dem Frühling wiedergekehrt waren. Eines Nachts ließ ein leichter Schneefall das Schiff schimmern wie mit Lametta verziert, und das Eis glitzerte, als ob es mit Diamanten bedeckt wäre.

Am Nachmittag des 20. September erschütterte der bislang unerbittlichste Ausbruch des Eisdrucks die *Endurance* vom Mast bis zum Kiel, so daß es schien, als ob der Rumpf einbrechen würde. Aber eine Stunde später ließ der Druck nach.

Oktober 1915. Am dritten Tag des Monats brach nur zehn Meter vor dem Schiff eine heftige Druckwelle auf. Inzwischen war die *Endurance* so fest an dem Eis unter ihr festgefroren, wie – in Lees' Worten – »ein Fels in einem Gletscher«. Als sich das Eis um das Schiff herum für kurze Zeit öffnete, starrten die Männer in das offene Wasser und sahen – erleuchtet von der durchschimmernden Sonne – azurblaue Eisgebilde, die bis zu fünfzehn Meter unter der Oberfläche dahintrieben. Frostdampf stieg aus den offenen Rinnen auf, bei Sonnenaufgang wirkte er rötlich, so daß es schien, als stünde das Eis in Flammen.

Steigende Temperaturen – bis zu minus 1 Grad Celsius – ließen am 10. Oktober matschiges Tauwetter einsetzen. Die Männer begannen, das Ritz abzubauen, und bezogen am 13. Oktober wieder ihre ursprünglichen Quartiere. In der folgenden Nacht brach die Scholle, auf der die *Endurance* festsaß, plötzlich auf; das Eis rutschte unter ihr weg, und sie trieb auf ebenem Kiel das erste Mal seit neun Monaten in klarem Wasser. Getrieben vom aufkommenden Sturm, bewegte sie sich in die enge Rinne und legte tatsächlich etwa 100 Meter zurück. Dann schloß das Eis sie ein, und sie saß wieder fest.

Während der nächsten Tage, während das Packeis noch lose war, ließ Shackleton die Segel setzen. Sie versuchten, das Schiff vorwärts zu zwingen, aber ohne Erfolg. Kurz nach dem Tee am 16. Tag des Monats begann die *Endurance*, nachdem einige Schläge gegen den Rumpf zu spüren gewesen waren, sich zu heben, eingekeilt zwischen den Schollen – dann wurde sie plötzlich auf die Backbordseite geworfen. Sie lag um etwa 30° geneigt da, Hundezwinger, Hunde, Schlitten und Vorräte wurden quer übers Deck geschleudert und zu einem schreienden Haufen aufeinandergeworfen. Gegen 21 Uhr ließ der Druck nach, und das Schiff richtete sich wieder auf.

Am 19. Oktober ließ Shackleton die Kessel füllen und die Feuer in Bereitschaft halten. Ruder und Schiff wurden von verstreuten Eisstücken befreit. McNish wurde beauftragt, ein kleines Ruderboot zu bauen, um mit ihm Rinnen zu suchen. Den ganzen Tag lang setzte immer wieder leichter Schneefall ein, und am Abend tauchte ein Schwertwal in dem winzigen Becken um das Schiff herum auf. Man konnte seinen riesigen Körper im ruhigen, klaren Wasser gut ausmachen, während er neben dem schwer geprüften Schiff gemächlich auf und ab glitt.

EINE STUNDE SPÄTER

Die nächsten Tage hatten die Männer beständig das Grollen des Druckes im Ohr, das James mit dem Rauschen des Londoner Verkehrs verglich, das sich vernehmen lasse, wenn man ruhig im Park sitze. Seewachen wurden wieder aufgestellt, während die Eisschollen um das Schiff hin und her trieben. Die *Endurance* wurde inzwischen ununterbrochen geschüttelt und angestoßen, aber die Männer hatten sich an die Erschütterungen so gewöhnt, daß sie nur noch die stärksten Stöße zur Kenntnis nahmen.

»Ich persönlich«, schrieb Worsley, »war es müde, wegen einer Sache, gegen die wir absolut nichts unternehmen konnten, alarmiert zu sein.« Die Hunde, die schon lange keine Bewegung mehr bekommen hatten, heulten und wimmerten, wann immer sich die unheilverkündenden Töne aus dem Eis erhoben.

»Gott sei Dank öffnet sich das Eis ein wenig«, schrieb Lees am 23. Oktober. »Es sieht ein bißchen hoffnungsvoller aus.« Wie an Sonnabenden Tradition, wurde nach dem Abendessen aus gesalzenem Rindfleisch, Karotten und Kartoffelbrei und Banbury-Törtchen zum Dessert auf die »Geliebten und Ehefrauen« getrunken. Inzwischen gab es bis zu 22 Stunden Tageslicht.

Am Sonntag, dem 24. Oktober, beobachteten die Männer den ganzen ansonsten

ereignislosen Tag lang, wie der Druck sich durch das Eis bewegte. Nach dem Abendessen, Lees hatte gerade »The Wearing of the Green« aufs Grammophon gelegt, ereignete sich ein schrecklicher Aufprall, der das Schiff wie ein Erdbeben erschütterte. Es erzitterte und legte sich um etwa 8° auf die Backbordseite. Die Männer hörten das Lied zu Ende und gingen dann an Deck, um, so Lees, nachzusehen, »ob irgend etwas Ungewöhnliches passiert war«. Sie sahen Shackleton auf dem Eis, der mit finsterer Miene den Achtersteven untersuchte. Gefangen zwischen drei Druckkämmen am Bug und an beiden Seiten, war die *Endurance* verdreht und gebogen worden. Der Achtersteven war beinahe herausgerissen worden und hatte ein großes Leck.

Shackleton befahl, unverzüglich den Dampf aufzudrehen, damit die Pumpen im Maschinenraum arbeiten konnten. Da das Wasser schnell anstieg, schaufelten die Maschinisten Rickinson und Kerr verzweifelt Brennmaterial – Kohle, Speck, Holz – aufs Feuer, um mehr Dampf auf die Pumpe zu geben, bevor das steigende Wasser die Feuer löschen konnte. Nach zwei Stunden bekamen sie die Pumpe in Gang, sahen aber bald, daß sie mit dem eindringenden Wasser nicht fertig wurde. Hudson, Greenstreet und Worsley verschwanden in die Kohlenbunker, um die Bilgenpumpe klarzumachen, die den ganzen Winter hindurch vereist gewesen war. Sie gruben sich in der Dunkelheit durch die Kohle hindurch, arbeiteten sich durch schwarzes, eisiges Wasser, bis es ihnen am frühen Morgen gelang, die Pumpe mit einer Lötlampe freizulegen. Danach wurde in Schichten die ganze Nacht gepumpt.

Die Männer wechselten sich an den Pumpen ab, um dann auf den Eisschollen rund um ihr sterbendes Schiff verzweifelt wirkungslose Gräben zu schaufeln. Im Inneren übertönte das Geräusch laufenden Wassers und das Klappern der Pumpen das Stöhnen der gequälten Schiffsbalken. Unten im Maschinenraum arbeitete McNish mit wilder Entschlossenheit an einem Caisson quer durch das Heck, um das Leck einzufassen. Er kauerte im Wasser, das ihm zeitweise bis zu den Hüften reichte, und schuftete unermüdlich die ganze Nacht hindurch. In der Zwischenzeit waren die anderen Männer fieberhaft damit beschäftigt, Vorräte, Kleidung, Schlittengeschirre und Hundefutter zusammenzusammeln, um auf die Verlegung auf das Eis vorbereitet zu sein. Worsley

»Gestern, am frühen Nachmittag, bildete sich ein Riß, der etwa einen halben Meter breit war … Dieser neue Riß war morgens um 6:00 nur 20 cm breit, um 9:00 aber schon fast 60 cm. Am Nachmittag trat eine große Veränderung ein. Der unschuldige Riß wurde zu einer 9 Meter breiten Rinne.« (Wordie, Tagebuch)

DIE ›ENDURANCE‹ NEIGT SICH

»Plötzlich brach die Scholle auf der Backbordseite auf, und riesige Eisstücke schossen unter dem Backbordrumpf hervor. Innerhalb einiger Sekunden krängte das Schiff, bis es eine Neigung von 30 Grad hatte.« (Shackleton, *South*)

NEIGUNG NACH BACKBORD
»Um 16:45 neigte sich das Schiff langsam, aber sicher nach Backbord: seltsame Geräusche kamen aus dem Maschinenraum, und dann rutschten die unbefestigten Hundezwinger alle auf einmal nach Lee ... Das Schiff krängte in fünf Sekunden um 30 Grad. Es ist ein übler Wind, der niemandem Gutes bringt. Hurley war sofort draußen auf dem Eis, um das Schiff aus jedem denkbaren Winkel zu fotografieren.« (Wordie, Tagebuch)

ging durch die Schiffsbibliothek und riß Karten, Seekarten und sogar Fotografien von möglichen Landeplätzen aus den Büchern, die sie zurücklassen mußten. Marston, Lees und James arbeiteten im Achterladeraum und räumten die Vorräte aus, während das Geräusch des einbrechenden Wassers unter ihnen lärmte und die Schiffsplanken über ihren Köpfen krachten und zersplitterten. Am nächsten Morgen suchte Hurley McNish, der ununterbrochen an dem Caisson gearbeitet hatte, auf und sah, daß das Leck eingedämmt war.

»Das Wasser befindet sich auf der Höhe des Maschinenraumbodens, kann aber sicher leicht daruntergehalten werden«, schrieb er. »Wir haben immer noch die Hoffnung, unser standhaftes kleines Schiff durchzubringen.«

Es war ein wolkiger trüber Tag. Man konnte den Druck überall hören und sehen, wie er das Eis zu unvorstellbaren Höhen aufschichtete, aber auf dem Schiff selbst war es still. McNish schuftete immer noch im Maschinenraum. Er füllte Zement in den Zwischenraum der zwei Schotten, die er gebaut hatte, und dichtete sie mit Streifen aus zerrissenen Laken ab.

»Die Lage sieht jetzt ein bißchen hoffnungsvoller aus«, schrieb Wordie später am selben Tag. »Erstens scheint jetzt die Sonne, und wir hoffen, daß wir mit dem Caisson Erfolg haben.« Von 16 Uhr bis Mitternacht wurde ohne Unterbrechung gepumpt, bis das hereinströmende Wasser unter Kontrolle war. Die Vorratskisten wurden vom Heck geschafft, um es über dem Wasser zu halten, damit das Schiff wieder zum Schwimmen

DIE BACKBORDSEITE DES SCHIFFES, 19. OKTOBER 1915
Shackleton, der sich rechts oben über die Reling beugt, nannte dieses Foto: »Der Anfang vom Ende«.

gebracht werden konnte, wenn das Eis aufbrach. Nur die Bilgenpumpe arbeitete die ganze Nacht durch. Jetzt fanden die erschöpften Männer minutenweise Schlaf. Unten arbeitete Chippy McNish immer noch an dem Caisson.

Der 26. Oktober dämmerte herauf. Bis auf ein paar freundliche Kumuluswolken war es klar, und die Sonne funkelte in der glitzernden Pracht des Eises. Das Grollen des Drucks im Ohr, war Shackleton erstaunt über die surreale Szenerie: der Todeskampf des Schiffes inmitten der strahlenden Schönheit dieses Tages; von der Brücke aus hatte er gesehen, wie der Druck das Schiff wie einen Bogen krümmte. Worsley hatte es geschienen, als ringe es nach Luft. Es zog wieder Wasser, und die erschöpften Männer ließen die Pumpen in fünfzehnminütigen Schichten laufen, wobei sie beinahe im Stehen einschliefen. Um 21 Uhr ließ Shackleton die Rettungsboote und die Schlitten hinunter, um die Scholle zu stabilisieren. Das Leck wurde durch die Bewegung des Eises teilweise abgedichtet, das Eindringen des Wassers verlangsamte sich.

»Noch haben wir die Hoffnung, das Schiff zu retten, nicht aufgegeben«, schrieb Hurley. Dennoch packte er vorsichtshalber sein Fotoalbum in wasserdichten Stoff. »Es ist der einzige Nachweis meiner Arbeit hier, den ich werde mitnehmen können, wenn wir gezwungen sind, auf die Scholle zu gehen.« Die *Endurance* hatte sich beruhigt, aber am Abend, als mehrere der Matrosen auf Deck waren, ereignete sich ein beunruhigender Zwischenfall. Eine Gruppe von acht Kaiserpinguinen näherte sich feierlich. Nachdem sie den Blick einige Momente fest auf das Schiff gerichtet hatten, warfen sie die Köpfe zurück und stießen einen schaurigen, seelenvollen Schrei aus.

»Ich muß zugeben, daß ich niemals, weder vorher noch nachher, sie je einen Ton habe ausstoßen hören, der dem unheilvollen Klageruf an diesem Tag geähnelt hätte«, schrieb Worsley. »Ich kann diesen Zwischenfall nicht erklären.« Es war, als hätten die Pinguine die Totenklage für das Schiff angestimmt. McLeod, der abergläubischste unter den Seeleuten, wandte sich an Macklin und sagte: »Hörst du das? Keiner von uns wird nach Hause zurückkehren.«

Sie ließen die Pumpen die ganze Nacht und den Morgen über weiterlaufen. Der 27. Oktober dämmerte klar und hell herauf, mit einer Temperatur von minus 22 Grad. Das Eis hatte nicht aufgehört, sich krachend zu bewegen, aber die Männer waren zu müde, um es noch zu bemerken. Sie ließen die Pumpen schneller und schneller laufen. Einer der Männer sang im Takt der Pumpen ein Shanty. Der Druck stieg den ganzen Tag über an und erreichte seinen Höhepunkt um 16 Uhr. Mit einem Schlag wurde das Heck des Schiffes in die Höhe gerissen, die schiebende Scholle brach Ruder und Achtersteven weg; dann ließ sie los, und die zerschlagene *Endurance* sank ein Stück zurück ins Wasser. Die Decks brachen nach oben auf, und als der Kiel eingedrückt wurde, brach das Wasser auf breiter Front herein.

Es war vorbei. Um 17 Uhr gab Shackleton den Befehl, das Schiff zu verlassen. Die Hunde wurden auf Segeltuchbahnen evakuiert, die vorbereiteten Vorräte auf das Eis hinuntergelassen. Shackleton stand auf dem bebenden Deck und sah durch die Luke des Maschinenraums zu, wie die Motoren kippten, als die Platten und Balken nachgaben.

»Alles ging viel zu schnell, als daß wir Zeit zur Trauer gehabt hätten«, schrieb Wordie. »Das wird noch kommen.« Die Männer waren betäubt vor Erschöpfung und von der Plötzlichkeit, mit der das Ende gekommen war. Nicht ein einziger der Tagebucheinträge befaßte sich mit der eigenen Sicherheit; alle Empfindungen konzentrierten sich auf den Tod des Schiffes. Seit ihrer ersten Berührung mit dem Packeis hatten sie seinen Kampfgeist gefeiert. »Nobel«, »kühn«, »tapfer«, »unser unerschütterliches kleines Schiff« – dies waren die stolzen Worte, mit denen sie es beschrieben hatten. Es war seine Jungfernfahrt – die *Endurance* war, in Hurleys Worten, »eine Braut des Meeres«.

»Es ist schwer, meine Gefühle zu beschreiben«, schrieb Shackleton. »Für einen Seemann ist sein Schiff mehr als ein schwimmendes Heim ... Jetzt, da sie stöhnt und ächzt, ihre Balken brechen und ihre Wunden klaffen, gibt sie schon ganz am Anfang ihrer Karriere ihr bewegtes Leben langsam auf.«

Bevor er sie für immer verließ, hatte Hurley, schon knöcheltief im Wasser, noch einen letzten Blick in ihre alten Quartiere im Ritz geworfen. Der Lärm des splitternden Holzes in der Dunkelheit war beängstigend, und so ging er schnell von Bord. Der Anblick, der ihn am meisten traf, war der der Uhr, die immer noch unbeirrt in der gemütlichen Messe tickte, während das Wasser unaufhaltsam stieg.

Shackleton ging als letzter von Bord. Er hißte die blaue Fahne, und die Männer auf dem Eis ließen das Schiff dreimal herzhaft hochleben. Durch einen grausamen Zufall hatte sich das Notlicht eingeschaltet, und da der Stromkreis zeitweilig unterbrochen wurde, schien es allen, als schicke die *Endurance* ihnen ein letztes, trauriges, flackerndes Lebewohl.

DAS ENDE DER ›ENDURANCE‹
»Die Eisschollen bewegen sich den ganzen Tag, und deshalb ließ ich die Filmkamera unablässig auf das Schiff gerichtet stehen. Ich hielt den einzigartigen Moment fest, als der Mast umstürzte. Gegen Abend, als hätten sie nun erreicht, was sie wollten, beruhigten sich die Eisschollen wieder.«
(Hurley, Tagebuch)

DAS WRACK DER ›ENDURANCE‹
»Eine schreckliche Katastrophe hat das Schiff heimgesucht, das seit mehr als zwölf Monaten unser Heim gewesen ist … Wir treiben nun schutzlos auf diesem Eismeer.«
(Hurley, Tagebuch)

Patience Camp

Der Mannschaft der Endurance zugeeignet, von Alexandra, 31. Mai 1914
Möge Gott Euch helfen Eure Pflicht zu tun & Euch durch alle Gefahren zu Land & zur See geleiten. »Mögest Du all die Werke des Herren sehen & all seine Wunder in Ewigkeit.«

Eintrag in die Schiffsbibel, überreicht von Queen Alexandra

Versammelt auf dem Eis: Der Boss erklärt die Lage, und wir treten ab«, schrieb Wordie. Sie hatten ihr Lager auf einer Eisscholle, die ihnen stabil genug erschien, aufgeschlagen. Sie lagerten kaum 100 Meter vom zerschmetterten Schiff entfernt. Soweit sie um sich herum in alle Himmelsrichtungen schauen konnten, erhoben sich riesige zerklüftete Eistrümmer. Die Temperatur war auf minus 26 Grad gefallen. Sie befanden sich 350 Meilen vom nächsten Land entfernt.

Jeder bekam einen Schlafsack und wurde einem der fünf Zelte zugeteilt.

»Wir hatten nur 18 Fellschlafsäcke & losten sie untereinander aus«, schrieb McNish. »Ich war froh wie selten in meinem Leben, daß ich einen zog.« Durch einige kleine Tricks, die den Seeleuten nicht entgingen, ergab es sich, daß die meisten Offiziere die weniger begehrten Jaeger-Wollschlafsäcke zogen.

»Da sind einige krumme Dinger beim Losen abgelaufen«, bemerkte der Matrose Bakewell. »Sir Ernest, Mister Wild … Kapitän Worsley und einige andere Offiziere haben Wollschlafsäcke gezogen. Die warmen Fellschlafsäcke gingen durchweg an die Mannschaft.«

Auf ihren Bodenmatten, die nicht wasserdicht waren, lauschten die Männer dem Knirschen der Eisschollen. Es klang wie entfernter Donner, der sich, nun ungedämpft durch die Holzplanken ihres Schiffes, direkt unter ihren Köpfen fortsetzte. Die Stoffzelte waren so dünn, daß der Mond durch sie hindurchschimmerte. Dreimal in der Nacht brach die Eisscholle, auf der sie ihr Lager aufgeschlagen hatten, direkt neben ihnen auf, und sie mußten jedesmal ihre Zelte abbrechen, die Schlafsäcke und ihre Matten unter den Arm klemmen und alles erneut an anderer Stelle aufbauen.

»Eine schreckliche Nacht«, schrieb James. »Das Schiff hob sich düster gegen den Himmel ab & man hörte das Reiben der Eisschollen … das Ächzen des Holzes war wie der Schrei einer lebenden Kreatur.«

Shackleton kehrte nicht in sein Zelt zurück, sondern schritt das Eis ab, horchte auf die Spannung und starrte auf die Lichter in seinem Schiff. »Wie eine Lampe in einem Katenfenster, durchdrang es die Nacht«, schrieb er. »Bis zum Morgen stand die *Endurance* unter einem gewaltigen Druck. Da war nur der Klang von berstendem Holz, und dann erlosch das Licht.«

»DAS ENDE«
So lautete die Legende dieses Fotos in Shackletons *South*.

DUMP CAMP.
DER MORGEN NACH
DER KATASTROPHE.
»Eine schreckliche Nacht. Das Schiff hob sich düster gegen den Himmel ab & man hörte das Reiben der Eisschollen ... das Ächzen des Holzes war wie der Schrei einer lebenden Kreatur.«
(James, Tagebuch)
Die Männer verbrachten die ersten drei Nächte auf dem Eis, bevor sie versuchten, Land zu erreichen.

In der eisigen Morgendämmerung stießen Hurley und Wild zu Shackleton, um Petroleumkanister aus dem Schiffswrack zu bergen. Sie errichteten eine provisorische Kombüse, machten warme Milch und brachten sie den Männern in die Zelte. »Ich bin überrascht und ein wenig verdrossen«, vermerkte Shackleton trocken, »über die selbstverständliche Weise, in der einige der Männer diesen Beitrag zu ihrem Wohlbefinden aufnahmen. Sie konnten nicht ermessen, wieviel Arbeit wir in der frühen Morgendämmerung für sie geleistet hatten, und ich hörte Wild sagen: ›Wenn noch irgendeiner der Herren seine Schuhe geputzt haben will, stelle er sie bitte nach draußen!‹«

Nach dem Frühstück rief Shackleton die Männer erneut zusammen und teilte ihnen mit, daß sie in einigen Tagen nach Snow Hill oder Robertson Island aufbrechen würden. Beide Orte lagen mehr als 200 Meilen nordwestlich.

»So war es bei ihm: was geschehen war, war geschehen«, schrieb Macklin. »Es lag hinter ihm in der Vergangenheit, und er richtete seinen Blick in die Zukunft ... Ohne Gefühlsregung, weder melodramatisch oder aufgeregt, sagte er: ›Das Schiff und die Ausrüstung sind verloren – laßt uns also jetzt nach Hause.‹«

Sie mußten auf dem Marsch nicht nur die notwendigste Ausrüstung mitnehmen, sondern auch zwei der drei Boote. Jedem Mann wurden neue Winterkleidung und ein Pfund Tabak ausgehändigt. Darüber hinaus durfte jeder nur zwei Kilo persönlichen Besitz mitnehmen. Es wurden nur wenige Ausnahmen zugelassen. So erlaubte Shackleton Hussey, sein Banjo mitzunehmen, weil er damit die Männer aufheitern konnte.

Um mit gutem Beispiel voranzugehen, warf Shackleton vor versammelter Mannschaft eine Handvoll Goldmünzen und seine goldene Uhr aufs Eis. Auch seine silbernen Haarbürsten und seine Kleiderkoffer ließ er zurück. Dann nahm er die Bibel, die dem Schiff vor seiner Abfahrt von Queen Alexandra überreicht worden war, riß die Widmung und einige weitere Seiten heraus und legte auch sie auf das Eis. Die Seiten, die er aufhob, enthielten den 23. Psalm und diese Verse von Hiob:

Aus wessen Schoß geht das Eis hervor,
und wer hat den Reif unter dem Himmel gezeugt,
daß Wasser sich zusammenzieht wie Stein
und der Wasserspiegel gefriert?

Uniformen, wissenschaftliche Geräte, Bücher, Uhren, Kochgeschirr, Seile, Werkzeuge, Fahnen, Sextanten, Tagebücher und Wolldecken türmten sich zu einem Haufen, als die Männer alle persönlichen Sachen, die sie entbehren konnten, ablegten. McNish bemühte sich, den Booten Schlittenkufen unterzulegen. Die anderen brachten ihre Vorräte und Ausrüstung in Ordnung und nähten sich Taschen für ihren kostbarsten Besitz – Löffel, Messer, Toilettenpapier und Zahnbürste – auf die Kleidung.

Die folgenden zwei Nächte gab es keine Störungen. Am 30. Oktober erwachten die Männer an einem windigen, verschneiten Morgen. Alles war für den Aufbruch vorbereitet, und um 13:15 Uhr machte sich ein »Pioniertrupp«, der aus Shackleton, Hudson, Hurley und Wordie bestand, auf den Weg. Shackleton rief: »Laßt uns jetzt nach Robertson Island aufbrechen, Jungs!« Die Männer brachten ein Hurra aus. Die Aufgabe dieser Vorhut war es, einen guten Pfad für die auf Kufen gezogenen Boote und die Hundeschlitten zu finden oder den Weg freizuräumen.

Um 14:55 Uhr erschoß Crean die drei Welpen und Mrs. Chippy, die das Schiffsmaskottchen geworden war. McLean wurde es überlassen, seinen Hund Sirius, der nie im Geschirr gegangen war, zu erschießen. Sirius war wie immer freundlich und sprang auf McLean zu, um ihm die Hand zu lecken, die so zitterte, daß er danebenschoß und zwei weitere Schüsse benötigte, um die Angelegenheit zu Ende zu bringen. Der Klang der Schüsse auf dem Eis legte sich wie ein Leichentuch über den Marsch.

Um 15 Uhr brach der Rest des Zuges auf. Von der Vorhut an der Spitze bis zu der fünfzehnköpfigen Mannschaft, die das große Rettungsboot schleppte, zog sich die Kolonne über eine Meile hin. Sieben Hundeteams pendelten mit leichter Ladung hin und zurück.

Um 18 Uhr hielt der Zug für die Nacht. Er war weniger als eine Meile vorangekommen.

»Ein elender Tag«, schrieb Crean am folgenden Morgen. »Dichter Schneefall bei sehr hohen Temperaturen & alles ist durchweicht.« Der Schnee verhinderte, daß sie vor dem Nachmittag aufbrachen; als sie gerade eine halbe Meile vorangekommen waren, bedeckte sich der Himmel erneut, und Shackleton befahl den Männern anzuhalten. Am dritten Tag, dem 1. November, versanken sie zeitweise bis zu den Hüften im Schnee und legten gerade eine viertel Meile zurück, bevor sie erneut aufgaben.

»Die Bodenbeschaffenheit ist gräßlich«, schrieb Hurley. »Es gibt kaum einen Quadratzentimeter ebener Oberfläche, alles ist mit einem Labyrinth von Buckeln und Kämmen übersät.« Nach einer Besprechung mit seinem Beratungskomitee, dem Wild, Hurley und Worsley angehörten, mußte Shackleton eingestehen, daß weitere Anstrengungen zwecklos waren. Er erklärte, daß die Männer ein neues Lager aufschlagen sollten, um dort das Aufbrechen des Eises abzuwarten. Sie wollten dann die Boote zu Was-

DAS SCHLEPPEN DER ›JAMES CAIRD‹
»Wir folgten mit dem schwereren Boot auf den improvisierten Kufen. Es war unglaublich anstrengend, das Ganze in Bewegung zu halten. Wir taten unser Bestes, aber wir waren praktisch am Ende, als wir das neue Lager, Nr. 4, erreichten, obwohl es nur eine dreiviertel Meile entfernt war.« (Lees, Tagebuch)
Die Boote wogen beladen fast eine Tonne.

EIN BLICK AUF DAS LAGER

Als der Marsch zum Festland aufgegeben wurde, bauten die Männer auf einer festen Scholle »Ocean Camp« auf. Es lag etwa anderthalb Meilen vom Wrack der *Endurance* entfernt, das in der Ferne noch sichtbar war. Die Spitze des gebrochenen Mastes und der Schornstein sind am Horizont in der linken Hälfte des Bildes gerade noch zu erkennen.

ser bringen und mit ihnen weiterfahren. Sie hatten die Hoffnung, daß das treibende Packeis sie nordöstlich an Paulet Island vorbeiführen würde, die nahezu 400 Meilen entfernt lag. Nordenskjöld's schwedische Expedition hatte dort 1902 eine Hütte errichtet. Shackleton wußte, daß dort Notproviant eingelagert war, da er vor zwölf Jahren selber Nachschub für die Expedition herangeschafft hatte. Von da sollte eine kleine Gruppe nach Westen, nach Graham-Land, weiterziehen und den Weg zur Wilhelmina Bay einschlagen, denn sie erwarteten, dort auf Walfänger zu treffen. Indessen errichteten sie auf einer etwa sieben Meter dicken festen Eisscholle, die kaum eineinhalb Meilen vom Wrack der *Endurance* entfernt lag, ein neues Lager und tauften es »Ocean Camp«.

An den folgenden Tagen pendelte ein Bergungstrupp zwischen dem »Dump Camp« neben der *Endurance* und ihrem neuen Lager hin und her. Viele Gegenstände, die während der Katastrophe vom Schiff gebracht wurden, waren durch ihr eigenes Gewicht im Schnee eingesunken und nun im Eis eingebettet. Glücklicherweise wurden jedoch noch viele Gegenstände gerettet, darunter auch eine *Encyclopaedia Britannica*.

Das gesamte Ruderhaus, das jetzt einen Meter unter Wasser lag, wurde vom Schiffsdeck abgebaut und diente als Speicher. McNish schlug eine Öffnung in das Deck, direkt über der Stelle, wo sich einst das Ritz befunden hatte, und verschiedene Kisten mehr oder weniger brauchbarer Nahrungsmittel schwammen auf. Kisten mit Zucker und Mehl kamen zum Vorschein und wurden mit Jubel quittiert, wohingegen das Auftauchen von Walnuß-, Zwiebel- und Sodakisten mit mürrischem Aufstöhnen begrüßt wurde.

Zu diesem Zeitpunkt, als die Männer im Inneren des zerstörten Schiffes herumstöberten, entschloß sich Hurley, seine Negative zu retten.

»Ich hackte den ganzen Tag hindurch auf die dicken Wände der Kühlkammer, in der die Negative lagerten, ein«, schrieb er. »Ich machte sie etwa einen Meter unter weichem Schneematsch & Wasser ausfindig & entkleidete mich bis zur Taille & tauchte unter & holte sie herauf. Glücklicherweise waren sie in Blechkanistern eingelötet, so daß ich hoffen konnte, daß sie durch das Wasser nicht gelitten hatten.«

Auch der neue Plan der Weiterfahrt in den Booten begrenzte den Umfang an persönlichem Besitz, der jedem Mann zugestanden wurde. Als Hurley jedoch mit seinen kostbaren Negativen zurückkehrte, gab Shackleton nach.

»Ich verbrachte den ganzen Tag mit Sir Ernest und wählte die schönsten meiner Negative aus«, schrieb Hurley am 9. November. Er entschied sich für 120, lötete sie wieder ein und warf etwa 400 weg. »Diese bedauerliche Reduzierung ist unvermeidlich, da der Platz, der auf dem Boot zur Verfügung steht, sehr begrenzt ist.«

Die ausgewählten Negative bestanden aus 20 Paget-Farb- und 100 Halb- und Vollglasplatten. Außerdem rettete er sein Album mit entwickelten Bildern.

DAS WRACK
»Die Messe war nur noch ein Haufen zerbrochener Balken, und in den vorderen Laderaum wagte ich mich gar nicht hinein, weil ich Angst hatte, nicht wieder herauszukommen … Es war traurig, die alten vertrauten Räume in diesem Zustand zu sehen.« (Macklin, Tagebuch)

OCEAN CAMP
AUS DER FERNE
Dieses Foto betitelte Shackleton in *South* mit »Einsamkeit«.

»Vergiß nicht, dein altes Tagebuch in den Rucksack zu stecken, das vermutlich regelmäßiger als meines benutzt wurde«, hatte Shackleton zu Lees gesagt, als sie das Schiff verließen. Dabei hatte er ohne Zweifel die Bild- und Textrechte, die er verkauft hatte, um die Expedition zu finanzieren, im Blick. Hurleys Fotografien konnten ebenso wertvoll werden.

Schließlich wurden drei Tonnen Vorrat auf Hundeschlitten ins Ocean Camp geschafft und im ehemaligen Ruderhaus, dem sie den Namen »Hasenbau« gaben, eingelagert. Das neue Camp nahm Gestalt an. In der Mitte befand sich die Kombüse, die aus Segeln und Rahen bestand, mit einem Herd, den Hurley aus der Kohlenrutsche des Schiffes gebaut hatte. Daneben stand eine Reihe von drei Kuppel- und zwei Stangen-

OCEAN CAMP
Mit Holz vom Wrack der *Endurance* wird die neue Kombüse gebaut. »Die halbe Mannschaft brach mit Hundeschlitten zum Schiff auf & den ganzen Tag hindurch kamen Ladungen von Holz, Leinen & ein paar zurückgelassenen Vorräten im Lager an.« (Lees, Tagebuch)

zelten. In der Nähe der Zelte wurden die Hunde angepflockt. Eine Plattform aus Dekkenplanken und Sparren diente als Ausguck. Darüber wehte die Fahne des britischen Königs und des Royal Clyde Yacht Clubs.

Routine zog ein. Um 8:30 Uhr wurde ein Frühstück aus gebratenem Robbenfleisch, Fladenbrot, das »bannocks« genannt wurde, und Tee zubereitet. Jedes Zelt ernannte einen Verpflegungsmann, der die Aufgabe hatte, die Mahlzeiten von der Kombüse in die Zelte zu bringen. Nach dem Frühstück brachen Trupps zur Robbenjagd auf. Andere Männer erledigten Hausarbeiten. Das ging bis zum Mittagessen um 13 Uhr. Den Nachmittag verbrachte jeder, wie er wollte; im allgemeinen hieß das, daß sie lasen, ihre Kleidung flickten oder spazierengingen. Um 17:30 Uhr gab es Pinguineintopf (»hoosh«) und Kakao, und sofort danach zogen sich die Männer in ihre Schlafsäcke zurück. Die ganze Nacht über wurden Wachen aufgestellt, um aufzupassen, daß die Hunde nicht »abtrieben«, und um das Camp bei einem plötzlichen Auseinanderbrechen der Eisscholle alarmieren zu können.

Die Schlittenrationen, die ursprünglich für die Kontinentalüberquerung gedacht wa-

OCEAN CAMP
Das lange Gebäude ist die Kombüse, aus Rahen und Segeln gemacht. Daran schließt sich das Ruderhaus des Schiffes, das als Speicher benutzt wurde.

OCEAN CAMP

Shackleton und Wild stehen links im Vordergrund. Bakewells Winchester steht neben Wild. Der Speicher mit seinen Holzbrettern ist in der Mitte zu sehen, und Hurleys Fotoausrüstung befindet sich in den Kästen links von Shackleton.

OCEAN CAMP
»Es ist selbst für uns unvorstellbar, daß wir auf einem kolossalen Eisfloß leben. Nur anderthalb Meter Eis trennen uns von dem tausend Meter tiefen Wasser des Ozeans & wir treiben nach den Launen von Wind & Gezeiten der Himmel weiß wohin.« (Hurley, Tagebuch)

ren, befanden sich unter den ersten Dingen, die aus dem Schiff geborgen wurden, bevor es zerbrach. Es wurde peinlich genau darauf geachtet, daß sie für die Bootsfahrt zurückgelegt blieben, die in etwa einem oder zwei Monaten stattfinden sollte. Schätzungen, wie lange die geborgenen Lebensmittel ausreichen würden, schwankten von Person zu Person. Laut Hurley waren nun »ausreichend Lebensmittel vorhanden, daß die Mannschaft, wenn sie ihre Nahrung durch Robben und Pinguine ergänzte, sich gut neun Monate halten könnte«.

Lees stellte eine Berechnung an, die nicht mehr als 100 Tage ergab, und kam der Sache damit näher. Shackleton teilte jedem Mann ein Pfund am Tag zu, eine Nahrungsmenge, die zwar bescheiden, aber noch hinreichend war. Die Männer kritisierten in erster Linie die Eintönigkeit der Kost.

Shackletons Zeltbelegung war, wie immer bei ihm, sehr durchdacht.

»In seinem eigenen Zelt sammelte er die Männer, von denen er annehmen mußte, daß sie mit den andern nicht so gut auskommen würden«, schrieb Greenstreet. Außer Shackleton waren in Zelt Nr. 1 Hurley, Hudson und James untergebracht. James wurde viel gehänselt und aufgezogen, und auf diese Weise konnte Shackleton ihn schützen. Hurley wurde aufgenommen, weil es seiner Eitelkeit schmeichelte, mit dem »Boss« zusammenzusein. Shackleton war sich Hurleys, dessen unzweifelhafte Kompetenz und dessen Ruf als Fotograf für eine gewisse Gefolgschaft unter den Männern gesorgt hatten, nicht vollkommen sicher. Er war körperlich und geistig ebenso hart und ausdauernd wie Wild oder Crean – aber ihm fehlte deren unbedingte Loyalität. Folglich gab sich Shackleton alle Mühe, Hurley zu »konsultieren« und ihn bei allen wichtigen Besprechungen einzubeziehen.

Wild, Wordie, McIlroy und McNish teilten sich Zelt Nr. 2. Shackleton plazierte den eigenwilligen Zimmermann mitten unter die Männer, die er als »solide« ansah, und

Wild konnte McNish im Auge behalten. Zelt Nr. 3, eine große Kuppelkonstruktion, wurde den acht Männern vom Vorderdeck How, Bakewell, McCarthy, McLeod, Vincent, Holness, Stephenson und Green zugewiesen – sie hatten sowieso erwartet, daß sie zusammenblieben. Crean hatte die Verantwortung für das unproblematische Zelt Nr. 4 mit Hussey, Marston und Cheetham; und Worsley übernahm die Leitung des anderen großen Zeltes mit Greenstreet, Lees, Clark, Kerr, Rickinson, Macklin und Blackborow.

Die Tage verstrichen in meist monotonem, aber nicht ganz unangenehmem Müßiggang. Nimmt man die Spekulationen über den Ausgang des Krieges in Europa einmal aus, drehten sich die angeregtesten Gespräche um das Wetter, den Wind und die Geschwindigkeit, mit der das Eis sich bewegte.

»Der Schneesturm hält an, aber wir alle hoffen, daß er noch einen Monat bläst, da wir seit unserer letzten Positionsbestimmung sechzehn Meilen in nordwestlicher Richtung zurückgelegt haben«, schrieb McNish am 6. November, dem Tag ihres ersten schweren Schneesturms auf dem Eis. Das Schicksal der Männer hing sowohl von der Richtung wie von der Geschwindigkeit der Strömung ab. Im Idealfall würde die vorwiegend herrschende Nordwestströmung sie an den langen Arm der Antarktischen Halbinsel, in die Nähe der Inseln Snow Hill, Robertson oder Paulet, tragen; andererseits bestand die Gefahr, daß die Strömung sie fort von Land, nach Nordost oder Nord, trug. Und im schlimmsten Fall würde das Packeis stehenbleiben und ihnen ein weiterer Winter in der Antarktis bevorstehen.

Mitte November schlug das Wetter um und wurde ungewöhnlich mild – mit Temperaturen zwischen minus 5 und 0 Grad. Obwohl die Männer die Wärme als Zeichen für ein bevorstehendes Aufbrechen des Packeises begrüßten, wurden die Lebensbedingungen schlechter. Das Camp versank im Schneematsch, manchmal fielen die Männer in durch Schnee verdeckte Wasserpfützen. Die Temperatur in den Zelten stieg auf über 20 Grad Celsius, eine Temperatur, die nun als drückend heiß empfunden wurde. Alle Zelte standen auf behelfsmäßigen Holzböden, die aus den geretteten Hundehütten und dem Holz des Schiffes zusammengezimmert worden waren, aber sie reichten nicht, die Schlafsäcke vollständig gegen das Wasser zu schützen. In der Nacht fielen die Temperaturen auf den Gefrierpunkt, kalt genug, um den Atem der Männer als Pulverschnee in den Zelten niedergehen zu lassen.

Die Männer lagen Kopf an Fuß, wie Sardinen in einer Büchse, hatten keinen Platz, sich umzudrehen, und kaum einen Fleck zum Treten, falls sie hinein- oder hinauswollten. Es war unumgänglich, daß sich daraus Spannungen ergaben.

»Die Zeltwände sind sehr dünn«, schrieb Lees, »dünner als dieses Papier, und sie haben Ohren zu beiden Seiten – innerhalb und außerhalb der Zelte gab es immer genug zu hören, was nicht zum Hören bestimmt war.« Die Rolle, die Lees selber in der Gruppe zu spielen begann, war ebenso faszinierend wie kläglich. Zu seinen vielen anderen irritierenden Zügen gesellte sich ein weiterer: Er schnarchte stark. Anfang November berichtet er in seinem Tagebuch, daß »da eine Bewegung im Gange ist, mich aus dem Achterzelt zu vertreiben und mich zu zwingen, im Hasenbau zu schlafen«. Diese Kam-

OCEAN CAMP

In der Mitte stehen von rechts: Shackleton, Wild und ein unidentifiziertes Mitglied der Expedition. Dies ist eines der letzten Fotos, die Hurley noch mit professioneller Ausrüstung aufnahm. Es muß irgendwann zwischen dem 9. November, als die Männer den Aussichtsturm errichteten, und dem 22. November entstanden sein, als Hurley seine Kameralinsen und Negative in Blechkanistern einlötete. Auch seine entwickelten Abzüge lötete er in einen Messingkasten ein. Danach machte er nur noch Aufnahmen mit seiner Taschenkodak, für die er drei Rollen Film hatte.

OCEAN CAMP
Im Hintergrund sieht man die drei Rettungsboote auf Schlittenkufen.

pagne war erfolgreich, denn kurze Zeit später tat Lees die letzten Handgriffe, um in seine neue Schlafstätte im Vorratsraum umzuziehen.

»Bitteres Klagen und Schluchzen über den Verlust des geliebten ›Colonel‹, der sich entfernt hatte, um im Vorratsraum zu schlafen, wurden an diesem Abend im Zelt Nr. 5 vernommen«, schrieb Worsley scherzhaft. Shackleton achtete gewöhnlich streng darauf, daß seine Mannschaft moralisch und physisch intakt blieb, daher ist es erstaunlich, daß er zuließ, daß Lees umzog oder aus seinem Zelt vertrieben wurde. Es gab aber zwingende Gründe, warum er wünschte, Lees zu neutralisieren.

»Die normale Nahrung eines Menschen sollte drei wesentliche Bestandteile enthalten. Proteine, Fett und Kohlenhydrate, in einem Verhältnis 1-1-2,5, unabhängig von der Menge«, notierte Lees in sein Tagebuch, in einer für ihn typischen Eintragung. »Das heißt, die Kohlenhydrate (stärkehaltiges Essen und Zucker) sollten mehr als das Doppelte der anderen ausmachen ... Aber unser Mehl wird keine zehn Wochen mehr ausreichen ...« und so weiter und so fort. Der Anblick von Lees ewig besorgtem Gesicht, seine unaufhörlichen pedantischen Listen und seine düsteren Prophezeiungen einer bevorstehenden Knappheit müssen Shackleton zur Weißglut gebracht haben.

Das heißt nicht, daß Lees Berechnungen nicht völlig korrekt waren. Aber er schien eine einfache Tatsache nicht begriffen zu haben: Bei einer rein rationalen Betrachtung war ihre Lage nicht nur verzweifelt, sondern geradezu aussichtslos. Jede Überlebensstrategie mußte sich deshalb in gewissem Sinne über die Realität hinwegsetzen. Shackletons Taktik bezog immer ein riskantes Ausspielen der Moral gegen die praktische Notwendigkeit ein. Das letzte, was er brauchen konnte, waren Lees' Anrufungen von Wissenschaftlichkeit und Vernunft. Deshalb kam ihm alles, was Lees' Glaubwürdigkeit untergrub und ihn von den anderen Männern trennte, in gewissem Sinne entgegen.

Eine unabweisbare praktische Notwendigkeit war es, die Boote für ihre lebensnotwendige Fahrt vorzubereiten.

»Ich bin seit Samstag damit beschäftigt, die Boote seetüchtig zu machen, baute sie einen Fuß höher & überdachte sie halb, damit die Mannschaft für den Fall, daß wir eine längere Reise machen, als wir es gegenwärtig vorhaben, geschützt ist«, schrieb McNish. Er führte die Arbeiten mit den einzig übriggebliebenen Werkzeugen, einer Säge, einem Hammer, einem Stemmeisen und seinem Zimmermannsbeil, aus. Zwei Wochen später hatte er alle drei Boote fertiggestellt, bastelte aber immer noch an ihnen herum.

»Ich begann, die *Dudley Docker* um eine Plankenbreite zu erhöhen, es ist ein Zeitvertreib, macht die Boote aber seetüchtiger«, schrieb er. Jeder, der ihm zuschaute, war von seiner Arbeit beeindruckt. Mitte Dezember arbeitete er immer noch an den Booten. Es war, wie er sagte, zum Zeitvertreib. Besondere Aufmerksamkeit widmete er dem größten Boot, das nach einem Geldgeber der Expedition *James Caird* getauft worden war. Worsley hatte das Boot in der Thames-Schiffswerft in Auftrag gegeben, und es war dort nach seinen Anweisungen gebaut worden. »Die Planken waren aus baltischer

DAS WRACK
Die Reste der *Endurance*. Wild wirft einen letzten Blick auf das Schiff. Wahrscheinlich wurde diese Aufnahme am 14. November 1915 gemacht, als Wild und Hurley vom Ocean Camp herüberwanderten, um sich das Wrack noch einmal anzusehen. Sieben Tage später sank es ganz.

Fichte, der Kiel und die Spanten aus amerikanischer Ulme, Bug und Achtersteven aus englischer Eiche«, behauptete Worsley. McNish verstärkte unter anderem den Bug, um das Boot bei Kollisionen mit dem Eis widerstandsfähiger zu machen.

Anstatt des gewöhnlichen Kalfatermaterials – Kalfaterwerg und Pech – füllte McNish die Fugen mit Lampendochten und versiegelte sie mit Marstons Ölfarbe. Die Nägel, die er benötigte, hatte er aus geborgenen Planken der *Endurance* herausgezogen.

Die Landschaft um sie herum hatte sich mit dem Tauwetter plötzlich verändert, die ineinandergeschobenen Eisfelder waren abgeschmolzen und wurden nun von kleinen, unterbrochenen Wasserrinnen durchzogen. Die Tage waren sehr lang, die Sonne ging um 3 Uhr auf und sank erst um 21 Uhr. Die Zeit verstrich mit der Jagd auf Robben, mit Kartenspielen und Diskussionen über Artikel der *Encyclopaedia Britannica*. In Zelt Nr. 5 las Clark laut aus *Science from an Easy Chair* vor. Abends wurden immer noch Lieder angestimmt. Marston hatte die Schuhe der Männer besohlt, während Hurley sich damit beschäftigte, Steigeisen für den Marsch von Snow Hill Island nach Westen zu improvisieren.

Am Abend des 21. November, kurz nachdem die Hunde gefüttert worden waren und die Mannschaft in ihren Zelten las oder sich leise unterhielt, hörten sie Shackleton rufen: »Sie geht unter.« Die Männer stürzten aus ihren Zelten zur Aussichtsplattform und zu anderen Aussichtspunkten, um die letzten Momente der *Endurance* mitzuerleben. Das Heck hob sich steil in die Luft, und sie versank über den Bug.

»Es lag eine seltsame Stille über dem Lager«, wie Bakewell bemerkte. »Was mich angeht, so hatte ich einen merkwürdigen Klumpen in der Kehle, so daß ich kaum schlucken konnte … Wir waren jetzt sehr einsam.«

»Sie ist weg, Jungs«, sagte Shackleton ruhig vom Aussichtsplatz her. In sein eigenes Tagebuch schrieb er: »Um fünf Uhr ist sie kopfüber untergegangen: Das Heck, die Ursache allen Übels, versank zuletzt. Ich kann darüber nicht schreiben.«

Da das Tauwetter anhielt, weiteten sich die offenen Rinnen im Wasser aus, was die gelegentlichen Bergungsfahrten zum Dump Camp und die Jagdausflüge beständig gefährlicher machte. Nur mit größten Schwierigkeiten konnten die Hundegespanne in diesem sich stets verändernden Irrgarten aus Rinnen Wege ausmachen, um die toten Seehunde einzusammeln, die von den umherschweifenden Jägern erlegt worden waren. Die Eisscholle, auf der sie lagerten, hatte sich in dem lockerer werdenden Eis um mindestens 15 Grad nach Osten gedreht. Dennoch zeigte das Packeis im ganzen keine Anzeichen, aufzubrechen.

»Tatsächlich schließt Sir Ernest die Möglichkeit nicht aus, auf der Scholle zu bleiben, bis sie in die Nähe der South Orkneys kommt«, berichtete Lees. »Aber er möchte es nicht zur Sprache bringen, um nicht ein Gefühl der Hoffnungslosigkeit entstehen zu lassen, besonders unter den Matrosen.«

Ehemalige Orientierungspunkte trieben majestätisch durch die feucht und wäßrig gewordene Eislandschaft. Der Festungsberg, ein alter Freund der Männer, war nur noch fünf Meilen entfernt und wirkte dunkelblau, ein Anzeichen dafür, daß er vielleicht schon in offenem Wasser trieb. Zuweilen verdeckte dichter Nebel die Landschaft; nasser Schnee fiel, einmal sogar Regen. Im späten November bedeckte sich der blaue Himmel, und Schauer und Hagel prasselten mit einem Geräusch auf die Zelte nieder, das Wordie an das von heftigem Regen auf Bäumen erinnerte. Sie trieben nur noch mit einer Geschwindigkeit von weniger als zwei Meilen am Tag nach Nordwesten.

Der Dezember war kein leichter Monat für Shackleton. Gegen Ende November traf ihn ein Ruhranfall, der sich über die nächsten Tage so verschlimmerte, daß er seinen Schlafsack ohne Hilfe nicht mehr verlassen konnte; es war nicht gerade hilfreich, daß er in einem Wollschlafsack auf den feuchten Planken lag. Schlimmer war, daß sein Zustand ihn vom Leben im Camp fernhielt. James, der mit Shackleton das Zelt teilte, bemerkte, daß »er immer auf der Hut war, um jedem Absinken der Moral oder jedweder Unzufriedenheit auf der Stelle begegnen zu können«. Mehr als alles andere fürchtete Shackleton, die Kontrolle über seine Männer zu verlieren. Die Zeit seiner Krankheit machte ihn besorgt und reizbar, und als er gute zwei Wochen später endlich wieder aufstand, war er nicht in der besten Stimmung. »Der Boss tadelt den Koch wegen ein paar Kohlen, die er sich genommen hat, um Fladenbrot zu backen«, schrieb Hurley am

OCEAN CAMP
Dieses Bild könnte den Abbruch des Lagers darstellen, als sich die Männer auf den »Weihnachtsmarsch« vorbereiteten.

ersten Tag von Shackletons Genesung nieder. Auch die Männer waren unruhig, besonders die Seeleute zeigten eine besorgniserregende Unzufriedenheit.

Die gesamte Mannschaft überwachte den Kurs ihrer Eisscholle konzentrierter denn je.

»Wenn wir erst mal den Polarkreis überschritten haben, wird es so scheinen, als seien wir praktisch wieder auf halbem Weg zu Hause«, schrieb Lees am 12. Dezember. »Und bei günstigem Wind kann es gut sein, daß wir den Polarkreis schon vor Neujahr überqueren.« Nur ein paar Tage später erhob sich von Süden her ein Schneesturm, der versprach, sie schon früher als erwartet über diese magische Linie zu schieben; aber am 18. Dezember drehte der Wind auf Nordost und trieb sie genau dahin zurück, wo sie hergekommen waren. Noch beunruhigender war die Tatsache, daß ihr Kurs zwischen Nordwest und einer kleinen Abweichung nach Osten – ablandig – schwankte. Shackleton besprach mit Wild und Hurley die Möglichkeit eines erneuten Versuchs, nach Westen zu marschieren, teils um der unheilvollen östlichen Strömung, die sich andeutete, zuvorzukommen, teils weil, wie Wild bestätigte, »ein Stück harter Arbeit allen gut tun würde«. Am 20. Dezember brachen die drei Männer auf, um die Lage auszukundschaften.

»Wir fanden die Oberfläche und die Bedingungen gut, fast immer kamen wir gut voran«, berichtete Hurley optimistisch. Shackleton überbrachte dem Rest der Mannschaft die Nachricht, daß sie am 23. Dezember aufbrechen würden, einen Tag nach Mittsommertag, an dem Weihnachten gefeiert werden sollte. Die Ankündigung dieses zweiten Marsches stieß auf wenig Gegenliebe.

»So weit ich gesehen habe, wird das Vorwärtskommen grauenvoll sein«, schrieb Greenstreet. »Inzwischen ist alles Schneematsch, viel schlimmer als zu dem Zeitpunkt, als wir das Schiff verlassen haben. Meiner Meinung nach ist dies eine Maßnahme, die

KÜCHE AUF DEM EIS; ORDE-LEES UND GREEN, DER KOCH
Die Gesichter geschwärzt vom Rauch des Tranofens, bereiten Lees und Green in der provisorischen Küche während des Marsches von Ocean Camp nach Patience Camp ein warmes Essen vor.

nur in letzter Not ergriffen werden sollte, und ich hoffe aufrichtig, daß Shackleton die Idee gleich wieder aufgibt. Es gab große Diskussionen in unserem Zelt.«

Trotz des großartigen »Festgelages« zu Weihnachten wurde der Abbruch des Camps am Morgen des 23. Dezember nicht gerade in allgemeiner Hochstimmung vollzogen. Shackleton hatte entschieden, Nachtmärsche zu unternehmen, da die Oberfläche des Eises dann am härtesten war, und so wurden die Männer um 3 Uhr morgens an einem nebligen, unfreundlichen Tag geweckt. Der erste mißglückte Marsch war mit ehrlichem Optimismus angefangen worden. Auf den zweiten Marsch machten sich viele in resigniertem, halbherzigem Gehorsam.

Achtzehn Männer wurden in Geschirre gespannt und zogen zwei der Boote über das jetzt unsichere Eis voran; dann mußten alle zurück, um die verbleibenden Vorräte einzupacken. Zelte, Kombüse, Vorräte und Schlitten wurden bis zu den Booten gezogen, und es wurde ein neues Lager aufgebaut. Das dritte Boot ließ Shackleton im Ocean Camp zurück. Am Ende des ersten achtstündigen Tagesmarsches hatten sie annähernd eineinviertel Meilen zurückgelegt.

Die nächsten Tage vergingen mit der gleichen trübsinnigen, wenig befriedigenden Routine. Niemals völlig ausgeruht, ihr Hunger nie gänzlich gestillt und die Kleider immer naß, mühten sich die Männer, glitten unter ihren Lasten auf dem buckligen, matschigen Eis aus und legten durchschnittlich eineinhalb Meilen am Tag zurück. Shackletons Plan war es gewesen, sechzig Meilen nach Westen zu ziehen; inzwischen mußte auch er erkennen, daß sie diese Strecke nie schaffen würden.

»Ich habe nie an einem härteren und entmutigenderen Marsch teilgenommen«, schrieb Bakewell.

Am 27. Dezember wurden die stillen Zweifel und Ressentiments dramatisch sichtbar.

»Der Skipper hatte heute während des Schlittenziehens Ärger mit dem Zimmermann«, schrieb Wordie. »Heute abend hat sich die Mannschaft auf der Eisscholle versammelt, und der Heuervertrag wurde verlesen.« Nach zweistündigem Kampf mit einem besonders schwierigen Eisabschnitt blieb McNish stehen und verkündete mit einer Flut von Schimpfworten, daß er nicht weitergehen werde.

Shackleton war bei der Vorhut, so daß Worsley, der die Bootsschlepper kommandierte, sich um McNish kümmern mußte. Er kam nicht weit. Zwischen den beiden Männern hatte es von Anfang an Spannungen gegeben; hätten die Bootsschlepper unter dem Kommando eines anderen Mannes gestanden, hätte sich der Zwischenfall vielleicht gar nicht ergeben. Auf jeden Fall ließ ein aufgeregter Worsley Shackleton herbeiholen, der von der Spitze des Trupps zurückeilte.

McNish war entkräftet, völlig durchnäßt, litt unter Hämorrhoiden und trauerte immer noch um den Verlust seines Lieblings, Mrs. Chippy. Seit Wochen hatte er sich beklagt, daß es ihm nicht erlaubt worden sei, Holz von der *Endurance* zu bergen, um eine kleine Schaluppe zu bauen, die sie alle in die Freiheit getragen hätte. Andere teilten seine Enttäuschung. Der alte Seebär wurde jetzt zu einem Anwalt, der behauptete, daß seine Gehorsamspflicht mit dem Verlassen der *Endurance* beendet sei. Es kam zu einem heftigen Wortwechsel zwischen den beiden Männern. Technisch gesehen, war McNishs Standpunkt richtig. Dennoch ließ Shackleton die Mannschaft antreten und las den Heuervertrag vor und fügte ein paar eigene Ausführungen hinzu: Er informierte seine Männer, daß sie bis zu dem Tag, an dem sie einen sicheren Hafen erreichten, bezahlt würden – nicht, wie unter normalen Satzungen, nur bis zum Verlust ihres Schiffes. Folglich seien die Männer bis dahin an seine Befehle gebunden.

McNish beruhigte sich, und die Situation war überstanden. Aber Shackleton war sich bewußt, wie knapp er die Gefahr abgewendet hatte. Es war um mehr gegangen als

BELADENER SCHLITTEN
Mit Vorräten beladene Schlitten – in diesem Fall unter anderem Dörrfleisch und Zucker – wurden von den Hunden gezogen.

um einen unzufriedenen Seemann. McNish hatte sich nicht nur einem Befehl in einem Moment widersetzt, in dem die Moral auf einem kritischen Tiefpunkt war, er hatte darüber hinaus Shackletons optimistische Einschätzungen in Frage gestellt. Es war nun unmöglich, vorzutäuschen, daß ihre schmerzvollen Anstrengungen irgendeine Aussicht auf Erfolg hatten. Vielleicht hatten Shackletons murrende Kritiker recht gehabt, und sie hätten das Ocean Camp nicht verlassen sollen; vielleicht hätte Chippy seine Schaluppe bauen sollen. McNishs kurzer Aufstand hatte das Undenkbare angedeutet – daß auch der Boss entscheidende Fehler machen konnte.

In dieser aufgeladenen Stimmung war Shackletons widerwillige Entscheidung, den Marsch zwei Tage später zu unterbrechen, bitter und mutig zugleich. Das vor ihnen liegende Eis war völlig unzugänglich, so daß sie nicht nur zum Stillstand gezwungen wurden, sondern sich eine halbe Meile zurückziehen mußten, um auf sicheren Boden zu kommen. Die Männer begaben sich um 22 Uhr ohne Mahlzeit in ihre Zelte.

PATIENCE CAMP
Hurley und Shackleton sitzen vor dem Eingang ihres Zeltes. Hurley (links) häutet einen Pinguin, um den selbstgebauten Ofen zwischen ihnen mit Speck zu heizen.

»Hingelegt, konnte aber nicht schlafen«, schrieb Shackleton in sein Tagebuch. »Überdachte die ganze Angelegenheit & beschloß, auf verläßlicheres Eis zurückzuziehen: es ist das einzig Sichere … Bin besorgt … Alle außer dem Zimmermann arbeiten gut: Ich darf ihn in dieser Zeit der Mühen & Anstrengungen nie aus den Augen verlieren.«

Sie wählten eine stabil erscheinende Eisscholle für ihr neues Lager; aber am folgenden Tag öffnete sich ein tiefer Riß und zwang sie, das Lager zu verlegen. Wie sie jetzt entdeckten, war das Eis nicht so fest wie das unter ihrem ersten Lager.

»Alle Eisschollen in der Nachbarschaft scheinen bis an ihre Oberfläche mit Meerwasser durchtränkt zu sein«, schrieb Worsley. »Wenn man in eine zwei oder drei Meter dicke Scholle ein Loch von wenigen Zentimetern schlägt, läuft es sofort voll Wasser.« Aber die Männer saßen fest; die Eisschollen hinter ihnen hatten sich zu weit abgelöst, um sich auf sie zurückzuziehen.

Eine Woche härtester Arbeit hatte der Gruppe acht Meilen eingebracht. Hinter ihnen im Ocean Camp lagen zusätzliche Vorräte, Bücher, Kleidung, ein gebrauchstüchtiger Ofen, Holz für die Böden ihrer Zelte – eine bequeme Routine. Außerdem waren die Boote, die sie unter großen Opfern mitgeschleppt hatten, durch den Marsch beschädigt worden.

»Ich hörte den Zimmermann sagen, daß die Boote, wenn wir sie noch weiter über so rauhes Eis ziehen, nicht mehr seetüchtig sein werden, wenn wir offenes Wasser erreichen«, erinnerte sich Bakewell. Man kann sicher sein, daß McNish sich alle Mühe gab, seine Sicht der Dinge zu verbreiten. Er hatte seine Rache bekommen; mehr als alles andere fürchteten die Seeleute Schäden an den kostbaren Booten.

Ungeachtet aller Rückschläge und Zweifel mußte das Leben auf der Eisscholle wieder seinen normalen Lauf nehmen. Die Zelte wurden in einer Linie aufgebaut, parallel zu den Hunden.

»Wir haben unser Lager Patience Camp getauft«, schrieb Lees.

Es war jetzt Januar 1916, und noch immer gab es keine Anzeichen, daß das Packeis aufbrach. Außerdem war der Wind abgeflaut und hielt die Mannschaft kurz vor dem 66. Breitengrad fest. Die Tage und Wochen verstrichen langsam, und die Stimmung war gespannt.

»Dieses Wartespiel erschöpft die Ausdauer von fast allen«, schrieb Hurley mit untypischer Ungeduld; er war normalerweise noch am besten in der Lage, sich allen Umständen anzupassen. Um sich die Zeit zu vertreiben, unternahmen die Männer Spaziergänge am Rand ihrer Eisscholle entlang, lasen, spielten Bridge und lagen in ihren Schlafsäcken. McNish kalfaterte die beschädigten Boote demonstrativ mit Pinguinblut. Immer wieder analysierten die Männer ihre Lage.

»Auf jeden Fall hat der Boss seine Pläne schon wieder geändert«, schrieb Wordie trocken. »Jetzt beabsichtigt er, auf Fahrrinnen zu warten, und glaubt so fest daran, daß er sie kriegen wird, wie er vor einer Woche glaubte, das Eis wäre gut genug, um die Boote zehn Meilen am Tag zu ziehen.« Shackleton selbst war in Gedanken versunken, mürrisch und gut gemeinten Vorschlägen gegenüber absolut unzugänglich. Lees war offen in Panik über den Stand ihrer Vorräte und ging täglich auf Streifzüge über die mürbe Eisscholle, um Seehunde zu jagen; Worsley wurde schließlich damit beauftragt, ihn zu »überwachen«. Greenstreets Vorschlag, daß jeder Seehund oder Pinguin, der sich dem Lager näherte, geschossen und eingelagert werden solle, wurde von Shackleton zurückgewiesen.

»›Oh‹, sagte er«, laut Greenstreet, »›du bist ein verdammter Pessimist. Das wäre Wind in den Segeln der Vorderdeckmannschaft, sie werden denken, daß wir hier nie wieder rauskommen.‹« Aber die Ernährungssituation war besorgniserregend; Seehunde waren selten geworden, und die Vorräte an Fleisch und Tran schwanden.

Am 14. Januar wurden die Hundegespanne von Wild, Crean, McIlroy und Marston erschossen, im ganzen siebenundzwanzig Hunde. Ein zukünftiger Einsatz war nicht mehr vorstellbar, und die Nahrung, die sie verschlangen, war viel zu kostbar; ihr Hundefutter wurde ein Hauptbestandteil im Speiseplan der Männer.

SUES WELPEN
Am Anfang waren die Tiere nur Schlittenhunde gewesen, aber während der langen Monate auf dem Eis wurden sie zu Gefährten. Hurley widmete ihnen in seinem Buch *Argonauts to the South* ein ganzes Kapitel.

»Diese Pflicht entfiel auf mich & war die schlimmste Arbeit, die ich je in meinem Leben verrichten mußte«, berichtete Wild. »Ich habe viele Männer gekannt, die ich lieber erschießen würde als den schlechtesten dieser Hunde.« Alle Männer waren schwer getroffen.

»Eine der traurigsten Begebenheiten, seit wir die Heimat verlassen haben«, wie McNish aufzeichnete. Am selben Abend wurden Hurley und Macklin beauftragt, mit ihren Gespannen eine gefährliche Fahrt zum Ocean Camp zu unternehmen. Nach einigen Schwierigkeiten kehrten sie am folgenden Tag mit 900 Pfund an Vorräten zurück. Es war die letzte Fahrt von Hurleys Gespann.

»Wild erschoß mein Gespann im Laufe des Nachmittags«, schrieb Hurley und sagte dann seinem Lieblingshund ein Lebewohl. »Heil dir, mein alter Leithund Shakespeare, ich werde dich niemals vergessen – du warst furchtlos, treu & fleißig.«

Am 21. Januar, nach einem Monat beunruhigender Stille, kam schließlich ein Schneesturm von Südwesten herauf und blies sie über den antarktischen Polarkreis in vertraute Gewässer. Sie waren jetzt ungefähr 150 Meilen von Snow Hill Island entfernt, obgleich ziemlich weit östlich von der Insel. Shackleton feierte dieses Ereignis, indem er an jeden Mann ein zusätzliches Fladenbrot verteilte. Eine Exkursion, die Wordie und Worsley ein paar Tage später zu einem nahegelegenen Eisberg machten, ergab jedoch, daß das lang ersehnte Aufbrechen des Eises nirgendwo in Sicht war.

HUSSEY UND SAMSON
Der kleinste Mann der Expedition und der größte Hund.

»Fast überall Eis«, berichtete Wordie, nachdem er auf den Eisberg geklettert war. Weil die Robben sich rar machten, schwanden nun ihre Speckvorräte. Um Brennstoff zu sparen, verringerte Shackleton die tägliche Ration warmer Getränke auf eine Tasse Tee am Morgen.

Ende Januar hatten die Launen des Packeises ihr altes Ocean Camp gedreht, so daß es nun weniger als sechs Meilen entfernt lag – und ironischerweise in einer günstigeren Westlage als sie selbst. Am 2. Februar befahl Shackleton die Bergung des dritten Rettungsbootes, der *Stancomb Wills*, die zurückgelassen worden war.

»Es hat lange gedauert, den Boss zu diesem Schritt zu überreden«, notierte Wordie, »und ich bezweifle, daß er ihn gewagt hätte, wenn er nicht für die allgemeine Stimmung im Lager wichtig wäre.« Niemand glaubte daran, daß die zwei Boote allein die gesamte Mannschaft hätten aufnehmen können.

Shackleton hatte sich zuerst geweigert, diese Bergungsexpedition zu gestatten, da er geradezu von der Angst besessen war, Männer durch unnötige Unfälle zu verlieren. Aber als die drei Boote schließlich sicher im Camp waren, hob sich die Stimmung, insbesondere die der Seeleute – obwohl das wahrscheinlich mehr damit zu tun hatte, daß sie einen großen Teil der geborgenen Sachen heimlich in ihr Zelt geschafft hatten.

Die Zeit verging weiterhin schleppend. Shackleton befahl, den Abfallhaufen aus alten Seehundknochen, Flossen und weggeworfenen Stücken nach Fettresten zu durchsuchen. Der Robbenmangel wurde langsam zu einem bedrohlichen Problem; es fehlte nicht nur der Speck zum Verbrennen, sondern auch das Fleisch zum Essen.

»Es gibt nichts zu tun, als in die Schlafsäcke zu kriechen und den Hunger wegzurauchen«, schrieb McNish. »Was [Premierminister] Lloyd George den Luxus der Arbeiter nennt.«

Nasses Wetter und starker Schneefall hielten die Männer in ihren Zelten fest, welche inzwischen so durchweicht waren wie nie zuvor. Das Bodentuch von Zelt Nr. 5 war in Beschlag genommen worden, um ein Segel für die Boote daraus zu machen. An seiner Stelle lagen nun nur noch Öljacken und -hosen, zwei Decken und ein Seeleopardenfell zwischen den Schlafsäcken und dem nassen Schnee. Einige Zelte waren von Stürmen eingerissen oder jedenfalls so dünn, daß ein Windstoß draußen den Zigarettenrauch im Inneren bewegte.

Mitte Februar wurde Lees von Shackleton zurechtgewiesen, weil er wieder pessimistische Bemerkungen gemacht hatte.

»Es ist gut, diese kleinen Streiflichter des Expeditionslebens aufzuzeichnen«, schrieb Lees, ohne ein Anzeichen von verletzten Gefühlen. »Gewöhnlich werden sie doch aus den veröffentlichten Büchern herausgestrichen oder lassen sich höchstens noch zwischen den Zeilen lesen.« Shackleton hatte Lees' Seehundjagden weiterhin eingeschränkt – in der falschen Annahme, daß sie für mindestens einen Monat genug Fleisch eingelagert hätten. Diese Einschränkung befremdete sogar den loyalen Worsley, und auch sonst wurde Shackletons Optimismus immer öfter von den Männern angezweifelt.

»Sein übertriebener Optimismus ist in meinen Augen von Anfang an nichts anderes als Narretei gewesen«, schrieb Greenstreet. »Von Beginn an sollte alles gut werden, und alle Anzeichen, daß die Dinge eine andere Wendung nehmen könnten, wurden nicht zur Kenntnis genommen, und wo sind wir jetzt?« Es ist schwer, Shackletons Motive zu beurteilen. Kaum jemand hätte für die Stimmung seiner Männer empfänglicher sein können, so daß ihm auch ihr Unbehagen in diesem Punkt nicht entgangen sein kann. Darüber hinaus war er kein Mann, der zu stolz war, eine einmal getroffene Fehlentscheidung zurückzunehmen. Shackletons hartnäckiger Widerstand dagegen, mehr Nahrungsvorräte als für ein paar Wochen anzulegen, war eher von der Sorge um die Moral der Seeleute diktiert. Da keiner dieser Männer ein Tagebuch hinterließ, ist es unmöglich zu sagen, was in ihnen vorging. Aber die Berichte der anderen enthalten Hinweise darauf, daß sie niedergeschlagener und aufsässiger waren, als an irgendeiner Stelle direkt gesagt wird. Im Gegensatz zu den Expeditionsteilnehmern waren sie nicht

in die Antarktis gekommen, um hier den Winter im Eis zu verbringen. Lees' Gedanken am Beginn des unheilvollen zweiten Marsches erhellen einiges:

»Abgesehen von der natürlichen Sorge, wie wir letztlich vorankommen werden, bin ich nie in meinem Leben glücklicher gewesen, als ich es jetzt bin, denn ist diese Art des Lebens nicht das ›wahre Leben‹, an das ich mein Herz seit Jahren verloren habe?« Er sehnte sich nach Abenteuern im ewigen Eis, nach so etwas wie Scotts Epos, und genau um dieser Erfahrung willen waren viele der Männer mit Shackleton gefahren. Aber nicht die Matrosen. Ihr Leben drehte sich um Schiffe, und ihr Schiff war verloren. Und auch wenn sie aus Abenteuerlust mit Shackleton nach Süden gefahren waren, so gehörte das stoische Ertragen des Lebens auf dem Eis nicht zu ihrer Berufung. Sie konnten sich nicht an den Gedanken gewöhnen, noch einen zweiten Winter auf dem Eis zu verbringen; sie wollten in die Boote. Da es Shackletons oberstes Gebot war, die Einheit unter seinen Männern zu erhalten, können daher einige scheinbar unlogische Entscheidungen notwendig gewesen sein.

Gegen Ende Februar war das plötzliche Auftauchen eines Schwarms kleiner Adélie-Pinguine ein Segen für die hungrigen Männer. Sie schossen dreihundert von ihnen. Ihr Fleisch diente als Nahrung und ihre Häute als Brennstoff für den Kombüsenofen. Die Temperaturen begannen zu fallen, und die Männer klagten jetzt darüber, sogar in ihren Schlafsäcken zu frieren.

»Bei dieser Kälte war es unmöglich, die letzten zwei Nächte ein Auge zuzubekommen«, schrieb McNish.

Shackleton besuchte die Zelte der Reihe nach, ließ sich in jedem nieder, um Seemannsgarn zu spinnen, Gedichte zu rezitieren oder Bridge zu spielen.

»Das Essen besteht jetzt fast nur noch aus Fleisch«, schrieb Greenstreet. »Robbensteaks, geschmorte Robben, Pinguinsteaks, geschmorter Pinguin, Pinguinleber … Der Kakao ist seit einiger Zeit ausgegangen, und Tee ist fast alle … auch das Mehl ist fast aufgebraucht.« Zusammen mit Lees und Green, dem Koch, grübelte Shackleton über das tägliche Menü. Sie überlegten sich, wie man es befriedigender gestalten könnte. Da die Männer immer Robben und Pinguin vorgesetzt bekamen, wurden »besondere Anlässe« erfunden, um die Monotonie zu durchbrechen.

»Zu Ehren des Schaltjahrestages & der Flucht unserer Junggesellen vor dem schönen Geschlecht hatten wir drei volle Mahlzeiten mit heißen Getränken«, schrieb Worsley am 29. Februar, »und so fühlen wir uns heute abend alle satt & zufrieden.«

Die Drift des Packeises erreichte wieder einen Durchschnitt von zwei Meilen am Tag. Ende März waren sie nur siebzig Meilen von Paulet Island entfernt. Snow Hill Island lag bereits hinter ihnen.

Am 7. März erhob sich ein Schneesturm, der heftigste Schneefall, seit sie auf dem Eis waren. Da es zu kalt war, um zu lesen oder Karten zu spielen, lagen die Männer in ihren Zelten, tief in Schlafsäcken, die so steifgefroren waren wie eiserne Tücher. Zwei Tage später, während sie die Schlitten und Werkzeuge unter dem mehr als einen Meter hohen frischen Schnee hervorgruben, stellten sie eine merkwürdige Bewegung des Eises

fest. Es war die Dünung des Ozeans. Am nächsten Tag organisierte Shackleton Übungen, um das Beladen der Schiffe zu drillen, damit man in kürzester Zeit vorbereitet wäre, falls die Scholle unter ihnen aufbrach.

Ein paar Tage später teilte sich das Eis, schloß sich dann aber nach kurzer Zeit wieder. Immer noch trieben sie nach Norden, immer weiter entlang der Antarktischen Halbinsel. Sie waren jetzt auf der Höhe von Paulet Island.

Der 21. März bezeichnete den ersten Tag des Winters. Die Zeit des Tageslichts schrumpfte, und das Wetter wurde kälter. Am Morgen des 23. März sichtete Shackleton im Westen Land. »Auf seiten des Skippers gab es erheblichen Zweifel«, schrieb McNish in sardonischer Zufriedenheit. »Weil er es nicht zuerst gesehen hat. Nachdem er die letzten zwei Monate auf dem Ausguck gesessen & so viele Eisberge als Land gemeldet hatte, ist er leicht gereizt darüber, daß es von jemand anderem gesichtet wurde.« Aber es war wirkliches Land – die zerklüfteten, schneebedeckten Kämme von Joinville Island, dem ersten Land, das die Männer nach sechzehn Monaten sahen.

»Wenn das Eis aufbricht, können wir in einem Tag drüben sein«, schrieb Hurley. Aber das Eis brach nicht auf. Es hielt immer noch, zu locker, um es zu Fuß zu überqueren, zu fest, um es zu durchschiffen, und es trieb immer noch nach Norden. Tag für Tag mußte Shackleton mitansehen, wie seine schlimmsten Befürchtungen wahr wurden. Sie näherten sich der äußersten Spitze der Antarktischen Halbinsel; bald würden sie kein Land mehr vor sich haben.

Am 30. März wurden die letzten Hunde erschossen und die jüngeren von ihnen gegessen. Dieses Mal gab es keine Äußerungen des Bedauerns, nur das finstere Eingeständnis der Notwendigkeit und die Freude über den unerwartet guten Geschmack des Fleisches. Es wurden auch einige große Seehunde erlegt, so daß die Männer seit zwei Wochen ihr erstes sättigendes Mahl hatten. Die Schlittenrationen wurden immer noch in Reserve gehalten.

»Solch ein Leben läßt einen altern«, notierte Hurley in seinem Tagebuch. In derselben Nacht, am 31. März, wurde ihre Eisscholle durch einen Riß gespalten, der die Männer von den Booten trennte. Shackleton führte Halb-und-Halb-Wachen ein – die Hälfte der Männer war immer im Einsatz –, aber das Eis hielt für den Rest der Nacht. Es folgten Tage mit starkem Wind. Die Männer lagen in ihren Schlafsäcken, konnten nichts tun außer reden, während die Scholle unter ihnen schaukelte. Lees wurde seekrank.

Worsleys Beobachtungen deuteten darauf hin, daß die Eisscholle schneller trieb, als der Wind sie blasen konnte; offensichtlich wurde das auseinanderbrechende Packeis jetzt von starken Strömungen ergriffen. Im Morgengrauen des 7. April enthüllte das Tageslicht die schneebefleckten Berge von Clarence Island; später am Tag zeigten sich in Nordnordwest die Gipfel von Elephant Island. Die Strömung trug sie jetzt mit geradezu erstaunlicher Geschwindigkeit in nördlicher Richtung auf die Inseln zu. Dann fiel der Kurs der Scholle alarmierend nach Westen ab, drohte, sie von den Inseln wegzuführen, um dann wieder nach Osten zu drehen. Die beiden Inseln lagen nun wieder

direkt vor ihnen. Jeder Tag brachte neue Ungewißheiten, die neue Pläne notwendig machten. Die Tierwelt wurde vielfältiger; Möwen, Sturmvögel und Seeschwalben flogen über ihren Köpfen, und Wale bliesen in den Rinnen.

Am Abend des 8. April brach das Eis erneut, genau unter der *James Caird*. Rollend wie ein Schiff auf See, brach die Scholle auf die Form eines Dreiecks herunter, dessen Außenseiten etwa 80, 90 und 110 Meter maßen.

»Ich spürte, daß es bald Zeit sein würde, die Boote auszusetzen«, schrieb Shackleton. Nach dem Frühstück am 9. April brachen sie das Camp ab und machten die Boote fertig. Schon in Bereitschaft, aßen die Männer eine letzte warme Mahlzeit.

Um 13 Uhr gab Shackleton die lang erwartete Order, die Boote zu Wasser zu bringen. Die Besatzungen waren schon vor Monaten bestimmt worden: Die *James Caird*, der breite Whaler, wurde von Shackleton und Wild kommandiert, und an Bord waren Clark, Hurley, Hussey, James, Wordie, McNish, Green, Vincent und McCarthy. Auf der *Dudley Docker* waren Greenstreet, Kerr, Lees, Macklin, Cheetham, Marston, McLeod und Holness unter dem Kommando von Worsley. Im kleinsten, am wenigsten seetüchtigen Boot, der *Stancomb Wills*, befanden sich Rickinson, McIlroy, How, Bakewell, Blackborow und Stephenson unter dem Kommando von Hudson und Crean.

Um 13:30 Uhr stießen die Boote ab. Es ging eine schwere Dünung, und die offenen Wasserrinnen führten wahllos im Zickzackkurs durch die auf- und niedergehenden Schollen.

»Unser erster Tag in den Booten war einer der kältesten und gefährlichsten der ganzen Expedition«, schrieb Bakewell. »Das Eis war in Aufruhr. Es war ein schwieriges Unterfangen, unsere Boote in den offenen Fahrrinnen zu halten … Wir sind des öfteren nur knapp entkommen, als größere Massen des Packeises zusammentrafen.«

Die Männer waren nun fünfzehn Monate im Eis gefangen gewesen. Aber ihre eigentliche Prüfung hatte gerade erst begonnen.

DIE LANDUNG AUF ELEPHANT ISLAND
15. April 1915: Festes Land nach 497 Tagen auf dem Eis und der See.
»Der Boss, der Skipper, der Koch und Hurley gingen an Bord der *Wills* und halfen ihrer Besatzung, sie eine kleine Rinne zwischen den Felsen entlangzuziehen … Sie fuhr dann unter dem Kommando von Tom Crean hin und her.«
(Wordie, Tagebuch)

In die Boote

10. 4. 1916

Die letzte Nacht, eine Nacht der Anspannung & Ungewißheit – vergleichbar der Nacht, als das Schiff zerstört wurde … See & Wind sind stärker geworden & wir müssen uns auf eine alte vereinzelte Eisscholle hinaufziehen & beten zu Gott, daß sie die Nacht hindurch hält. Kein Schlaf seit 48 Stunden, alle sind naß, kalt & elend, ein N.O.-Schneesturm tobt … kein Land in Sicht & beten um ein Ende dieser wilden Bedingungen.

Frank Hurley, Tagebuch

In der zunehmenden Abenddämmerung der ersten Nacht auf See kampierten Shackleton und seine Männer auf einer Eisscholle, die gut 70 mal 30 Meter maß und sichtbar in der Dünung des Ozeans schaukelte. Es wurde schon gegen 19 Uhr dunkel, aber es war ein milder Abend mit Temperaturen um minus 8 Grad Celsius. Nachdem Green ihnen auf dem Ölkocher eine heiße Mahlzeit gekocht hatte, zogen sich die Männer in ihre Zelte zurück.

»Ein unbestimmtes Gefühl der Unruhe trieb mich in dieser Nacht gegen 23 Uhr aus meinem Zelt, um mich in dem stillen Lager umzusehen«, schrieb Shackleton. »Ich ging hinüber, um die Wache zu ermahnen, sorgsam auf Risse zu achten. Als ich gerade am Zelt der Männer vorbeikam, hob sich die Eisscholle auf dem Kamm einer Dünung und brach genau unter meinen Füßen.« Shackleton sah den Riß direkt unter das Zelt der Mannschaft laufen. How und Holness stürzten in ihren Schlafsäcken ins Wasser. How strampelte sich heraus, und Shackleton griff nach Holness' Schlafsack und hievte ihn auf das Eis, bevor die Kanten der Eisscholle wieder zusammentrafen.

Niemand schlief mehr in dieser Nacht. Hudson bot Holness großzügig trockene Kleidung an. Holness trauerte um den Verlust seines Tabaks. Shackleton gab heiße Milch und Streimers Polarnüsse – eine Leckerei von den unangebrochenen Schlittenrationen – an alle Männer aus, die im Kreis um den Ölkocher kauerten. In den Rinnen bliesen manchmal Schwertwale, wie um die langen Stunden der Nacht zu markieren.

Als um 6 Uhr der Morgen dämmerte, entdeckten die Männer, daß die Eisscholle von losem Eis umgeben war. Während alle darauf warteten, daß eine Öffnung frei würde, wurde die Dünung gefährlich stark und warf »mit einer Kraft, die ausreichte, eine mittelgroße Yacht zu zerschmettern«, große Eisbrocken gegeneinander, notierte Lees.

Als um 8 Uhr die Boote zu Wasser gelassen wurden, war der Wind hart und böig, zeitweise in Sturmstärke. Zwei Stunden lang ruderten die Männer gegen die Dünung durch ein Labyrinth aus Kanälen und Rinnen, dann durch alte höckerige Eisschollen und Eistrümmer an den äußeren Rändern des Packeises. Die einseitige reine Fleischernährung der Mannschaft zeigte Auswirkungen, wie es Lees vorhergesagt hatte. Da ihnen über die letzten Monate auch die geringsten Mengen Kohlenhydrate gefehlt hatten, waren die Männer an den Riemen schnell erschöpft.

Ein leichter Dunst legte sich über diesen ansonsten milden Tag, und sie konnten Clarence oder Elephant Island, die jetzt nur noch 60 Meilen entfernt lagen, nicht mehr ausmachen. Die überladenen, schwerfälligen Boote waren nicht einfach zu handhaben. Besonders die *Stancomb Wills* bereitete ihnen ernste Sorgen, da ihr das Segel fehlte, um mit ihren seetüchtigeren Gefährten Schritt zu halten. Shackleton hatte Order gegeben, die drei Boote in Rufweite zu halten, was aber nicht leicht zu bewerkstelligen war.

Inmitten sich auftürmender Eisberge von phantastischen Umrissen suchten sich die Boote vorsichtig ihre Route zum Rand des Packeises. Als sie ihn schließlich jubelnd durchbrachen, trafen sie jedoch plötzlich auf hohen Seegang, der nicht mehr vom Eis beruhigt wurde. Sofort befahl Shackleton, sich wieder zurückzuziehen. Da es ihnen unmöglich erschien, den nördlichen Kurs durch die offene See durchzuhalten, wandten sie sich nach Westen auf King George Island zu.

In der Abenddämmerung steuerten die Boote einen runden Eisberg mit einem Durchmesser von etwa 20 Metern an, und die Männer stellten darauf die Zelte auf. Später in der Nacht nahm der Wind zu, es fiel Schnee, und die Scholle schaukelte in starkem Wellengang. Große Stücke brachen ab und stürzten in die windgepeitschten Wellen. Shackleton, der die ganze Nacht mit der Wache, McNish, aufgeblieben war, glaubte das Lager jedoch in keiner unmittelbaren Gefahr und ließ die Männer schlafen oder wenigstens den Versuch machen, Schlaf zu finden. Hurleys Tagebuch deutet an, daß die Männer in den Zelten sich keinerlei Illusionen über die Sicherheit ihrer Lage machten.

Im Morgengrauen sahen sie sich einer hohen Dünung unter bezogenem Himmel gegenüber. Schneeböen fegten ihnen entgegen. In den schweren Seen schwappten Eisbrocken herum. Shackleton, Wild und Worsley kletterten abwechselnd auf den Gipfel ihres schaukelnden Eisbergs, um nach offenem Wasser Ausschau zu halten, während die Männer bei den Booten standen und warteten. Die Stunden vergingen, und ihre Eisscholle, die sich am losen Treibeis rieb, wurde allmählich kleiner.

»Meine Hauptsorge galt der Möglichkeit, daß die Strömung uns durch die 80 Meilen breite Lücke zwischen Clarence Island und Prince George Island [wie es damals genannt wurde] auf den offenen Atlantik hinaustreiben würde«, schrieb Shackleton. Mittags waren die Böen abgeflaut, und als eine offene Rinne auftauchte, ließen sie die Boote eilig zu Wasser. Da sie spät aufgebrochen waren, erst mit Einbruch der Dämmerung um 17 Uhr, blieben ihnen nur noch wenige Stunden. Als die Nacht hereinbrach, waren sie immer noch inmitten des Treibeises. Wieder fanden sie eine Eisscholle, die ihnen für ihr Camp geeignet erschien. Green und sein Ölkocher wurden ausgeladen. Es zeigte sich aber schnell, daß die Eisscholle kaum die ganze Nacht hindurch halten konnte, und so entschied Shackleton widerwillig, daß sie in den Booten übernachten müßten.

Mehrere ziellose Ruderstunden brachten sie in Lee einer mächtigen alten Eisscholle, wo sie die Boote für die Nacht längsseits miteinander vertäuten.

»Ständiger Regen und Schneeböen verdeckten die Sterne und durchnäßten uns«, schrieb Shackleton. »Gelegentlich sausten geisterhafte, silberweiße Schatten, Eissturmvögel, über uns hinweg, und alles, was sich um uns herum vernehmen ließ, war das Blasen der Schwertwale, ihr kurzes, scharfes Zischen, das wie das plötzliche Entweichen von Dampf klingt.« Ein Schwarm Schwertwale glitt um die Boote, ihre glänzenden schwarzen Körper umkreisten sie die ganze Nacht. Von all den Erinnerungen, die die Männer mit sich nehmen würden, blieb dies – das langsame Auftauchen der weißen Walkehlen aus dem dunklen Wasser rund um die Boote – eine der erschreckendsten und beständigsten. In den langen Monaten auf dem Eis hatten die Männer die eisbrechenden Kräfte dieser Meeresriesen ausreichend kennengelernt. Niemand wußte genau, ob sie Menschen angreifen würden. Für die Männer waren sie mit kalten Augen, die auf verwirrende Weise die Intelligenz des Säugetiers verrieten, Ungeheuer der Tiefe, geheimnisvoll und unheilverkündend. Seekrank und unfähig einzuschlafen, lagen sie in den schaukelnden, manchmal leicht von den Walen angestoßenen Booten. Es war die Nacht, die den Überlebenswillen einiger der Männer brach.

Als Shackleton im nächsten kalten Morgengrauen seine Kameraden betrachtete, notierte er schlicht, daß »die Anstrengung Spuren zu hinterlassen beginnt«. Er versprach ein heißes Frühstück, und die Männer legten sich in die Riemen, um eine geeignete Eisscholle ausfindig zu machen. Während sie ruderten, bröckelten Eisplättchen von ihren gefrorenen, bei jeder Bewegung knisternden Burberryanzügen. Um 8 Uhr landete die »Galeere« auf einer Eisscholle, um 9 Uhr waren sie wieder auf dem Weg. Um sie herum sonnten sich Hunderte von Robben in der willkommenen Sonne auf den im Morgenlicht rosa erscheinenden Eisschollen.

Seit sie Patience Camp verlassen hatten, waren sie grob auf nordwestlichem Kurs gerudert. Jetzt versuchte Worsley eine Positionsbestimmung. Er lehnte im dunstigen Sonnenschein am Mast der *Dudley Docker*, um die Sonne um 12 Uhr mittags anzupeilen. Die Männer hatten hohe Erwartungen, sie glaubten, eine große Strecke zurückgelegt zu haben.

»Eine furchtbare Enttäuschung«, notierte Worsley in seinem Tagebuch. Sie waren keine Meile vorwärtsgekommen. Statt dessen waren sie nach Südosten zurückgetrieben worden und befanden sich jetzt 30 Meilen *östlich* und elf Meilen südlich der Position von Patience Camp. Eine starke östliche Strömung unterhalb der Dünung zusammen mit der schwierigen Navigation in den labyrinthischen Rinnen mußte dies bewirkt haben.

Shackleton versuchte, die schlechte Nachricht herunterzuspielen. Er ließ nur verlauten, daß sie nicht gut vorangekommen seien. Es war 15 Uhr, und schon um 17 Uhr kam die Abenddämmerung. Die Inseln King George und Deception im Westen waren nun außer Reichweite. Elephant Island, im Norden, das ihnen nächstliegende Land, war nur außerhalb des Packeises, also durch hohe Dünung auf dem offenen Meer, erreichbar; hinter ihnen, im Südwesten, lag Hope Bay an der Spitze der Antarktischen Halbinsel, etwa 130 Meilen durch freies Wasser. Nachdem er Wild und Worsley konsultiert hatte, entschloß sich Shackleton, den Nordwestwind zu nutzen und Kurs auf Hope Bay zu nehmen.

Als die Nacht kam, waren sie inmitten kleiner Eisbrocken in kabbeliger See. Die Temperaturen sanken, und sie fanden keine Eisscholle, auf der sie ihre Zelte aufschlagen konnten. Schließlich vertäuten sie die Boote hintereinander und legten sich an die Leeseite eines großen Eisstücks.

Um 21 Uhr schlug der Wind um und brachte klaren Himmel mit einem hellen Mond. Aber jetzt wurden die Boote gegen den Eisbrocken gedrückt. Hastig wurde die Bugleine des ersten Bootes, der *James Caird*, gekappt, und die drei Boote trieben nun in einem Meer losen Treibeises durch die Nacht. Es wurde so kalt, daß sich neue kleine Eisflecken auf dem Wasser bildeten.

Eng aneinandergedrückt, versuchten die Männer, ein paar Minuten Schlaf zu finden, andere zogen es vor, zu rudern oder die Eisbrocken wegzustoßen, mit denen die Boote zu kollidieren drohten – alles, um warm zu bleiben.

»Gelegentlich kamen Schneeschauer vom klaren Himmel herab«, schrieb Shackleton. »Sie fielen still auf die See und legten eine dünne Puderschicht über unsere Kleidung und die Boote.« In der *Dudley Docker* hatte Lees das einzige verfügbare Ölzeug an sich gebracht und weigerte sich standhaft, etwas davon weiterzugeben. Wie sein Schnarchen verriet, war er der einzige, der Schlaf fand.

Als eine neblige Morgendämmerung der Nacht ein Ende setzte, entdeckten die Männer, daß die Boote innen und außen eine Eisschicht trugen. Die Temperatur war in dieser Nacht auf minus 13 Grad gefallen. Während das Eis abgeschlagen wurde, bekam jeder der Männer etwas zu essen.

»Die meisten wirkten sehr erschöpft«, schrieb Shackleton. »Die Lippen waren aufgesprungen, und die Augen und Augenlider waren rot gegen die salzverkrustete Gesichtshaut … Wir mußten ganz offensichtlich schnell an Land, und ich entschied mich, Elephant Island anzulaufen.«

Der Wind hatte wieder gedreht und wehte nun aus Südosten. Shackletons Beschluß, um jeden Preis zu versuchen, das nächstliegende Land anzusteuern, wurde von der Erkenntnis bestimmt, daß es nun um das nackte Leben der Männer ging. Es hatte keinen Sinn mehr, vorsichtig zu sein. Als die Boote vor dem Wind auf Elephant Island zuliefen, versuchte jeweils ein Mann am Bug, die schlimmsten Eisbrocken wegzustoßen. Sie folgten Rinnen in dem Eis, das sich in der Nacht gebildet hatte. Der Wind nahm zu, und bald waren die Boote wieder am Rand des Packeises. Gegen Mittag segelten sie in saphirblauem Wasser. Im Sonnenschein und vor einem günstigen Wind liefen sie ihrem Bestimmungsort schnell entgegen.

Um 16 Uhr erreichte der Wind Sturmstärke, und nun schwappten Wogen ins Boot und durchnäßten die Männer. Die *Stancomb Wills*, deren Bordwände nicht von McNish erhöht worden waren, litt am meisten. Shackleton in der *James Caird* ließ zusätzliche Rationen verteilen, weil er spürte, daß er irgend etwas für die Moral der Männer tun mußte. Aber viele waren seekrank und hatten nichts von dieser Großzügigkeit. Da sie überdies ungekochtes Hundefutter heruntergeschlungen hatten, litten einige unter Durchfall und mußten sich über die Bordwand hinweg erleichtern, was ein schwieriger Balanceakt war.

Shackletons Befehl, daß die Boote in Rufweite bleiben sollten, war fast undurchführbar. Die *Stancomb Wills* war immer wieder vollgeschlagen, ihre Besatzung stand knietief im Wasser, und Holness, einer der Fischer, der früher seinem Beruf im eiskalten Wasser des Nordatlantik nachgegangen war, schlug die Hände vors Gesicht und weinte vor lauter Angst und Elend. Worsley, der sein Boot neben die *James Caird* legte, schlug Shackleton vor, die Nacht hindurch weiterzufahren, aber Shackleton, wie immer in Sorge, einen Teil seiner Gruppe aus den Augen zu verlieren, und auch aus Angst, in der Dunkelheit über die Insel hinauszuschießen, befahl beizudrehen. Es war eine schwere Entscheidung.

»Ich hatte Zweifel, daß alle Männer diese Nacht überleben würden«, stellte er einfach fest. Zu allem anderen hatten sie nun kein Trinkwasser mehr. Gewöhnlich wurde bei jedem Aufbruch Eis an Bord genommen, aber das hastige Manöver weg von dem Eisbrocken in der vorangegangenen Nacht hatte dies vereitelt. Von der Salzgischt, die ihnen fortgesetzt ins Gesicht wehte, gequält, waren die Münder der Männer ausgetrocknet, und die Lippen bluteten. Rohes Seehundfleisch war das einzige Hilfsmittel.

Treibanker aus Leinwand und zusammengebundenen Riemen wurden ausgebracht, und so begann die dritte Nacht in den Booten. All diese Tage und die langen furchtbaren Stunden der Nacht hindurch hatten die Rudergänger – Wild und McNish, Hudson und Crean, Worsley und Greenstreet – unerschütterlich an ihrem Platz gestanden, während Wellen über sie hinweggingen, ihre Kleidung steif fror und der Wind und die Gischt in ihre müde Gesichtshaut stachen.

Um 4 Uhr morgens ließ der Sturm nach, und die schlaflosen Männer sahen einen herrlichen malvenfarbenen Sonnenaufgang am östlichen Horizont. Und nur 30 Meilen voraus lag Clarence Island, deren schneebedeckter Gipfel in der Dämmerung schimmerte. Später, bei vollem Tageslicht, tauchte Elephant Island auf, genau auf der Position, die Worsley berechnet hatte. »Und das bei zwei Tagen bloßer Deckspeilung, während wir einen unberechenbaren Kurs durch das Packeis verfolgten, und nach zwei Nächten, in denen wir, Wind und Wellen ausgeliefert, dahintrieben!« schrieb Shackleton. Elephant Island war die zugänglichere der beiden Inseln, außerdem lag sie nach Luv zu, so daß sie Clarence Island immer noch anlaufen konnten, wenn eine Landung auf Elephant Island nicht möglich war.

Die Nacht aber hatte ihnen einen hohen Preis abverlangt.

»Mindestens die Hälfte der Gruppe war nicht mehr bei Sinnen«, schrieb Wild. »Zum Glück nicht gewalttätig, nur hilflos und apathisch.« Die *Stancomb Wills* legte sich neben die *Caird*, um zu berichten, daß Hudson nach 72 Stunden am Ruder zusammengebrochen war, und Blackborow rief herüber, daß »etwas mit seinen Füßen« nicht stimmte. Der anhaltende Kontakt mit Salzwasser hatte vielen Männern schmerzliche Ausschläge eingetragen, die Haut war aufgeschürft und die Münder ausgetrocknet. Als der Wind sich ganz legte, griffen sie zu den Riemen – angesichts der Blasen an den Händen eine schmerzhafte Arbeit. Um 15 Uhr waren die Boote nur noch zehn Meilen vom Land entfernt, die Gletscher und schneebedeckten Berge von Elephant Island waren nun deutlich sichtbar. An diesem Punkt machte sich ein starker Tidenstrom bemerkbar, der die Boote vom Land fernhielt. Eine Stunde angestrengten Ruderns brachte nicht mehr als eine Meile.

Um 17 Uhr verdunkelte sich der Himmel im Nordwesten, und kurz darauf brach ein Sturm los. Sie würden nicht landen können, eine weitere Nacht in den wild hin- und hergeworfenen Booten stand ihnen bevor.

»Harte Böen mit Schnee und tückische, kabbelige Seen – für unsere kleinen überladenen Boote viel gefährlicher als die regelmäßige ›richtige‹ Meeresdünung, die man ausreiten konnte – bombardierten uns die ganze Nacht von allen Seiten«, schrieb Worsley. »Die Boote beruhigten sich nie, und das Steuern war eine Kunst geworden.«

Jetzt mußte in allen drei Booten ständig geschöpft werden; in der *Stancomb Wills* waren vier der acht Männer völlig ausgefallen: McIlroy, How und Bakewell pützten die ganz Nacht hindurch um ihr Leben und das ihrer Kameraden, während Crean am Ruder stand. Auf der *James Caird* löste McNish Wild am Ruder ab, schlief aber vor Erschöpfung kurz ein. Der unerschütterliche Wild übernahm das Ruder wieder. »Seine stahlblauen Augen«, schrieb Shackleton stolz, »blickten dem kommenden Tag entgegen.« In der *Docker* hörte Cheetham gegen Mitternacht den Kielbalken des Bootes knacken und befahl, die mitgeführten Vorräte umzuschichten. Unter einer Zeltleinwand gelang es Greenstreet, ein Streichholz zu entzünden, damit Worsley einen Blick auf seinen Kompaß werfen konnte. Später fiel einem der Männer auf, daß Worsleys Kopf immer wieder auf die Brust sank. Als man ihn schließlich überredete, das Ruder an Greenstreet zu übergeben, war er so steif, daß er sich nicht mehr gerade aufrichten konnte, und man mußte ihn massieren, bevor er sich ausgestreckt niederlegen konnte.

»Es war«, schrieb Shackleton, »eine unerbittliche Nacht.« Die *James Caird* hatte die angeschlagene *Stancomb Wills* ins Schlepptau genommen, trotzdem verlor Shackleton sie manchmal aus den Augen, wenn sie in einem tiefen Wellental der Dünung verschwand, bis sie wieder aus dem schwarzen Wasser auftauchte, vom Kamm einer Woge gehoben. Die *Stancomb Wills*, das schwächste der Boote, konnte diese Stunden nur überstehen, wenn sie mit der *Caird* verbunden blieb, und Shackleton stand die ganze Nacht am Heck der *Caird*, die Hand auf der Verbindungsleine, die schwer von Eis wurde. Er muß der völligen Erschöpfung nahe gewesen sein.

»Praktisch seit dem Beginn der Fahrt hatte Sir Ernest aufgerichtet im Heck der *Caird* gestanden«, schrieb Lees. »Wie er diese ununterbrochene Wache in der Kälte aushielt, ist ein Rätsel.« Seit sie von Patience Camp aufgebrochen waren, hatte Shackleton nicht mehr geschlafen.

Eine plötzliche schwere Schneebö nahm den Männern die Sicht, und als es wieder aufklarte, war die *Dudley Docker* verschwunden. Die Dunkelheit und die hochgehende Dünung hatten sie verschluckt. Dies war für Shackleton der vielleicht furchtbarste Moment der ganzen Fahrt.

Als endlich die Dämmerung kam, hing ein so dichter Nebel über dem Wasser, daß die Männer der *Caird* und der *Wills* sich schon direkt unter der Steilküste von Elephant Island befanden, ehe sie sie entdeckten. Sie folgten der steil abfallenden Küste, bis sie um 9 Uhr einen schmalen Strand an der Nordwestspitze der Insel hinter einer Kette von brandungsumtosten Felsen ausmachten.

»Ich entschied, daß wir uns den Gefahren dieses schwierigen Landungsplatzes aussetzen mußten«, schrieb Shackleton. »Zwei Tage und Nächte ohne Wasser oder warme Nahrung hatten den meisten Männern schwer zugesetzt.« Seine Kehle und Zunge waren so geschwollen, daß er nur noch heiser flüstern konnte, und seine Befehle wurden von Wild oder Hurley weitergegeben. Shackleton kletterte auf die *Wills* hinüber, um sie zuerst durch die Brandung zu bringen, und während er dabei war, dies zu tun, kam die *Dudley Docker* in Sicht.

»Mir fiel ein großer Stein vom Herzen«, schrieb Shackleton.

Die *Wills* wurde genau vor einer Öffnung im Riff in Position gebracht, und dann schoß sie mit einer Woge hindurch und auf den steinigen Strand dahinter. Shackleton sagte, daß Blackborow als jüngstes Mitglied der Expedition die Ehre haben sollte, als erster Land zu betreten; aber Blackborow blieb regungslos sitzen.

»Um eine weitere Verzögerung zu vermeiden, half ich ihm, vielleicht ein bißchen zu rauh, über die Bordwand«, schrieb Shackleton. »Er setzte sich sofort in der Brandung nieder und bewegte sich nicht. Dann begriff ich plötzlich, was ich vergessen hatte, nämlich daß er an beiden Füßen schwere Erfrierungen hatte.«

Auf die *Wills* folgte die *Docker*, und dann wurde die *Caird*, die zu schwer war, um auf diese Weise durch die Brandung zu kommen, umständlich entladen, durch die Felsen gesteuert und neben die beiden anderen Boote an den Strand gelegt.

Die Männer taumelten an Land. Mit seiner Taschenkodak in der Hand versuchte Hurley, die Landung der Boote und das erste warme Essen auf Elephant Island festzuhalten.

»Einige der Männer stolperten auf dem Strand herum, als hätten sie einen unbegrenzten Vorrat von Alkohol auf dem verlassenen Eiland gefunden«, schrieb Shackleton. Sein amüsierter, väterlicher Ton beschwört eine fast komische Szene der Anpassung an das Leben an Land herauf, aber die Tagebücher der anderen Männer sprechen dunkler von dem Tribut der Fahrt.

»Viele der Männer waren zeitweise völlig verwirrt«, berichtete Hurley. »Sie wanderten ziellos herum, andere zitterten wie von Schüttellähmung gepackt.« – »Hudson«, stellte McNish mit typischer Direktheit fest, »ist verrückt geworden.«

Einige stopften sich Steine in die Taschen, andere wälzten sich auf dem Kieselstrand, vergruben das Gesicht in den Steinen oder streuten sich Kies über den Kopf.

»Von der Mannschaft der *Wills* waren nur zwei in der Lage, irgend etwas zu tun«, hielt

AUF ELEPHANT ISLAND
Die *James Caird*, *Dudley Docker* und *Stancomb Wills* sicher bei Kap Valentine an Land gezogen. Die Männer ziehen die *James Caird* weiter hinauf. Zwei Gestalten, eine in größerer Entfernung, sitzen links von den Booten. Eine von ihnen ist wahrscheinlich Blackborow, der unter Erfrierungen litt. Oberhalb der Boote liegen entladene Vorratskisten am Strand.

AUF ELEPHANT ISLAND; DAS ERSTE WARME GETRÄNK NACH DREIEINHALB TAGEN.
Von links nach rechts: Lees, Wordie, Clark, Rickinson (der später einen Herzanfall erleiden sollte), How, Shackleton, Bakewell, Kerr und Wild.

Wordie fest. »Einige waren darüber hinaus halbverrückt: einer holte sich eine Axt und hörte nicht auf, bis er etwa zehn Seehunde erschlagen hatte ... Niemand in der *Caird* hatte so gelitten.«

Sie hatten sieben furchtbare Tage in offenen Booten auf dem Südatlantik am Beginn des antarktischen Winters hinter sich; 170 Tage waren sie bei unzulänglichem Essen und mit dürftigen Unterkünften auf einer Eisscholle dahingetrieben; und seit dem 5. Dezember 1914 – seit 497 Tagen – hatten sie den Fuß nicht mehr an Land gesetzt.

Nach einer Mahlzeit von Seehundsteaks legten die Männer ihre Schlafsäcke auf der Erde aus und versuchten zu schlafen.

»Ich schlief nicht viel«, erinnerte sich Bakewell, »ich lag nur in meinem feuchten Schlafsack da und entspannte mich. Es war nicht einfach für mich zu begreifen, daß ich wieder auf guter fester Erde lag. Ich stand mehrmals in der Nacht auf und trat zu den anderen, denen es so erging wie mir – einfach zu glücklich, um zu schlafen. Wir sammelten uns um das Feuer, aßen und tranken ein wenig, rauchten und redeten über unser Abenteuer.«

Wie sie bald feststellen sollten, waren sie an einem ungewöhnlich schönen Tag gelandet. Elephant Island war ihre Rettung, aber es war schwer, sich einen ungastlicheren Ort vorzustellen. Der schmale Kieselstrand bot wenig Schutz gegen die See, und am Morgen nach der Landung fuhr Wild mit Marston, Crean, Vincent und McCarthy in der *Dudley Docker* wieder hinaus, um die Küste nach einem besseren Lagerplatz abzusuchen. Sie kehrten am Abend zurück und berichteten, daß es sieben Meilen die Nordküste hinunter einen besseren Ort gab. Im Morgengrauen des 17. belud man die Boote, ließ aber viele Kisten mit Schlittenrationen gegen die Felsen gestapelt zurück. Niemand hatte die Kraft, sie in die Boote zu bringen, und zumindest stellten sie eine Reserve dar, falls eine zweite Bootsfahrt notwendig werden sollte. Als sie gerade abgestoßen hatten, kam ein Sturm auf, der die Boote auf die See hinaus zu blasen drohte.

ELEPHANT ISLAND
Kap Valentine wurde wahrscheinlich so genannt, weil die Seehundjäger, die im frühen 19. Jahrhundert die South Shetlands zuerst erforschten, am Valentinstag hier durchkamen. »Die Landschaft gehört zum großartigsten, was ich je gesehen habe. Berge, die ihre gezackten Kämme vierhundert Meter in den Himmel recken, wechseln mit Gletschern, die in Kaskaden zur See herunterzuströmen scheinen. Hier unten haben sie glatte Wände blauen Eises, die bis zu sechzig Meter hoch sind.« (Hurley, Tagebuch)

»Wir umschifften einen Felsen, den wir den Burgfelsen nannten, und erreichten schließlich unser Ziel«, schrieb Wordie, »noch erschöpfter, glaube ich, als nach unserer vorherigen Bootsreise.«

Das neue Camp befand sich an einem etwas breiteren Strand, aber einladend war es hier auch nicht.

»Eine so wilde & ungastliche Küste habe ich noch nie gesehen«, schrieb Hurley nach ihrer Landung und beschwor »das gewaltige Vorgebirge, schwarz & drohend, das sich vierhundert Meter aus einer kochenden Brandung über unsere Köpfe erhob & so steil war, daß es überzuhängen schien.« Andererseits gab es hier viele Tiere, Seehunde und Pinguine und sogar Napfschnecken im flachen Wasser, allerdings keine Spur von den See-Elefanten, die der Insel den Namen gegeben hatten.

Viele der Männer waren immer noch völlig entkräftet. Die besorgniserregendsten Fälle waren Blackborow mit schweren Erfrierungen, Hudson mit Frostbeulen und einem unerklärlichen Schmerz im unteren Rücken und Rickinson, der glaubte, einen Herzanfall gehabt zu haben. Die anderen auf der Krankenliste waren einfach »zusammengebrochen«.

Nach einigen Mahlzeiten aus Seehundsteak und heißer Milch stellten die Männer ihre zerschlissenen Zelte so hoch wie möglich über dem höchsten Tidenstand an ihrem neuen Lagerplatz auf und zogen sich in ihre nassen Schlafsäcke zurück. Aber in der Nacht kam ein Schneesturm auf, der das größte der Zelte zerriß und die anderen umstürzen ließ. Einige Männer kletterten in die Boote; andere blieben einfach unter den zusammengefallenen Zelten liegen, mit den kalten nassen Leinenbahnen über den Gesichtern. Der Wind war stark genug, die an Land gezogene *Dudley Docker* umzukippen – »und sie ist ein schweres Boot«, wie Lees notierte. Wertvolles Material ging in diesem unerwarteten Sturm verloren, einschließlich Aluminium-Pfannen und einem Sack mit warmer Ersatzwäsche – unauffindbar verweht.

Am 19., der Schneesturm wütete immer noch, wurden die Männer von Shackleton geweckt, der ihnen Frühstück brachte.

»Der Boss ist wundervoll«, schrieb Wordie, »er heitert alle auf und ist bei weitem aktiver als jeder andere im Lager.« Wenigstens gab es jetzt reichlich zu essen, und die Männer verspeisten gewaltige Mengen Tran und Seehundsteaks. Hurley, Clark und Greenstreet waren jetzt die Köche, da Green einer der Männer auf der »Krankenliste« war.

Ohne jeden Schutz, waren die Schlafsäcke bald durchgeweicht. Die Körperwärme der Männer schmolz nicht nur den Schnee unter ihnen, sondern auch den gefrorenen, stinkenden Guano der Pinguin-Brutkolonie, auf der sie lagen.

Monatelang hatten die Männer von Land geträumt und lange Tage und Nächte in den Booten gekämpft, um es zu erreichen. Aber nun dämmerte ihnen die harte Wahrheit, daß die Bedingungen, die sie auf dieser Insel bislang angetroffen hatten, keine schreckliche Abweichung noch einen Einbruch besonders schlechten Wetters darstellten; so, wie es jetzt war, würde es sein, solange sie auf Elephant Island blieben. Am 19. April gab es eine stille Rebellion der Seeleute.

»Manche Männer zeigten eine nachlassende Moral«, bemerkte Shackleton. Sie hatten ihre Handschuhe und Mützen während der Nacht nicht in ihre Hemden gesteckt, mit dem Ergebnis, daß diese Kleidungsstücke am Morgen starr gefroren waren – womit sie, wie Shackleton feststellte, »die sprichwörtliche Nachlässigkeit des Seemannes« unter Beweis stellten. Sie nutzten dieses Versehen als Entschuldigung, um nicht arbeiten zu müssen.

ELEPHANT ISLAND
Am 17. April gingen die Männer wieder in See und fuhren zu einer Landzunge, die Frank Wild entdeckt hatte. Sie war ungefähr sieben Meilen entfernt. Man taufte sie »Cape Wild« – wegen ihres Entdeckers, aber auch aufgrund des Wetters. Ein Schneesturm wütete volle fünf Tage, nachdem die Expedition gelandet war.

»Sie konnten nur mit ziemlich drastischen Methoden dazu gebracht werden, einzulenken«, schrieb Shackleton. Was war geschehen? Wie im Patience Camp deuten die Tagebücher nur an, was da abgelaufen sein muß.

»Einige der Mannschaft … waren mutlos geworden«, schrieb Wild, »sie waren in einer Art ›Was soll das alles?‹-Stimmung & mußten auf nicht gerade sanfte Art an die Arbeit getrieben werden.« Wordie sagt fast beiläufig, daß »die Männer aus ihren Schlafsäcken gezogen und an die Arbeit gebracht wurden.« Hurleys Tagebucheintrag an diesem Tag ist klarer:

> Jetzt, da die Gruppe sich in einem festen Camp eingerichtet hat, halte ich mir noch einmal das Verhalten vieler bei unserem Entkommen vom Eis vor Augen … Es ist bedauerlich festzustellen, daß viele sich in einer Weise aufführten, die Gen-

ELEPHANT ISLAND
»Eine so wilde & ungastliche Küste habe ich noch nie gesehen. Dennoch haben dieses wilden Klippen mit dem treibenden Schnee & den alles einhüllenden Wolken auch etwas tief Grandioses. Ich dachte an jene Gedichtzeilen von Service: ›Ein Land von wilder Größe / das jedes Mannes Wert ermißt.‹« (Hurley, Tagebuch)

tlemen & britischen Seeleuten unwürdig ist … Von einem guten Teil der Mannschaft bin ich überzeugt, daß sie verhungern oder erfrieren würden, überließe man sie auf dieser Insel sich selbst, denn sie haben so wenig Achtung vor ihrer Ausrüstung, daß sie sie von Schnee verschütten oder vom Wind davontragen lassen. Diejenigen, die sich vor ihren Pflichten drücken oder keinen Sinn für das Praktische haben, sollten nicht in solchen Gegenden sein. Dies sind harsche Orte, die jedem Menschen alle Kräfte abfordern & an dem jeder sich der Gruppe unterordnen muß, damit sie zu einer wirkungsvollen & nützlichen Einheit wird.

Es war vielleicht kein Zufall, daß Shackleton den folgenden Tag, den 20. April, wählte, um seine Mannschaft zu versammeln und eine folgenschwere Ankündigung zu machen: Unter seinem Kommando würde ein Teil der Männer in Kürze auf der *James Caird* in See stechen, um die Walfangstationen von South Georgia zu erreichen. Die enormen Schwierigkeiten dieser Fahrt mußten den Männern, die gerade erst auf Elephant Island angekommen waren, nicht erklärt werden. Die Insel South Georgia war mehr als 800 Meilen entfernt – zehnmal die Entfernung, die sie gerade zurückgelegt hatten. Um sie zu erreichen, mußte ein Sieben-Meter-Boot den gefährlichsten Ozean des Planeten im Winter überqueren. Man konnte Winde bis zu 80 Meilen in der Stunde erwarten, und riesige Wellen – die berüchtigten Kap Horn *Roller* –, die bis zu 20 Meter Höhe erreichten. Sie mußten ohne irgendwelche Orientierungspunkte eine kleine Insel finden, nur mit Hilfe eines Sextanten und eines Chronometers – unter einem Himmel, der möglicherweise ständig bedeckt sein würde, so daß sie nicht nach den Sternen steuern konnten. Die Aufgabe war nicht bloß erschreckend; sie war, wie jeder Seemann in der Mannschaft wußte, unmöglich.

»Eine Gruppe von sechs Männern fährt in der *Caird* nach Georgia«, schrieb McNish. »Die Gruppe besteht aus

Sir Ernest
Skipper
Crean
McNish
McCarthy
Vincent.«

Der Stolz, in welchem diese knappe Eintragung gemacht wurde, ist spürbar. Nachdem er seine Pläne verkündet hatte, hatte Shackleton McNish zu sich gerufen, um die *Caird* zu inspizieren, und fragte ihn, ob er sie noch seetüchtiger machen könne.

»Erst erkundigte er sich, ob er mit mir fahren sollte«, berichtete Shackleton, »und schien sehr zufrieden, als ich ›Ja‹ sagte.« Es gibt keinen Hinweis darauf, daß irgendeiner der auserwählten Männer der Aussicht auf diese neue Feuerprobe anders als mit Entschlossenheit und Befriedigung begegnete. Crean hatte tatsächlich darum gebeten, mitzufahren, obwohl Wild ihn gerne bei sich behalten wollte. Es ist wahr, daß Shackleton – wie Lees ihm eindringlich riet – den Winter hätte abwarten können, um dann zu versuchen, den Weg, den sie gekommen waren, bis zu den Walfanggewässern um Deception Island zurückzusegeln; aber diese Option bedeutete eine Verzögerung um viele Monate. Er war auf einem Kurs, von dem es, wie es jetzt schien, keine Umkehr gab.

»Es war einfach nicht Shackletons Art, still zu sitzen und nichts zu tun«, schrieb Macklin. »Wir hatten alles das schon in Patience Camp.« Außerdem mochte der Boss, die Seeleute immer im Blick, sich ausgerechnet haben, daß eine weitere lange, demoralisierende Warteperiode nicht durchführbar sein würde; psychologisch war es

ELEPHANT ISLAND
Am 20. April erklärte Shackleton seinen Männern, daß er versuchen wollte, die 7,50 m lange *James Caird* nach South Georgia zu segeln, eine Entfernung von 800 Meilen. McNish ging sofort an die Arbeit, um das Boot für die Fahrt herzurichten. Am 21. April schrieb er in sein Tagebuch: »Alle Männer sind damit beschäftigt, Pinguine zu häuten & einzulagern. 2 Mann nähen Leinwand für das Deck. Marston, McLeod & ich arbeiten an der *Caird* ...« Das Negativ dieser Aufnahme ist retuschiert worden, aber anscheinend nur, um Details besser herauszuholen, nicht um etwas zu ändern.

»DER SKIPPER«
LIEUT. F. A. WORSLEY
RNR
Shackleton suchte die Mannschaft für die entscheidende Fahrt im offenen Boot sehr sorgfältig aus. Worsley hatte seine Fähigkeiten als Nautiker bereits bewiesen, indem er die drei Boote sicher nach Elephant Island gebracht hatte. Er hatte mehrere Jahre für die New Zealand Government Steamer Service im Pazifik gedient, wo er sich besondere Fähigkeiten in der Nautik angeeignet hatte.

TOM CREAN
Wild wollte, daß Crean bei ihm auf Elephant Island blieb, Shackleton wollte ihn auf der *Caird*. Alle wußten, daß dieser harte Seemann, der aufgrund seiner Tapferkeit bei Scotts letzter Expedition mit der Albert-Medaille ausgezeichnet worden war, Hervorragendes leistete, wo immer er eingesetzt wurde.

besser, seinen Männern Hoffnung zu geben, auch wenn er dafür ein hohes Risiko in Kauf nahm.

Die Besatzung der *James Caird* war sorgfältig ausgewählt worden. Worsley hatte sich als hervorragender Navigator erwiesen. McNish würde sowohl als Schiffszimmermann als auch als Seemann nützlich sein – abgesehen von seinem Aufstand auf dem Eis, gehörte er mit Crean, Vincent und McCarthy (auch Marston und Hurley), zu der Handvoll Männer, deren Einsatz während der Bootsfahrt von Shackleton lobend hervorgehoben worden war. Außerdem wollte Shackleton die potentiellen Unruhestifter – McNish und Vincent – lieber bei sich haben. Mit Crean, so wußte Shackleton, hatte er schließlich einen Mann, der durchhalten würde bis zum bitteren Ende.

Obgleich das Wetter immer noch schlecht war, machten sich alle arbeitsfähigen Männer daran, das Boot für seine große Fahrt herzurichten. Die ganzen nächsten Tage, ob der Wind tobte oder Schnee fiel, saß McNish an der Arbeit, flickte ein Loch, das das Eis über der Wasserlinie in den Schiffsbug gestoßen hatte, und baute ein behelfsmäßiges Deck. Das verfügbare Holz, ausgeschlachtet aus dem Freibord der *Dudley Docker* und aus anderen Ecken und Nischen, war weniger, als benötigt wurde; anstelle eines ganzen Decks baute er einen Rahmen, der mit dem Rest Leinwand abgedeckt wurde.

»Cheetham und McCarthy waren damit beschäftigt, die Leinwand für die Abdekkung auszubreiten & und sie hatten ganz schön zu tun, da sie steifgefroren war«, schrieb McNish. Die Leinwand wurde Stück für Stück über dem Ölkocher aufgetaut, so daß man die Nadeln mit einer Kneifzange durch das schwere Material hindurchstoßen und ziehen konnte. Dichter, nasser Schnee fiel all die Tage, die sie arbeiteten, und ausgerechnet von Wild hörte man die Aussage, daß »einige der Mannschaft zweifellos zugrunde gehen würden«, wenn das schlechte Wetter noch länger andauerte.

Am 22. beendete McNish seine Aufgabe. Er hatte mit wenigen Werkzeugen und frosterstarrten Händen gearbeitet. Der Schneesturm legte sich schließlich, wenngleich immer noch dichter Schnee fiel, als sich alle arbeitsfähigen Männer versammelten, um sein meisterhaftes Handwerk zu betrachten.

»Der Zimmermann war mit den begrenzten Mitteln wunderbar ausgekommen«, schrieb Lees. »Der Rumpf ist dadurch verstärkt worden, daß man den Mast der *Dudley Docker* innen an ihrem Kiel entlang festgebunden hat.« Die *Caird* trug zwei Masten: einen Hauptmast, der mit einem Gaffelsegel und einer Fock aufgetakelt war, und einen Besanmast, der auch ein Gaffelsegel trug.

Das üble Wetter hielt über die nächsten zwei Tage an, aber am 24. mäßigte es sich, so daß Shackleton beschloß, die *Caird* zu Wasser zu bringen. Da das Boot keinen schweren Kiel hatte, wurde es mit 1 500 Pfund kiesgefüllter Säcke, die aus Laken gefertigt waren, belastet, und zusätzlichen 500 Pfund Steinen. Worsley hielt den Ballast für übertrieben und war besorgt, das Boot würde zu tief liegen und Wasser übernehmen – seine Freiborde maßen nur etwas über einen halben Meter; Shackleton fürchtete eher, daß ein zu leichtes Boot in schwerer See kentern könnte. Die *Caird* hatte vier Riemen und eine Pumpe, die Hurley damals im Ocean Camp aus dem Kompaßgehäuse der *Endurance* gemacht hatte. Zusätzlich wurden Säcke voll Tranöl mitgenommen, um im Notfall die Wellen um das Boot beruhigen zu können.

DER BOOTSMANN DER ›ENDURANCE‹ FLICKT EIN NETZ, 1915
John Vincent war physisch wahrscheinlich der stärkste Mann auf der *Endurance*. Seine rücksichtslose Art hatte für Reibungen gesorgt, aber auf der Bootsfahrt nach Elephant Island hatte er seine Ausdauer und Härte bewiesen. Shackleton wollte ihn aufgrund dieser Fähigkeiten an Bord der *Caird* haben – aber auch, damit er auf Elephant Island keinen Ärger machen konnte.

Zwei Fässer Wasser aus geschmolzenem Eis wurden zusammen mit anderen Vorräten verstaut. Laut Hurley nahmen sie mit:

30 Schachteln Streichhölzer
40 Liter Petroleum
1 Dose Spiritus
10 Kisten Fackeln
1 Kiste Blaulichter
2 Primusöfen & Ersatzteile & Dochte
1 kompletter Kocher
6 Schlafsäcke
Ersatzkleidung (Kleider, Socken etc.)

Nahrungsmittel:
3 Kisten Schlittenrationen = 300 Rationen
2 Kisten Nußpaste = 200 Rationen

2 Kisten Zwieback, 300 je Kiste
1 Kasten Zucker
30 Pakete Milchpulver
1 Dose Bovril-Würfel
1 Dose Cerebos-Salz

Instrumente:
Sextant, Ferngläser, Kompaß, Kerzen, Treibanker, Seekarten. Angelschnur & Haken, Zwirn & Nadel, Speck als Köder, Enterhaken, Aneroidbarometer.

Shackleton nahm außerdem seine doppelläufige Schrotflinte und einige Patronen mit, sowie zwei Äxte. McNish packte etwas von seinem verbliebenen Werkzeug ein, darunter sein Zimmermannsbeil.

Die Nahrungsmittelvorräte waren auf vier Wochen berechnet.

»Denn wenn wir South Georgia bis dahin nicht erreicht hatten«, schrieb Shackleton, »waren wir sicherlich untergegangen.« Die Seekarten waren diejenigen, die Worsley aus den Büchern der Schiffsbibliothek der *Endurance* herausgerissen hatte, bevor sie aufgegeben worden war.

Sollte Shackletons Fahrt scheitern, hatte Wild den Befehl, im Frühling in den verbleibenden Booten Kurs auf Deception Island zu nehmen. In der Zwischenzeit hatte er die alleinige Befehlsgewalt über die zurückbleibenden Männer. Auch er hatte darum gebeten, mit auf die Fahrt zu gehen, aber es gab keine andere Person – nicht auf Elephant Island noch sonst irgendwo –, der Shackleton so uneingeschränkt vertraute. Die beiden Männer redeten bis tief in die Nacht, Shackleton, der die allerletzten Anweisungen traf, und Wild, der unerschütterlich seine stille Zustimmung gab.

Die *Caird* wurde durch die Brandung gebracht, wo sie vor Anker ging, bis die Ladung

DIE ›CAIRD‹ WIRD ZU WASSER GEBRACHT
Die Abdeckung der *Caird* wurde am Morgen des 24. April zu Ende gebracht, und da das Wetter gut war, beschloß Shackleton, so schnell wie möglich in See zu stechen. Hier sammeln sich die Männer um das Boot, um es ins Wasser zu schieben.

DIE ›CAIRD‹ WIRD ZU WASSER GEBRACHT
»Montag, 24. April. Es war ein schöner Morgen & ich begann bei Tagesanbruch & war um 10:00 fertig. Dann wurden die Männer zusammengerufen & wir schoben das Boot ins Wasser.« (McNish, Tagebuch)

mit der *Stancomb Wills* herausgeschafft wurde. Die Männer verabschiedeten sich mit Frotzeleien und derben Witzen voneinander.

»Viele waren sehr besorgt, daß … mein Benehmen, wenn wir die Zivilisation erreichten, nicht mehr angemessen sein würde«, schrieb Worsley. »Was Crean anging, so sagten sie Dinge, die ihn erröten lassen sollten; aber etwas, das Crean die Schamröte ins Gesicht treiben würde, ließe eher einen Metzgerhund seinen Knochen vergessen.« Worsley nutzte das seltene Sonnenlicht und den klaren Horizont seines letzten Morgens an Land, um den Chronometer einzustellen.

Die Dünung war hoch, so daß Marston, Greenstreet, Kerr und Wild, die die Vorräte durch die Brandung trugen, bis zu den Hüften naß wurden. Ein früher Unfall hätte das

DIE ›CAIRD‹ WIRD ZU WASSER GEBRACHT
»Als wir sie vom Strand schoben, kam eine harte Dünung auf & da wir sie nicht zurückziehen konnten, kenterte sie fast. Ich & Vincent gingen über Bord.« (McNish, Tagebuch)

DIE ›CAIRD‹ WIRD ZU WASSER GEBRACHT
»Es war schwierig, sie von den Felsen & Riffen fernzuhalten, die es an dieser tückischen Küste im Überfluß gab.« (Hurley, Tagebuch)
Die *Caird* hatte zwei Masten. Es gibt keine Fotos oder Beschreibungen ihrer Besegelung, aber wahrscheinlich wurde sie als einfacher Gaffelsegler gefahren.

ganze Unternehmen beinahe beendet: Während ihre Besatzung auf ihr stehend den Proviant einlud, rollte die *Caird* plötzlich so heftig, daß sie beinahe kenterte und McNish und Vincent ins Wasser geworfen wurden. Freiwillige boten an, ihre trockenen Kleider mit ihnen zu tauschen. Da nur seine Hose naß war, lehnte McNish ab; Vincent war völlig durchnäßt, und er tauschte die Hose mit How, weigerte sich aber, Pullover und Hemd auszuziehen.

»Seine Weigerung … rief einige unfreundliche Bemerkungen hervor, was denn den Grund anging«, schrieb Lees, »und es wurde offen behauptet, daß er eine ganze Menge Sachen, die anderen gehörten, an seinem Körper versteckt habe.« Shackleton bedauerte das ganze Mißgeschick zutiefst, da er wußte, daß es von den zurückbleibenden Männern als schlechtes Vorzeichen gedeutet werden würde.

Ein Streifen Eis an der Nordküste hatte sich in den letzten Tagen ständig nach Osten erweitert. Aus Angst, daß bald die ganze Insel von einem Eisgürtel umschlossen sein würde, hatte es Shackleton eilig, in See zu stechen. Nachdem er eine letzte Zigarette mit Wild geraucht und seinen Männern die Hände geschüttelt hatte, ging er an Bord der *Stancomb Wills*, die ihn zu der wartenden *Caird* übersetzte; um 12:30 Uhr begann die große Fahrt, ohne Zeremonie oder Ansprachen.

»Wir verabschiedeten uns von unseren Gefährten«, schrieb McNish, »& setzten Segel.« Als die *Caird* die Bugleine der *Wills* loswarf, brüllten die Männer am Strand drei begeisterte Hurras.

Oben am Strand stehend, fing Hurley den Augenblick der Abfahrt mit seiner kleinen Taschenkamera ein – die winkenden Mützen, die erhobenen Arme, das tapfere Lebewohl. Bevor Shackleton abgefahren war, hatte er, immer auch an die Finanzen denkend, Hurley schriftliche Instruktionen gegeben, in Übereinstimmung mit den vor Expeditionsbeginn unterzeichneten Verträgen, »alle Filme & photographischen Reproduktionen« zu verwerten.

DAS BELADEN DER ›CAIRD‹
Etwa 1000 Kilo Kies und Steine wurden in der *Stancomb Wills* zur *Caird* hinausgefahren, um als Ballast zu dienen. Hier reichen die Männer Säcke mit Kies weiter. Der Bug der *Stancomb Wills* ist vor ihnen zu erkennen, während die *James Caird* weiter draußen vor Anker liegt.

Shackleton hinterließ Frank Wild einen kryptischen letzten Brief:

23. April 1916, Elephant Island

Geschätzter Herr,
in dem Falle, daß ich die Überfahrt nach South Georgia nicht überleben sollte, werden Sie Ihr Bestes geben, die Mannschaft zu retten. Von dem Augenblick, in dem das Boot diese Insel verläßt, haben Sie die volle Befehlsgewalt, und alle Männer sind Ihrem Kommando unterstellt. Bei Ihrer Rückkehr nach England setzen Sie sich mit dem Komitee in Verbindung. Ich möchte, daß Sie, Lees & Hurley das Buch schreiben. Vertreten Sie meine Interessen. In einem weiteren Brief werden Sie die vereinbarten Bedingungen für Vorträge finden, die Sie in England, Großbritannien & auf dem Kontinent halten werden. Hurley in den U.S.A. Ich habe und hatte immer unbedingtes Vertrauen zu Ihnen. Möge Gott Ihr Werk und Ihr Leben fördern. Sie dürfen meiner Familie meine Liebe überbringen und ihr sagen, daß ich mein Bestes gegeben habe.

Ihr ergebener
E. H. Shackleton

»Die Männer am Strand bildeten eine bemitleidenswerte Gruppe«, schrieb Worsley. »So lange sie glaubten, daß wir sie sehen konnten, gaben sie sich einen wundervollen Anschein von Optimismus und herzhaftem Mut.«

Als die *Caird* fort war, kehrten die Männer in ihr einsames Lager auf dem windgepeitschten Strand zurück. Ihre persönlichen Gedanken in diesem Moment haben sie nicht einmal ihren Tagebüchern anvertraut. Wild war um seine Aufgabe nicht zu beneiden. Er hatte die Verantwortung für das Wohlergehen von einundzwanzig demoralisierten, teilweise arbeitsunfähigen und vielleicht auch aufsässigen Männern, von de-

DIE ›STANCOMB WILLS‹

Hurley nannte diese Aufnahme »Landung auf Elephant Island«, aber aus der Landschaft und dem Schnee geht hervor, daß es sich um den Tag handeln muß, als die *James Caird* in See stach. Es ist die *Stancomb Wills* auf ihrer vierten und letzten Überfahrt zur *James Caird*, um sie mit Ausrüstung zu versorgen. Der Mann am Bug, der die Leine hält, ist wahrscheinlich Shackleton.

DIE ›STANCOMB WILLS‹ AUF DER FAHRT ZUR ›CAIRD‹
»Die *Wills* nahm jedesmal Wasser, als sie an Land zurückkam, und die Männer wurden naß.« (Wordie, Tagebuch) Hurley nannte dieses Foto »Die Rettung der Mannschaft von Elephant Island«, aber das Boot ist eindeutig die *Stancomb Wills*, und das Bild Teil der Serie von der Beladung der *Caird*.

nen einer, Blackborow, schwer krank war. Der verlassene karge Felsen, auf dem sie würden leben müssen, war, wie sie inzwischen erfahren hatten, jedem Wind und Schneesturm ausgesetzt. Sie hatten keine ausreichende Kleidung und keine Unterkünfte. Nahrung und Brennmaterial konnten nur die Pinguine und Seehunde liefern, deren Auftauchen immer ungewiß war. Sie waren weit von allen Schiffahrtsstraßen entfernt. Wenn die *James Caird* scheitern sollte, gab es, wie Shackleton selbst schrieb, »nicht die geringste Chance einer Suchexpedition … nach Elephant Island«.

SOUTH GEORGIA
»Der Ausblick war enttäuschend. Ich blickte einen schieren Abgrund hinunter auf ein Chaos gebrochenen Eises 500 Meter unter uns.« (Shackleton, *South*)

Die Fahrt der James Caird

Dienstag 25. Gute WSW-Brise hält den ganzen Tag Himmel bedeckt.
Mittwoch 26. WSW-Sturmböen & bewölkt schaffen 105 Meilen
Donnerstag 27. Nördlicher Sturm bedeckt & schwere Böen beigedreht.
Freitag 28. Leichter NW- bis W-Wind dunstig hohe NW-Dünung
Samstag 29. Frischer W- bis SW-Wind Böen hohe Seen
Sonntag 30. Beigedreht um 8:00 & Treibanker um 15:00 schwere Gischt & Eisbildung auf dem Boot
Montag 1. Mai SSW-Sturm liegen vor Treibanker
Dienstag 2. Mai ...

Henry McNish, Tagebuch

»Die Geschichte der nächsten sechzehn Tage ist die eines schweren Kampfes in hoher Dünung«, schrieb Shackleton. Die *Caird* war an einem der seltenen Sonnentage in See gestochen, als das Wasser funkelte und die Gipfel und Gletscherhänge von Elephant Island in trügerischer Schönheit schimmerten. Bald nachdem die dunklen Gestalten am Strand hinter dem Heck versunken waren, stieß die Mannschaft der *Caird* auf ihren alten Feind, das Packeis. Wieder segelten sie in die gespenstische Landschaft phantastisch geformter Eisberge hinein. Ein Kanal, den sie noch vom Strand aus gesehen hatten, führte sie durch das langsam auf- und niedergehende Packeis bei Einbruch der Nacht in offenes Wasser. Selbst an diesem ersten, relativ leichten Tag nahm die *Caird* Wasser über, wurde die Mannschaft von Gischt und über die Bordwand schwappenden Wogen durchnäßt. Die Männer trugen wollene Unterwäsche unter gewöhnlichen Tuchhosen, Jaeger-Pullover, Wollsocken, Handschuhe und Gesichtsmasken. Darüber hatte jeder von ihnen seinen Burberry-Overall und den Helm.

»Die Overalls ließen den Wind nicht durch, waren aber unglücklicherweise nicht wasserfest«, bemerkte Worsley.

Shackleton hoffte, ein paar Tage nach Norden segeln zu können, weg vom Packeis und in wärmeres Klima, um dann nach Osten abzudrehen und dem Kurs nach South Georgia zu folgen. Die Insel war nicht das nächstliegende Land – Kap Horn war näher –, aber die vorherrschenden westlichen Winde ließen nur diesen Kurs zu.

Die Männer nahmen ihre erste Mahlzeit unter der niedrigen Leinwandabdeckung in schwerer Dünung zu sich. Sie hatten große Mühe, den kleinen Primuskocher vor dem Umstürzen zu bewahren. Sie konnten nicht aufrecht sitzen, und das Essen war in der tiefgebeugten Haltung alles andere als einfach. Ihre Nahrung bestand aus dem üblichen Eintopf aus Rindfleischproteinen, Mehl, Haferschleim, Zucker und Salz, der eigentlich für den transantarktischen Marsch vorgesehen gewesen war, den sie nun fast vergessen hatten. Mit Wasser gemischt, ergab das einen dicken Brei, in den die beliebte Nußpaste hineingebröckelt werden konnte. Außer Worsley und McCarthy waren alle seekrank. Nach dem Essen krochen McNish, Crean, McCarthy und Vincent in ihre nassen Schlafsäcke und legten sich auf den harten, sich bewegenden Ballast aus Steinen und Kies, während Worsley und Shackleton die erste Wache übernahmen. Das Südliche Kreuz schimmerte über ihnen am klaren, kalten Himmel, und sie steuerten nach den Sternen nach Norden.

»Weißt du, daß ich überhaupt nichts von der Seefahrt verstehe?« sagte Shackleton mit einem Auflachen, wie Worsley berichtet. »›Schon in Ordnung, Boss‹, antwortete ich, ›ich versteh was davon, dies ist meine dritte Fahrt.‹«

Worsley wollte mit seinem Bericht Shackletons Mut unterstreichen, aber in Wirklichkeit ist es auffallend, wie viele der britischen Polarforscher erfahrene Seeleute waren. Shackleton war zwanzig Jahre in der Handelsmarine zur See gefahren, und jedes Mitglied der *James Caird*-Besatzung hatte soviel Erfahrung auf See, daß seemännisches Können einfach vorausgesetzt wurde. Jeder, der sich »unter Deck« schlafen legte, wußte, daß er sich auf seine Kameraden auf Wache auch in ungewöhnlichen Situationen verlassen konnte.

In der Morgendämmerung, als Crean auftauchte, um den Primuskocher anzuzünden, hatte die *Caird* 45 Meilen hinter sich gebracht. Das Frühstück wurde unter der Leinwand zubereitet, über die immer wieder hohe Seen hinwegspülten. Wasser lief den Männern in den Kragen. Am Nachmittag wurde der Wind stärker und entwikkelte sich zu einem südwestlichen Sturm mit gefährlichen hohen Kreuzseen, die das Boot ruckartig hin- und herwarfen. Shackleton teilte die Männer in zwei Wachen auf. Er selbst, Crean und McNish übernahmen die eine, Worsley, McCarthy und Vincent die andere. Sie wechselten jeweils nach vier Stunden.

»Unser Verfahren«, schrieb Worsley, »sah so aus: drei Männer in Schlafsäcken machten sich vor, daß sie schliefen, drei Mann waren an Deck; einer stand eine Stunde am Ruder, während die anderen beiden, wenn sie nicht pumpten, pützten oder Segel trimmten, im ›Salon‹ saßen, wo wir auch aßen.« Nach »unten« zu gehen, war eine gefürchtete Prüfung: der Raum über dem zunehmend durchnäßten Ballast maß höchstens anderthalb mal zwei Meter. Die Männer mußten sich hintereinander aufstellen und in schwerer, nasser Kleidung über die Steine und unter einer niedrigen Ruderbank hindurchkriechen, um an ihre Schlafsäcke zu kommen. Das Boot rollte und stampfte, und der Aufenthalt in der Enge strahlte den ganzen Horror, lebendig begraben zu werden, aus. Oft schreckten die eingenickten Männer auf, weil sie zu ertrinken glaubten.

»Wirkliche Ruhe gab es nicht«, schrieb Shackleton. Die verschlissenen Rentierschlafsäcke haarten entsetzlich, und die Haare tauchten überall auf – auf und in der Kleidung, im Essen, im Mund. Nichts unterbrach die langen Stunden der Dunkelheit – von 18:00 Uhr nachmittags bis 7:00 Uhr am Morgen; es gab lediglich eine notdürftige Öllampe und zwei Kerzen an Bord, die nur selten benutzt werden durften. In der ersten Nacht erinnerten sie die Schreie von Pinguinen auf der dunklen See an verlorene Seelen.

Trotz Schneetreiben und Sturm gelang es Worsley am dritten Tag, die Sonne, die kurz zwischen dahinjagenden Wolken auftauchte, mit dem Sextanten anzuvisieren. Er kniete auf einer Ducht, während Vincent und McCarthy ihn zu beiden Seiten festhielten, und peilte mühsam die Sonne an. Die kostbaren Navigationstafeln, mit denen er den Kurs berechnete, waren gefährlich naß geworden, die Seiten klebten zusammen, und die Zahlen verschwammen. Trotzdem, Worsleys Berechnungen ergaben, daß sie seit ihrem Aufbruch von Elephant Island 128 Meilen zurückgelegt hatten.

> Die Navigation ist eine Kunst, aber Wörter können nicht wiedergeben, wie schwierig es war. Die Peilung und Positionsbestimmung waren unter diesen Umständen zu einem Ratespiel geworden … Die Prozedur sah so aus: ich spähte aus unserer Höhle heraus, den kostbaren Sextanten unter dem Overall an meine Brust gedrückt, damit er nicht naß wurde. Sir Ernest stand mit Chronometer, Bleistift und Heft neben mir bereit.
> Ich rief: »Fertig!« und kniete mich auf die Ducht, zwei Männer hielten mich an beiden Seiten aufrecht. Ich peilte die Sonne an und ging dann zum Horizont herunter, oder dahin, wo der Horizont eigentlich sein sollte, und während das Boot auf einer Woge wild nach oben schoß, versuchte ich, die Höhe zu schätzen, und schrie: »Stopp!« Sir Ernest nahm die Zeit, dann arbeitete ich das Resultat aus …
> Meine Navigationsbücher mußten mit äußerster Sorgfalt halbgeöffnet durchgeblättert werden, bis ich auf der richtigen Seite war, die ich dann ganz aufschlug. Jedes andere Vorgehen hätte die völlige Zerstörung des Buches bedeutet.

Das Steuern des Bootes war besonders schwierig. Unter verhangenem Himmel, der kein Licht von Mond oder Sternen durchließ, raste das Boot in die Dunkelheit hinein. Die Männer hielten den Kurs nach der Windrichtung, die sie von einem kleinen Anzeiger am Mast ablasen. Einmal oder zweimal pro Nacht wurde der Kurs mit dem Kompaß korrigiert, was jedesmal den Einsatz eines kostbaren Zündholzes erforderte. Aber die Navigation war genauso lebenswichtig, wie das Boot über Wasser zu halten; die Männer wußten, daß auch nur wenige Grad Abweichung sie am Land vorbei in die Weite des Ozeans führen würden.

Am Nachmittag des dritten Tages sprang der Sturm nach Norden um und hielt die nächsten vierundzwanzig Stunden an. Die hohen Wogen waren grau, die tiefhängenden Wolken waren grau, und alles war in Dunst gehüllt. Schwere Seen brachen über die Steuerbordwand der *Caird*. Die Leinwandabdeckung, schwer von Wasser, drohte, die kurzen Nägel herauszuziehen, mit denen McNish sie befestigt hatte. Treibholz von einem Schiffswrack glitt an ihnen vorbei, wie um ihre eigene Verletzbarkeit zu betonen.

»Im Durchschnitt wurden wir alle drei oder vier Minuten durchnäßt«, schrieb Worsley. »Das ging Tag und Nacht so. Die Kälte war enorm.« Besonders unbeliebt war die Arbeit an der Pumpe, die ein Mann mit bloßen Händen hart gegen den Boden des Bootes halten mußte – eine Stellung, die man nicht länger als fünf oder sechs Minuten aushalten konnte.

Am Nachmittag des 28. April, dem fünften Tag, legte sich der Sturm, und die See beruhigte sich zu der hohen, regelmäßigen Dünung, die für diese Breiten charakteristisch war. »Die höchsten, breitesten und längsten Wellen auf der Welt«, wie Worsley schrieb. Die Seen waren so hoch, daß die Segel der *Caird* in der künstlichen Windstille zwischen den Wellenkämmen schlaff wurden; dann wurde das kleine Schiff den nächsten Wellenberg hinaufgehoben, um wieder einen steilen Hang hinabzuschießen. Am folgenden Tag kam ein Westsüdwestwind auf, der die Dünung unruhiger machte, ihnen aber eine gute Strecke über 92 Meilen auf dem angestrebten Nordostkurs bescherte. Sie hatten jetzt 238 Meilen von Elephant Island aus zurückgelegt, »aber nicht auf gerader Linie«, wie Worsley kummervoll bemerkte.

Am 30. April verstärkte sich der Wind und drehte auf Süd. Wie sie an der zunehmenden Kälte bemerkten, kam er von den Eisfeldern hinter ihnen. Shackleton wollte vor dem Wind segeln, merkte aber, daß die *Caird* Gefahr lief, sich mit dem Bug in die voranlaufende Woge zu bohren und sich zu überschlagen. Daher gab er Order, sich in den Wind zu legen und abzuwarten.

»Wir brachten den Treibanker aus, um den Bug der *James Caird* im Wind und über Wasser zu halten«, schrieb Shackleton. »Dieser Anker bestand aus einer dreieckigen Leinwandkonstruktion, die an der Bugleine befestigt war. Wir brachten sie aus, und sie hielt den Bug im Wind.« Der Zug des Treibankers arbeitete dem Abdriften des Bootes entgegen und richtete es so aus, daß es der hohen Dünung mit dem Bug begegnete. So sehr die *Caird* unter den Wogen gelitten, wieviel Eiswasser sie auch übernommen hatte, sie war vorwärtsgekommen und hatte die Distanz, die zwischen ihnen und South Georgia lag, langsam, aber spürbar verringert. Jetzt aber lagen sie still, durchnäßt von der Gischt und in dem Bewußtsein, daß ihr Leiden keinen Fortschritt bedeutete.

»Wenn wir nach vorne schauten«, schrieb Shackleton, »sahen wir einen Hohlraum, der wie ein Tunnel geformt war, als der Kamm einer großen Welle sich über den wogenden Wassermassen brach.« Die Gischt gefror beinahe sofort, und gegen Ende des achten Tages hatten sich die Bewegungen der *Caird* alarmierend verändert. Sie hob sich nicht mehr leicht mit der Dünung, sondern hing bleiern im Wasser. Jeder Zoll vollgesogenen Holzes, die Segel und die Leinwand waren starr gefroren. Das Boot war mit einer dicken Eisschicht gepanzert und wurde immer schwerer.

Sofortmaßnahmen mußten ergriffen werden. Während der Wind heulte und die Seen über ihnen zusammenschlugen, krochen die Männer abwechselnd über das unsichere, gläserne Deck, um das Eis abzuschlagen. Worsley versuchte, die unvorstellbare »Schwierigkeit und die Gefahr« zu beschwören, »als wir in der Finsternis über das eisige, glitschige Deck krochen … Einmal, als das Boot heftig zur Seite rollte, sah ich Vincent quer über die Leinwandbespannung des Decks rutschen … Glücklicherweise gelang es ihm im letzten Moment, den Mast zu greifen.«

Dreimal mußte das Eis abgeschlagen werden. Egal, ob man eine Axt oder ein Messer benutzte, die Arbeit erforderte viel Kraft, aber auch Feingefühl, da die Leinwandabdeckung auf keinen Fall beschädigt werden durfte. Obgleich sie sehr dünn war, war sie doch ihr einziger Schutz, ohne den sie nicht überleben konnten. Zwei der verhaßten Schlafsäcke wurden nun über Bord geworfen; sie waren in der Nacht starr gefroren und hatten vorher angefangen zu faulen – Shackleton schätzte, daß sie mindestens vierzig Pfund das Stück wogen. Dank dieser mühevollen Anstrengungen hob sich die *Caird* allmählich wieder aus dem Wasser und wurde manövrierfähiger.

Am nächsten Morgen machte die *Caird* eine plötzliche, nichts Gutes verheißende Bewegung nach Lee; die Bugleine, die den Treibanker hielt, war von dem Eis, das sich außer Reichweite der Männer auf ihr gebildet hatte, zerrissen worden. Die Männer schlugen das Eis von den Segeln und beeilten sich, sie zu setzen und die *Caird* an den Wind zu bringen. Es war an diesem Tag, dem 2. Mai, daß McNish jeden Versuch, sein Tagebuch weiterzuführen, aufgab.

»Wir hielten das Boot den ganzen Tag am Wind, ertrugen die Unannehmlichkeiten, die sich zu Schmerzen steigerten, so gut wir konnten«, schrieb Shackleton in einem untypischen Verweis auf ihr physisches Leiden. Die Männer waren bis auf die Knochen durchweicht und hatten Erfrierungen. Sie waren von ihren nassen Kleidern, die sie seit sieben Monaten nicht gewechselt hatten, wundgescheuert und litten unter Salzwasserfurunkeln. Ihre nassen Füße und Beine hatten eine kränkliche weiße Farbe und waren geschwollen. Ihre Hände waren schwarz – von Schmutz, Tran, Ruß vom Primusofen und Erfrierungen. Jede Bewegung war schmerzhaft.

»Wir saßen so still wie möglich«, schrieb Worsley. »Wenn wir uns nur ein wenig in irgendeine Richtung bewegten, spürten wir die Kälte der nassen Kleider am ganzen Körper. Wenn man eine Weile still saß, war das Leben lebenswert.« Heiße Mahlzeiten brachten die einzige Linderung. Shackleton stellte sicher, daß die Männer tagsüber alle vier Stunden warmes Essen bekamen und während der langen Nachtwachen alle vier Stunden kochendheiße Pulvermilch.

»Zumindest zwei aus der Gruppe waren dem Tode sehr nah«, schrieb Worsley. »Tatsächlich kann man sagen, daß [Shackleton] stets einen Finger am Puls der Männer hielt. Wann immer er bemerkte, daß einem besonders kalt zu sein schien und er zitterte, befahl er, heiße Milch zuzubereiten, und ließ sie an alle verteilen. Nie ließ er einen Mann merken, daß es seinetwegen geschah, damit er nicht nervös wurde, was den eigenen Zustand betraf.« Um die Kälte abzuwehren, tranken sie sogar das Tranöl, das dafür vorgesehen war, die aufgewühlte See zu beruhigen. Wie Worsley bemerkte, hätte das Öl sowieso nur für einen Sturm ausgereicht; sie hatten zehn Sturmtage auf der Überfahrt.

Die Anstrengung hatte vor allem Vincent einen hohen Tribut abgefordert, der, um Shackletons rätselhafte Worte zu gebrauchen, vom späten April an »aufgehört hatte, ein aktiver Teil der Besatzung zu sein«. Worsley schrieb seine Probleme dem Rheumatismus zu, aber der Zusammenbruch scheint sowohl mentaler als auch physischer Art gewesen zu sein, denn später auf der Fahrt war er nicht gänzlich arbeitsunfähig. Rein körperlich war er das stärkste Mitglied der Besatzung der *Endurance* gewesen.

McCarthy beschämte sie alle.

»Er ist der unbezähmbarste Optimist, den ich je getroffen habe«, schrieb Worsley in sein Navigationsbuch. »Wenn ich ihn am Steuer ablöse, das Boot vereist & Wasser schüttet deinen Nacken runter, erklärt er mir mit einem fröhlichen Grinsen: ›Es ist ein großartiger Tag, Sir.‹«

Zwischen Shackleton und Crean gab es ein ganz besonderes Einvernehmen. Worsley schrieb:

> Tom Crean war schon so lange bei Sir Ernest und hatte schon soviel mit ihm gemacht, daß er ein bevorzugter Gefolgsmann geworden war. Wenn sie sich niederlegten, konnte man eine Art wortlos murmelnder, brummelnder, knurrender Geräusche von ihrem dunklen & düsteren Lager im Bug kommen hören, manchmal aneinander gerichtet, manchmal an die Dinge im allgemeinen & manchmal an überhaupt nichts Bestimmtes. Von Zeit zu Zeit waren sie so voller seltsamen Humors & Creans Bemerkungen waren so irisch, daß ich vor unterdrücktem Lachen fast platzte. »Geh schlafen, Crean & glucks nicht wie eine alte Henne.« »Boss, ich kann diese Rentierhaare nicht essen. Ich werd innen bald aussehen wie ein Ziegenbockhals. Laß sie uns dem Skipper & McCarthy geben. Die wissen sowieso nie, was sie essen« & so weiter.

Trotz der Qualen der Fahrt war Worsley in seinem Element. Er war sich bewußt, in der Mitte eines großartigen Abenteuers zu sein – was der Ehrgeiz seines ganzen Lebens gewesen war. Ein Beweis dafür, daß er seinen Sinn für Humor nicht verlor, ist die Tatsache, daß er fortfuhr, auf heitere Art über seine Schiffskameraden Buch zu führen. Über McNish gibt es wenig Eintragungen. Shackleton bemerkte nur, daß »der Zimmermann besonders litt, aber Biß und Kampfgeist zeigte«. McNish scheint die täglichen Katastrophen mit der ihm eigenen herben, nüchternen Selbstbeherrschung ertragen zu haben; er war nicht für ein leichtes Leben geboren worden. Shackleton selbst ging es extrem schlecht; zu allem Übel hatte er einen Rückfall der Ruhr.

Als er am 2. Mai um Mitternacht Worsley am Ruder ablöste, schlug ihm die Gischt direkt ins Gesicht. Der Sturm war über die letzten acht Stunden stärker geworden, und es gab schwere Kreuzseen unter Schneeböen. Allein am Steuer, bemerkte Shackleton einen Streifen klaren Himmel hinter ihnen und rief den Männern unter ihm zu, daß es bald aufklaren werde.

»Einen Augenblick später bemerkte ich, daß das, was ich gesehen hatte, nicht ein Riß in den Wolken war, sondern der weiße Kamm einer gewaltigen Welle«, schrieb

Shackleton. »In sechsundzwanzig Jahren Erfahrung auf dem Ozean mit all seinen Launen hatte ich noch nie eine so gigantische Welle gesehen. Es war eine mächtige Umwälzung des Ozeans, etwas ganz anderes als die hohe Dünung mit Schaumkronen, die so viele Tage schon unser unermüdlicher Feind gewesen war. Ich schrie: ›Um Gottes willen, haltet euch fest! Sie kommt!‹«

Nach einer unnatürlichen kurzen Flaute vor dem Wellenberg brach eine Sturzsee aus tobendem Schaum auf sie nieder. Das Boot wankte unter dem gewaltigen Anprall, richtete sich aber dann wieder auf und tauchte, so Shackletons Worte, »halbvoll Wasser, fast bis zum Sinken vollgesogen und von dem Schlag bebend«, wieder auf. Die Männer schöpften mit allen Kräften, bis sie die *Caird* wieder manövrierfähig hatten. Danach mußten sie noch eine volle Stunde pützen, um sie zu leeren.

Nachdem der Sturm 48 Stunden mit aller Gewalt getobt hatte, flaute er am Morgen des 3. Mai endlich ab, und die Sonne kam zwischen dicken weißen Kumuluswolken ab und zu heraus. Die gerefften Segel wurden wieder durchgesetzt und die nassen Schlafsäcke und Kleider am Mast und auf Deck aufgehängt, während sie Kurs auf South Georgia nahmen. Am Mittag war es ruhig, klar und hell, so daß Worsley ihre Breite berechnen konnte; sie hatten die letzten sechs Tage keine Positionsbestimmungen vornehmen können. Seine Berechnungen ergaben, daß sie trotz der ungeheuren Schwierigkeiten 444 Meilen zurückgelegt hatten, seit sie Elephant Island verlassen hatten – mehr als die Hälfte der zu überwindenden Distanz. Der Erfolg war plötzlich greifbar.

Das gute Wetter hielt an, es war, laut Worsley, »ein Tag der Gnade«. Am 5. Mai, dem zwölften Tag auf See, legte die *Caird* eine hervorragende Strecke von 96 Meilen zurück – die beste Tagesleistung ihrer Reise, in harter, kabbeliger See. Willis Island, vor der Westspitze South Georgias gelegen, war nur noch 155 Meilen entfernt. Am 6. Mai erhob sich erneut ein Sturm, und die See war rauh, weshalb sie sich wieder mit gereffter Fock in den Wind legen mußten. Am nächsten Tag flaute der Sturm ab, und sie nahmen wieder Kurs auf South Georgia.

Worsley war jetzt zunehmend besorgt, genauere Positionsbestimmungen vornehmen zu können. Seit sie vor vierzehn Tagen Elephant Island verlassen hatten, hatte er die Sonne gerade viermal sehen können. »Zweimal davon«, notierte Worsley, »waren es nur kurze Blicke durch schmale Wolkenöffnungen gewesen.« Er fuhr fort:

> Es war diesig, das Boot sprang wie ein Floh, vorne wie achtern wogende See und keine klare Sonne. Ich mußte ihren Mittelpunkt schätzen. Astronomisch gesehen, ist der Ausgangspunkt der Messung der Rand des Mondes oder der Sonne. Wenn er durch Wolken oder Nebel verschwommen ist, kann man ihn nicht genau bis auf den Horizont »runterbringen«. Wenn also der Rand zu verschwommen ist, bewegt man den Mittelpunkt des hellen Flecks hinter den Wolken auf den Horizont herunter. Wenn man eine Serie dieser Beobachtungen hat und einige Erfahrung, kann man einen Durchschnitt erhalten, der nicht mehr als eine Minute Abweichung enthält.

Als Worsley Shackleton meldete, daß er »sich ihrer Position um zehn Meilen nicht sicher sein konnte«, wurde beschlossen, daß sie die Westküste South Georgias ansteuern würden. Diese war unbewohnt, im Gegensatz zur Ostküste, an der es Walfangstationen gab – und Rettung. Dieses Vorgehen würde gewährleisten, daß, falls eine Landung nicht möglich war, die vorherrschenden Westwinde sie auf die andere Seite der Insel bringen würden. Falls ihnen die direkte Landung auf der östlichen Seite mißlänge, würden sie die Westwinde hinaus aufs offene Meer tragen. Wenn Worsleys Berechnungen stimmten, befand sich die *James Caird* jetzt wenig mehr als 80 Meilen vor South Georgia.

Am 7. Mai vor Einbruch der Dunkelheit trieb ein Tangfeld an ihnen vorbei. Mit steigender Aufregung segelte die Besatzung nach Nordosten durch die Nacht, und am Morgen des fünfzehnten Tages entdeckten sie Seegras. Die Spannung der Vorfreude ließ sie den jüngsten Rückschlag augenblicklich vergessen: eines der Wasserfässer war durch das Meerwasser brüchig geworden, das offensichtlich ins Boot eingedrungen war, als die *Caird* kurz vor ihrer Abfahrt von Elephant Island fast gekentert war. Zunehmender Durst plagte sie nun.

Kaptauben, wie sie sie vor vielen Monaten in Grytviken bewundert hatten, kamen häufiger in Sicht, sie sahen Albatrosse und andere Vögel, deren Gegenwart auf Land schließen ließ. Worsley sah immer wieder zum Himmel, aber dichter Nebel verdeckte die Sonne und alles andere, was vor ihnen lag. Zwei Kormorane wurden gesichtet, Vögel, die dafür bekannt waren, daß sie sich nicht mehr als 15 Meilen vom Land entfernten. Es ging eine heftige, unruhige, launische See, und als der Nebel um Mittag aufklarte, trieben die Wolken rasend vor dem böigen West-Nordwestwind her. Dann um halb eins rief McCarthy aus, daß er Land sah.

»Dort, direkt vor uns, sahen unsere frohen, aber vom Salz brennenden Augen durch einen Riß in den fliegenden Wolkenfetzen eine aufgetürmte schwarze Klippe, mit Spitzenwerk aus Schnee an ihren Flanken«, schrieb Worsley. »Ein kurzer Blick, und dann war sie wieder weg. Wir sahen einander mit fröhlichem, närrischem Grinsen an. Es gab nur einen Gedanken: ›Wir haben es geschafft.‹« Das Land, Kap Demidov, war nur noch zehn Meilen entfernt, Worsleys Berechnungen waren korrekt gewesen.

Gegen 15 Uhr starrten die Männer auf Flecken grüner Grasbüschel, die durch den Schnee auf dem vor ihnen liegenden Land schauten – die erste lebende Vegetation, die sie seit dem 5. Dezember 1914 erblickten, vor siebzehn Monaten. Es war unmöglich, die Walfangstationen anzusteuern: die nächste war 150 Meilen entfernt – eine gefährliche Strecke unter ihren Bedingungen und den drehenden Winden. Außerdem hatten sie achtundvierzig Stunden kein frisches Wasser mehr getrunken. Zwei Landungsplätze kamen in Frage: Wilson Harbor, der im Norden lag, aber zu sehr in Luv und daher unerreichbar; und die King Haakon Meerenge, die sich nach Westen öffnete und wo eine westliche Dünung auf zerklüftete Felsen schlug, wobei die Gischt fünfzehn Meter hoch in die Luft sprühte.

»Unser Bedürfnis nach Wasser und Ruhe war geradezu verzweifelt«, schrieb Shackleton, »aber es wäre selbstmörderisch gewesen, zu diesem Zeitpunkt eine Landung zu versuchen. Wir konnten nichts tun, als bis zum nächsten Morgen beizudrehen.« Er wußte sehr gut, daß die Landung der gefährlichste Teil der Fahrt sein konnte.

Ein stürmischer Sonnenuntergang beschloß den Tag, und die Männer bereiteten sich auf die Wartestunden in der Dunkelheit vor. Obgleich sie aufs äußerste geschwächt waren, machten ihre geschwollenen Münder und der brennende Durst es beinahe unmöglich, etwas zu essen. Die kleine Besatzung kreuzte in der Dunkelheit gegen den Wind, bis sie gegen Mitternacht 18 Meilen vor der Küste waren und in den Wind schossen. In den frühen Morgenstunden verstärkte sich der Wind und wuchs sich zu einem Sturm aus, der Graupel und Hagel auf die Männer herabregnen ließ, während die *Caird* auf- und abgeworfen wurde. Obwohl sie mit gereffter Fock beigedreht hatten, nahmen sie Wasser und waren beständig gezwungen, zu schöpfen. Bei Tagesanbruch war die *Caird* in Kreuzseen und einer schweren Dünung gefangen, die sie auf die Küste zutrieb.

Regen, Hagel, Graupel und Schnee prasselten nieder, und um Mittag war der Sturm vollends zu einem tosenden Orkan geworden, der riesige Seen zu Gischt peitschte, wobei er jede Spur von Land verdeckte.

»Keiner von uns hatte jemals etwas Ähnliches gesehen«, schrieb Worsley. »Der Sturm«, fuhr er fort, »trieb uns stärker als je zuvor gegen die Steilküste. Wir alle dachten es, wagten aber die für Seeleute schicksalhaften Worte nicht zu äußern, ›Leeküste‹.«

Um ein Uhr nachmittags rissen die Wolken auf und gaben leewärts den Blick auf eine steile Felswand frei. Das Krachen der Brecher sagte ihnen, daß sie sich auf tödliche Klippen zubewegten. In seiner Verzweiflung befahl Shackleton, die doppeltgerefften Segel zu setzen, um zu versuchen, gegen den Wind anzukreuzen und sich von der Küste zu lösen.

»Das Hauptsegel, zu einem Fetzen gerefft, war schon gesetzt«, schrieb Worsley, »und obwohl Fock und Besan klein waren, war es eine Höllenarbeit, sie zu setzen. Normalerweise ist das in zehn Minuten getan. Wir brauchten eine Stunde.«

Als die *James Caird* langsam gegen den Wind von der Küste wegkroch, war sie den brutalen Schlägen der riesigen Seen ausgesetzt. Die Bugplanken, das war deutlich, würden nicht mehr lange halten; nur mit Ölfarbe und Seehundblut kalfatert, drang nun an vielen Stellen Wasser ins Boot. Fünf Männer pumpten und schöpften, während der sechste versuchte, den Kurs zu halten. Sie kamen weniger voran, als daß sie seitwärts versetzt wurden.

»In Abständen logen wir uns etwas vor, indem wir sagten: ›Ich glaube, sie schafft es‹«, schrieb Worsley. Nach drei Stunden des Kampfes war das Land in sichere Entfernung gerückt, aber plötzlich ragten in Lee die schneebedeckten Berge von Annekov Island drohend in der Dämmerung auf. Sie hatten sich den Weg um eine Gefahr herum erkämpft, nur um auf den einer anderen getrieben zu werden.

»Ich weiß noch genau, was ich empfand«, schrieb Worsley. »Ich sagte zu mir selbst: wie schade! Wir haben diese großartige Fahrt geschafft, und niemand wird je davon erfahren.«

»Ich glaube, die meisten von uns hatten das Gefühl, das Ende sei sehr nah«, schrieb Shackleton. Es wurde dunkel, als die *Caird* in die Rückströmung der Wogen geriet, die sich an den Felsen der Insel brachen. Plötzlich drehte der Wind auf Südwest. Der *Caird* gelang in der schäumenden, wirren Strömung eine Wende, und sie kamen knapp an den Klippen und der Zerstörung vorbei. Die Dunkelheit brach herein und der Sturm, mit dem sie neun Stunden lang gekämpft hatten, flaute ab.

»Wir hielten uns wieder in Küstennähe, wir waren erschöpft bis zur Apathie«, schrieb Shackleton. »Die Nacht verging langsam. Wir waren sehr müde. Wir wünschten den Tag herbei.«

Als der Morgen des 10. Mai heraufdämmerte, gab es praktisch keinen Wind mehr, aber eine wilde, aufgewühlte See. Nach dem Frühstück, das sie wegen ihrer ausgedörrten Münder nur mit großen Schwierigkeiten herunterbrachten, steuerten die Männer die *Caird* auf die King Haakon Bay zu. Die wenigen Seekarten, die ihnen zur Verfügung standen, hatten sich als unvollständig oder falsch herausgestellt, und so wurden sie größtenteils von Worsleys Instinkt für die Lage der Insel geleitet.

Den Kurs auf die Bucht gesetzt, näherten sie sich einer Kette aus zerklüfteten Felsenriffen, die, in Shackletons Worten, »wie schwarze Zähne« den Zugang zur Bucht versperrten. Als sie auf etwas zusteuerten, das wie eine Lücke aussah, drehte der Wind noch einmal und trieb sie wieder aus der Bucht heraus. Da sie nicht in gerader Linie auf die Lücke zusteuern konnten, ließen sie sich zurückfallen und versuchten so hineinzukreuzen, daß sie die Lücke im Winkel erwischten. Fünfmal paßte der letzte Schlag des Kreuzkurses nicht, und sie mußten wieder zurück, aber dann fand die *Caird* den Weg und glitt durch die Lücke und in das ruhigere Wasser der Bucht.

Es war fast Abend. Eine kleine von Felsen gesäumte Bucht erschien im Süden. Shackleton stand am Bug und dirigierte das Boot durch eine kleine Passage in den Felsen.

»In ein bis zwei Minuten waren wir drinnen«, schrieb Shackleton, »und in der zunehmenden Dunkelheit lief die *James Caird* mit der Brandung hinein und auf den Strand.«

Er sprang hinaus, hielt die ausgefranste Bugleine und zog gegen den Rückwärtssog; als das Boot mit der Brandung wieder hereinkam, stolperten die Männer an Land und sicherten es, soweit sie konnten. Das Geräusch fließenden Wassers führte sie zu einem kleinen Bach fast vor ihren Füßen. Sie fielen auf die Knie und tranken, bis sie genug hatten.

»Es war ein prächtiger Moment«, schrieb Shackleton.

Das Werk von McNishs Händen hatte allem standgehalten, was die Elemente ihm entgegengeschleudert hatten. Alle siebzehn Tage ihrer schweren Prüfung hatte Worsley sich keinen Moment erlaubt, zu ermüden und seine Berechnungen abzubrechen.

Zusammen hatten die sechs Männer immer die Disziplin aufrechterhalten, die das Boot rettete, sie hatten die Kommandostruktur nie in Frage gestellt, und sie hatten ihre Wachen genau nach Plan abgeleistet. Sie hatten ihre Seemannschaft unter den härtesten Bedingungen bewiesen, denen ein Seefahrer ausgesetzt sein konnte. Sie hatten nicht nur ausgehalten, sie hatten unter dem höchsten vorstellbaren Druck mit Ruhe, Umsicht und Können gehandelt.

Zweifellos waren sie sich bewußt, Großes geleistet zu haben. Später erfuhren sie, daß ein 500-Tonnen-Dampfer in demselben Sturm untergegangen war, den sie gerade bestanden hatten. Aber in diesem Moment können sie kaum gewußt haben – und es war ihnen sicher auch gleichgültig –, daß in dem späteren genau abgewogenen Urteil seemännischer Autoritäten die Fahrt der *James Caird* als eine der größten Fahrten aller Zeiten im offenen Boot gewertet werden sollte.

SOUTH GEORGIA
Der Blick in das unbekannte Innere der Insel.

South Georgia

Nachdem sie sich mit zitternden Knien durch die Brandung gekämpft hatten, entluden die Männer die *Caird*, um sie dann auf Land zu ziehen. Die Vorräte, die Ausrüstung und fast der ganze Ballast wurden an den Strand geschafft. Aber es nützte nicht viel. Auch als das Boot praktisch leer war, reichte ihre Kraft nicht aus, um es zu bewegen.

»Wir waren fertig«, schrieb McNish, der sein Tagebuch wieder aufgenommen hatte. »Wir ließen sie die Nacht über in der Brandung, ein Mann stand Wache.« Shackleton hatte eine Höhle an der Seite der kleinen Bucht gesichtet, als sie hineingefahren waren, und die Männer stolperten da hinein, um die Nacht in ihrem Schutz zu verbringen. Während die anderen versuchten, in ihrer nassen Kleidung und den vier nassen Schlafsäcken zu schlafen, übernahm Shackleton die erste Wache. Gegen 1 Uhr nachts, als er merkte, daß er im Stehen einschlief, weckte er Crean. Es war nicht einfach, die *Caird* an ihrer kurzen, zerschlissenen Bugleine festzuhalten, während sie in den Brandungswellen rollte und stampfte. Um 3 Uhr wurde Crean die Leine aus der Hand gerissen, und alle Männer mußten geweckt werden, um das Boot wieder zurückzuziehen. Die Männer waren so erschöpft, daß sie es nicht einmal umdrehen konnten, um es den Strand hinaufzuwälzen; sie mußten sich bis zur Morgendämmerung wachhalten, um im Notfall sofort eingreifen zu können.

Am Morgen baute McNish ein paar Planken und Abdeckungen ab, um das Boot leichter zu machen, und mit großer Anstrengung zogen die Männer es über die Hochwasserlinie auf den Strand hinauf. Jetzt endlich konnten sie sich ausruhen; ohne die *Caird* wären sie verloren gewesen, denn der einzige Weg aus der Bucht führte über Wasser.

Die King Haakon Bay war ein tiefer Sund, der im Norden und Süden von steilen, gletschertragenden Bergen flankiert wurde. Ihre Höhle lag unter einer überhängenden Wand am Ende einer kleinen Bucht, auf der südlichen Landspitze des Sundes. Am Fuß der Berge wuchs hier und da hartes Bültgras, das die Männer schnitten und auf den Boden der Höhle streuten. Riesige Eiszapfen, die wie Vorhänge den Höhleneingang abschirmten, hielten den Wind ein wenig ab und schützten das Feuer, das sie mit Treibholz entzündet hatten.

Shackleton und Crean stiegen einen mit Bültgras bewachsenen Hang empor, um sich umzusehen, und kamen mit noch nicht flüggen Albatrossen zurück, die sie in verstreuten Nestern gefunden hatten. Vier der Vögel, etwa zu zwölf Pfund das Stück, wanderten in den Suppentopf, zusammen mit Bovril-Rationen, die das Ganze andickten.

»Das Fleisch war weich und saftig, und die noch nicht vollentwickelten Knochen schmolzen uns fast im Mund«, schrieb Shackleton. »Es war ein denkwürdiges Mahl.« Danach lagen sie in den Schlafsäcken, trockneten in der warmen Asche ihren Tabak und rauchten.

»Seit fünf Wochen haben wir es nicht mehr so angenehm gehabt«, notierte McNish zufrieden. »Wir aßen 3 junge & 1 alten Albatros zum Lunch, zusammen mit einem halben Liter Sauce, & es war besser als jede Hühnersuppe, die ich je bekommen habe. Ich habe gerade daran gedacht, was die Kameraden sagen würden, wenn sie so was zu essen hätten.«

An dem Tag, als sie die kleine Bucht erreichten, hatte Shackleton bereits angekündigt, worin die nächste Etappe ihrer Rettungsfahrt bestehen würde. Stromness Bay, an der die nächste bemannte Walfangstation lag, war auf dem Seeweg noch etwa 150 Meilen entfernt. Aber bei den tückischen Wetterverhältnissen und der felsigen Küste war das für das mitgenommene Boot und seine erschöpfte Mannschaft einfach zuviel. Shackleton hatte beschlossen, daß er und zwei der Männer über Land zu einer der Stationen an der Stromness Bay vorstoßen würden – eine Entfernung von etwa 22 Meilen. Das war allerdings Luftlinie. In Wirklichkeit war es auf South Georgia völlig unmöglich, irgendwo auf geradem Wege hinzugelangen. Obwohl die höchsten Gipfel auf der Insel nicht höher als 3000 Meter aufragten, war das Innere eine Ansammlung von felsigen Kämmen und gefährlichen Abgründen, bedeckt von tiefem Schnee und dickem Eis. Niemand hatte es bisher gewagt, die Insel zu durchqueren, und daher gab es keine Karten.

»Wir wußten herzlich wenig über die Bedingungen im Inneren«, schrieb Shackleton. »Kein Mensch war von irgendeinem Punkt der Insel jemals auch nur eine Meile ins Innere vorgedrungen, und die Walfänger, die ich kannte, betrachteten South Georgia als völlig unzugänglich.« Auf dem groben Plan, den die Männer mitnahmen, war das Innere der Insel einfach leer.

Shackleton gestand den Männern vier Tage zu, um sich zu erholen, die Kleidung zu trocknen, zu schlafen und zu essen. Sie waren nicht nur erschöpft, sondern litten auch unter schmerzhaften Frostbeulen und aufgescheuerten Beinen. Auch psychisch hatte sich noch niemand ganz von der Seefahrt erholt. In der Nacht des 12. Mai riß Shackleton, nach einem Bericht von Worsley, plötzlich alle aus dem Schlaf, indem er laut aufschrie: »Paßt auf, Jungs, paßt auf!« Er hatte von der riesigen Woge geträumt, die sie fast in die Tiefe gerissen hätte.

Aber trotz aller Ermüdung begannen Shackleton, Worsley und Crean zwei Tage nach der Landung die Umgebung zu erkunden, und McNish machte sich daran, die *Caird* zu reparieren.

Als einziger Weg ins Innere bot sich nur ein Paß am Ausgang der Bucht an, der es erlaubte, die Bergkette zu überwinden. Diese Stelle an der Mündung wiederum war nur mit dem Boot zu erreichen.

»Ich bin immer noch mit dem Boot beschäftigt«, schrieb McNish. »Während der Skipper den Nimrod spielt & Essen nach Hause bringt, das Vincent aufs Feuer legt & räuchert. Ab und zu kommt er & holt mehr Holz, während der Boss & McCarthy das Feuer überwachen. McCarthy hilft mir bei den Reparaturarbeiten. Wir hatten vier junge Vögel zum Lunch, & dabei denken wir dann an härtere Zeiten.«

Am Tag, bevor sie die Zuflucht ihrer kleinen Bucht verließen, machte McNish einen Spaziergang.

»Ich stieg den Hügel hinauf & legte mich ins Gras & das erinnerte mich an alte Zeiten zu Hause, als ich am Hang saß & aufs Meer hinaussah.«

Der letzte Tag schenkte ihnen ein unerwartet gutes Omen. Das Steuerruder der *Caird* war während der Landung verlorengegangen; jetzt, als McCarthy am Strand stand, sah er, wie dasselbe Ruder, das, wie Shackleton schrieb, »den ganzen weiten Atlantik und die Küsten zweier Kontinente zur Auswahl hatte, zu uns in unsere kleine Bucht zurückgetrieben wurde«.

Die Morgendämmerung des 15. Mai brach mit einem böigen nordwestlichen Wind und dunstigen Regenschauern an. Nach dem Frühstück um 7:30 Uhr beluden die Männer die *Caird*, ruderten durch die enge Einfahrt ihrer kleinen Zuflucht und segelten dann in die Bucht hinaus. Die Sonne kam kurz heraus, und obwohl es eine hohe Dünung gab, war die Mannschaft guter Stimmung. Als sie kurz nach 12:00 Uhr die Nordküste ansteuerten, hörten sie das Brüllen von See-Elefanten, und bald danach landete die *Caird* unter Hunderten der Tiere an einem sandigen Strand.

Das Wetter war wieder umgeschlagen, und die Männer zogen das Boot in einem feinen Nieselregen hoch an den Strand und drehten es um, damit es als Zuflucht dienen konnte. Die eine Seite wurde etwas erhöht und mit Steinen abgestützt, um einen Eingang zu bilden, dann gingen sie daran, das Ganze mit gräserbewachsener Erde abzudecken. Auf die Weise wurde die *Caird* zu einer relativ gemütlichen Hütte, und sie bekam den Namen »Peggotty Camp«, nach Dickens Bootshaus, das dieselbe Bezeichnung getragen hatte. Ein See-Elefant versorgte sie mit Nahrung und Brennmaterial für die Nacht. In der Nähe fand sich etwa über eine halbe Meile am Strand entlang verstreut eine Menge Treibholz – Mastteile, Plankenreste, Messingdeckel, gebrochene Ruder, Holzstreben –, »ein kleiner Schiffsfriedhof«, wie Worsley bemerkte. Als der Mond aus den Wolken trat, schrie Crean den anderen zu, er habe eine Ratte gesehen.

»Wir machten uns über ihn lustig«, sagte Worsley. »Mit zitternder Stimme flehte ich ihn an, mir ein bißchen von dem Zeug zu geben, das ihn Ratten sehen ließ; aber etwas später sah auch der Zimmermann eine, und wir nahmen das schon ernster.« Sie kamen schließlich zu dem Ergebnis, daß die Ratten mit den gestrandeten Schiffen hierhergelangt sein mußten.

Schlechtes Wetter, Schnee und Hagel hielten sie die nächsten drei Tagen in der neuen Hütte fest. Shackleton wurde immer unruhiger. Einmal wagten sich Worsley und Shackleton hinaus, um den Paß zu erkunden, aber sie wurden von einem plötzlich einsetzenden Schneesturm zurückgetrieben.

»Skipper, ich mache nie wieder eine Expedition«, sagte Shackleton laut zu Worsley. Sie wollten unbedingt aufbrechen, solange sie noch einen vollen Mond hatten, aber sie mußten warten, bis das Wetter umschlug. Der Winter kam schnell, und mit ihm sanken ihre Chancen.

Ihre Stunde kam um 2 Uhr morgens am 19. Mai. Der Vollmond stand an einem klaren ruhigen Himmel, und Shackleton wußte, daß eine solche Möglichkeit sich nicht so bald wieder ergeben würde. Er, Crean und Worsley schlangen den Frühstücksbrei hinunter und begannen eine Stunde später ihren Marsch. Vincent und McCarthy scheinen in den Schlafsäcken geblieben zu sein, aber McNish begleitete sie die ersten zweihundert Meter.

»Mehr schaffte er nicht«, schrieb Shackleton einfach. Auf die letzten leeren Seiten von McNishs Tagebuch hatte Shackleton in seiner klaren, selbstbewußten Handschrift eine letzte Anleitung geschrieben:

> 16. Mai 1916
>
> Sir
> ich stehe kurz vor dem Versuch, Husvik an der Ostküste dieser Insel zu erreichen, um Hilfe für unsere Gruppe herbeizuholen. Ich übergebe Ihnen die Verantwortung für die restliche Gruppe, für Vincent, McCarthy und Sie selbst. Sie werden hier bleiben, bis Hilfe eintrifft. Sie haben reichlich Seehundfleisch, das Sie nach Maßgabe Ihrer Tüchtigkeit mit Vögeln & Fisch ergänzen können. Ihnen bleibt eine doppelläufige Flinte, 50 Patronen – 40 bis 50 Bovril-Rationen, 25 bis 30 Zwieback, 40 Streimers Nußpaste – in Ihrem Besitz befindet sich auch die notwendige Ausrüstung, um sich auf unbegrenzte Zeit am Leben zu erhalten. Falls ich nicht zurückkehren sollte, rate ich Ihnen, den Winter abzuwarten und zur Ostküste zu segeln. Die Route, die ich nach Husvik einschlage, ist nach der Kompaßnadel östlich.
> Ich gehe davon aus, Ihnen in ein paar Tagen Hilfe zu bringen.
>
> Hochachtungsvoll,
> E. H. Shackleton

Während McNish nach Peggotty Camp zurückkehrte, wanderten die drei Männer im Mondlicht, das lange Schatten auf die blinkenden Berggipfel und Gletscher legte, an dem Schiffsfriedhof vorbei. Bald waren sie dabei, einen Schneehang zu erklimmen, der sich von einem Sattel zwischen zwei Bergketten bis zu einem Punkt knapp nördlich der Landzunge an der Mündung der Bucht herabzog. Shackleton hatte eigentlich einen kleinen, von McNish zusammengezimmerten Schlitten mitnehmen wollen, um Ausrüstung und die Schlafsäcke darauf zu transportieren. Aber bei einem Versuch vor ihrem Aufbruch hatte sich herausgestellt, daß der Schlitten das Vorwärtskommen auf diesem Terrain nur behinderte.

»Wir berieten und beschlossen dann, keine Schlafsäcke mitzunehmen, um das Gepäck möglichst leicht zu halten«, schrieb Shackleton. »Wir nahmen Drei-Tage-Rationen für jeden Mann mit, in der Form von Schlittenrationen und Zwieback. Das Essen sollte in drei Socken gesteckt werden, damit jedes Mitglied der Gruppe seine eigenen Vorräte tragen konnte.« Dazu nahmen sie den Primuskocher mit und genug Öl für sechs warme Mahlzeiten, achtundvierzig Zündhölzer, den kleinen Kochtopf, zwei Kompasse, ein Fernglas, dreißig Meter Seil und McNishs Zimmermannsbeil, das als Eisaxt benutzt werden sollte. Worsley trug noch immer den Chronometer um den Hals. Als Wanderstock hatte jeder ein Stück Holz von der Abdeckung der *Caird* bekommen. Ihre Kleidung allerdings war in miserablem Zustand, die wollene Jaeger-Unterwäsche war dünn und verschlissen, und auch die Tuchhosen boten nur noch wenig Schutz gegen den Wind.

»Was Stiefel anging, war ich schlecht dran«, schrieb Shackleton. »Ich hatte meine schweren Burberrys auf der Eisscholle weggegeben und besaß nur noch ein vergleichsweise leichtes Paar. Der Zimmermann half mir und arbeitete mehrere Schrauben in die Schuhsohle ein, damit ich mich auf Eis bewegen konnte.« Die Schrauben stammten von der *James Caird*.

Worsley hatte die Aufgabe, den Kurs zu bestimmen. Sie begannen den Aufstieg und stellten bald fest, daß der harte, feste Schnee von zwei Tagen zuvor sich in einen weichen Schneematsch verwandelt hatte, in dem sie bei jedem Schritt bis über die Knöchel einsanken. Nach zwei Stunden hatten sie 300 Meter Höhe erreicht, genug, um auf die Küstenlinie zurückzublicken und zu erkennen, daß ihr Weg ins Innere nicht über ebene Schneefelder führte, sondern über ausgeprägte Höhen und Senken mit tückischen Steilhängen. Als sie weiter dem Bergsattel entgegenstiegen, kam dichter Nebel auf, der den Mond verdeckte. Die Männer seilten sich an und stapften fast blind durch den Dunst weiter. Shackleton ging an der Spitze, Worsley gab von hinten Richtungsanweisungen.

Auf dem Sattel verringerte sich der Dunst im ersten Licht der Dämmerung so weit, daß sie einen halbwegs klaren Blick auf die vor ihnen liegende Wegstrecke hatten. Am Fuß das Kamms schien so etwas wie ein gefrorener See zu liegen. Sie machten eine kurze Pause, aßen Zwieback und brachen auf, den Hang hinunter, da Shackleton glaubte, daß diese Route einfacher war, als auf dem Bergkamm zu bleiben. Nach einer Stunde begannen sie Hinweise auf Spalten zu bemerken und begriffen bald, daß sie sich auf einem schneebedeckten Gletscher bewegten. Sie gingen vorsichtig weiter, bis der Dunst unter ihnen sich allmählich auflöste und sie sehen konnten, daß die Fläche unter ihnen weder ein See noch gefroren war. Sie waren einer optischen Täuschung zum Opfer gefallen. Dies war Possession Bay, ein Meeresarm an der Ostküste von South Georgia, ungefähr ihrer King Haakon Bay im Westen gegenüberliegend. Da sie wußten, daß die Küste unpassierbar war, blieb ihnen nichts anderes übrig, als umzukehren und in ihren eigenen Fußstapfen zurückzugehen. Es war ein dummer Fehler, denn die Possession Bay war auf ihrer Landkarte klar eingezeichnet, aber es zeigt auch, wie improvisiert und ungeplant sie diesen Marsch begonnen hatten.

Die Sonne stieg an einem klaren, wolkenlosen Himmel auf und versprach weiterhin gutes Wetter; sie mußten diese günstigen Umstände unbedingt ausnutzen. Am Tage aber wurde die Schneeoberfläche noch weicher, und manchmal sanken sie bis zu den Knien ein. Die Bedingungen mußten Shackleton und Crean an die früheren mühseligen Märsche erinnern, als sie Männer auf Schlitten hinter sich hergezogen hatten. Um 9 Uhr stoppten sie, um ihre erste Mahlzeit zu essen. Der Topf wurde mit Schnee gefüllt, und Crean entzündete den Primuskocher. Als der Schnee geschmolzen war, wurden zwei Stücke Schlittenration hineingelegt, und als die sich aufgelöst hatten, wurde der Brei so heiß und schnell wie möglich hinuntergeschlungen.

Dann setzten sie den Marsch fort, mit einer einminütigen Pause nach jeder Viertelstunde. Die Pause verbrachten sie flach auf dem Rücken liegend, alle Glieder im Schnee von sich gestreckt. Seit sie Patience Camp am 9. April verlassen hatten, war es den Männern kaum möglich gewesen, auch nur die Beine zu bewegen; vierundzwanzig Tage dieser sechs Wochen waren in verkrampfter Enge in dem schaukelnden Boot verbracht worden. Die Erfrierungen an den Füßen waren noch nicht alle geheilt, und ihre salzgetränkte Kleidung scheuerte auf der Haut, vor allem an der Innenseite der Oberschenkel. Knietief durch den Schnee wandern zu müssen erschöpfte sie schnell.

Zwei Stunden nach dem Essen erreichten sie eine kleine Kette von fünf felsigen Aufgipfelungen, die wie die Knöchel einer Hand vor ihnen lagen. Die Täler zwischen den Felsgipfeln schienen vier verschiedene Zugänge zu dem dahinterliegenden Terrain anzubieten. Shackleton entschied sich für den südlichsten und nächstliegenden Paß. Er führte die Gruppe an, und wo es sein mußte, schlug er mit dem Zimmermannsbeil Stufen in das Eis, als sie dem Kamm näherkamen.

»Der Ausblick war enttäuschend«, schrieb Shackleton. »Ich blickte einen schieren Abgrund hinunter auf ein Chaos gebrochenen Eises 500 Meter unter uns. Wir konnten da nicht runter.« Eine Spalte machte es ihnen unmöglich, auf der Kammhöhe zum nächsten Paß hinüberzuwechseln. Sie mußten wieder absteigen, den selben Hang hinunter, der sie drei Stunden Aufstieg gekostet hatte.

In ihrem Eifer, verlorene Zeit gutzumachen, begannen sie den Marsch zum nächsten Paß sofort, machten nur einmal für ein hastiges Essen halt. Aber als sie den »Paß« erreichten, wurden sie wiederum enttäuscht.

»Wir standen zwischen zwei riesigen schwarzen Felsgipfeln, die sich ihren Weg durch das Eis nach oben erzwungen zu haben schienen«, schrieb Worsley. »Vor uns lag die Allardyce-Kette, Gipfel um Gipfel, schneebedeckt und majestätisch, im Sonnenlicht schimmernd. An ihren Flanken ergossen sich prächtige Gletscher in die Tiefe. Sie waren ein wunderbarer Anblick, aber für uns zugleich ein bedrohliches Hindernis.«

Müde, betäubt, zogen sie sich wiederum den vorher erstiegenen Hang hinunter zurück und setzten nun ihre Hoffnungen auf den dritten Paß.

»Jede dieser aufeinanderfolgenden Klettertouren war steiler«, schrieb Worsley, »und dieser dritte Aufstieg, der uns etwa 1800 Meter hoch führte, war sehr anstrengend.« Sie erreichten den Kamm des dritten Passes um 16 Uhr, die Sonne ging schon unter, und die Kälte der Nacht setzte bereits ein. Aber was sich ihren Blicken auf der anderen

Hangseite bot, war nicht besser als das, was sie bei den ersten beiden Pässen gesehen hatten. Wie Worsley bemerkte, waren ihre Mühen des ganzen Nachmittags sinnlos gewesen. Sie waren jetzt vierzehn Stunden gegangen und stumpf vor Müdigkeit. Aber sich niederzulegen, um auszuruhen – oder ganz aufzugeben –, scheint ihnen keinen Moment eingefallen zu sein. Shackleton wußte, daß seine beiden Gefährten nie aufgeben oder sich auch nur beklagen würden. Und sie wußten ihrerseits, daß er eine Route suchen und weitermachen würde, bis er umfiel. All diese langen, stolpernden, schleppenden Stunden hindurch blieben sie eine enge, unbeirrbar loyale Einheit.

Als sie jetzt zu dem letzten verbleibenden Paß hinübersahen, schien es eine Möglichkeit zu geben, dort hinunterzukommen. Ohne zu zögern, folgten sie ein drittes Mal den eigenen Fußstapfen den Hang hinunter und bereiteten sich innerlich auf einen vierten Aufstieg vor.

Am Fuße des letzten Passes stießen sie auf eine große Spalte von etwa siebzig Meter Tiefe, die der Wind in Schnee und Eis getrieben hatte – eine erschreckende Erinnerung daran, was ein Sturm in dieser Höhe ausrichten konnte. Sie umgingen die Spalte vorsichtig und begannen den Aufstieg über eine glatte Eisfläche, die sich zum letzten Paß hinaufzog. Hinter ihnen begann ein dichter Nebel über das Land zu kriechen, der bald alles einhüllte, was in ihrem Rücken lag. Oben angekommen, setzten sie sich rittlings auf den scharfen Kamm aus festem Schnee und blickten sich um. Nebelfetzen umgaben sie auch hier oben. Nach einem scharfen, fast senkrechten Abriß folgte ein langer, sanft geneigter schneebedeckter Hang, dessen Fuß sich im Nebel und der zunehmenden Dunkelheit verlor.

»Gefällt mir überhaupt nicht«, zitiert Worsley Shackleton. Die Nacht stand bevor, und sie liefen Gefahr, in dieser Höhe zu erfrieren. Shackleton schwieg einige Minuten, dachte nach.

»Wir müssen etwas riskieren«, sagte er schließlich. »Was meint ihr?« Sie begannen einen mühsamen Abstieg über das erste steile Stück. Shackleton schlug Stufen in die schneebedeckte Wand, und sie bewegten sich zentimeterweise vorwärts. Nach einer halben Stunde hatten sie immerhin 100 Meter zurückgelegt und den Punkt erreicht, an dem die Steilwand in den sanfter abfallenden Hang überging. Shackleton überdachte ihre Lage noch einmal. Ohne Schlafsäcke und in ihren zerschlissenen Kleidern konnten sie eine Nacht in den Bergen kaum überleben. Hier zu rasten, war also ausgeschlossen. Um zurückzukehren, reichte ihre Kraft nicht. Auch gab es offensichtlich keine andere Route. Sie mußten weiter. Neben allem anderen war es auch die immer gegenwärtige Angst vor einem Wetterumschlag, die sie vorantrieb.

»Wir rutschen runter«, sagte Shackleton schließlich, wie Worsley berichtet. Sie legten das Seil zwischen sich zusammen, setzten sich nieder, einer hinter dem anderen, mit gespreizten Beinen und die Arme um den Vordermann gelegt. Mit Shackleton an der Spitze und Crean am Ende, stießen sie sich ab und glitten der Dunkelheit dort unten im Tal entgegen.

»Wir schienen ins Nichts hinauszuschießen«, schrieb Worsley. »Einen Moment lang standen mir buchstäblich die Haare zu Berge. Dann merkte ich plötzlich, wie die Sache mich begeisterte, und ich spürte, daß ich grinste! Es machte mir tatsächlich Spaß … Ich schrie vor Aufregung, und ich hörte, daß Shackleton und Crean auch herumbrüllten.«

Als sich die Geschwindigkeit verringerte, wußten sie, daß der Hang sich abflachte, und schließlich fing eine Schneewehe sie sanft auf. Sie standen auf und schüttelten sich feierlich die Hände. In ein paar Minuten hatten sie die 500 Meter bis in die Talsohle zurückgelegt.

Sie marschierten etwa eine halbe Meile weiter über eine schneebedeckte Hochebene, dann machten sie eine Pause, um zu essen. Um 20 Uhr ging der Mond auf und warf sein Licht auf eine majestätische Landschaft.

»Die weite Hochebene lag weißglänzend vor uns«, schrieb Worsley. »Enorme Gipfel türmten sich ehrfurchtgebietend überall um uns herum auf, und im Süden lag die Kette schwarzer Felsengipfel, während wir im Norden das Silber des Meeres sahen.« Ihre Kletterei in die Höhen hatte ihnen zumindest eine klarere Vorstellung von der Geographie um sie herum vermittelt.

Nachdem sie das kurze Mahl hinter sich gebracht hatten, brachen sie wieder auf und stießen gegen Mitternacht auf eine sehr willkommene leicht abfallende Ebene. Sie bewegten sich behutsamer denn je, um in diesem letzten Stadium nur keinen falschen Schritt zu machen.

»Wenn man so müde ist, wie wir es waren«, schrieb Worsley, »sind die Nerven zum Zerreißen gespannt, und jeder einzelne muß sich alle Mühe geben, die anderen nicht zu irritieren. Auf diesem Marsch behandelten wir einander mit sehr viel mehr Aufmerksamkeit, als es unter anderen Umständen geschehen wäre. Gerade unter extremen Bedingungen achten erfahrene Expeditionsteilnehmer besonders auf Etikette und rücksichtsvollen Umgang.«

Nach zwei Stunden eines relativ leichten Abstiegs näherten sie sich der Küstenlinie einer Bucht, die sie für die Stromness Bay hielten. Mit steigender Erregung begannen sie einander auf vertraute Merkmale des Landes hinzuweisen, wie Mutton Island, eine Insel, die vor einer der Walfangstationen lag. Fast schwindlig vor Erwartung, gingen sie weiter, bis ihnen plötzlich das Auftauchen von Spalten klarmachte, daß sie sich auf einem Gletscher befanden.

»Ich wußte, daß es in Stromness keine Gletscher gab«, notierte Shackleton grimmig. Wie beim Beginn ihres Marsches hatten sie sich von der relativen Leichtigkeit der Route verführen lassen und waren vom Kurs abgekommen. Müde und entmutigt wandten sie sich um, gingen zurück, um dann eine neu berechnete Route nach Südosten einzuschlagen.

Sie brauchten beinahe drei Stunden, um an den Punkt zurückzugelangen, von wo aus sie die falsche Richtung eingeschlagen hatten. Es war 5 Uhr morgens, am 20. Mai. Die Morgendämmerung war nur noch ein paar Stunden entfernt. Wind war aufgekommen und schnitt durch ihre Kleidung. Erschöpft, wie sie waren, kühlten sie schnell aus. Shackleton befahl eine kurze Rast, und innerhalb weniger Minuten sanken Worsley und Creans in enger Umarmung, um sich zu wärmen, in den Schnee und schliefen ein. Shackleton blieb wach.

»Ich wußte, daß es eine Katastrophe geben würde, wenn wir alle einschliefen«, schrieb er, »denn Schlaf unter solchen Umständen geht unmerklich in den Tod über. Nach fünf Minuten schüttelte ich sie wach, sagte ihnen, daß sie eine halbe Stunde geschlafen hätten, und befahl den Aufbruch.«

Sie waren von der ungewohnten Ruhe so steif, daß sie zunächst mit gebeugten Knien vorwärtsstolperten, bis sie wieder aufgewärmt waren. Sie wanderten auf eine Gebirgskette zu. Jetzt stießen sie wirklich auf bekanntes Territorium. Sie stellten fest, daß diese Kette von der Fortuna Bay ins Innere hineinlief, und die Fortuna Bay war die letzte Bucht vor Stromness. Als sie sich den steilen Hang zu einem Sattel in der Bergkette hinaufgekämpft hatten, traf sie ein eisiger Wind. Sie überschritten den Kamm, als die Morgendämmerung anbrach, und machten kurz halt, um Atem zu schöpfen.

Direkt unter ihnen lag die Fortuna Bay; aber dort, über eine Bergkette im Osten hinweg, konnten sie die unverwechselbaren Felsformationen sehen, die die Stromness Bay umgaben. Sie standen schweigend da, wandten sich dann zum zweitenmal um und schüttelten einander die Hände.

»Für uns war die Reise vorüber«, schrieb Shackleton, »obwohl wir in Wirklichkeit noch zwölf Meilen schwieriges Terrain zu überwinden hatten.« Aber jetzt wußten sie, daß sie es schaffen würden.

Während Crean mit dem Rest des Öls Frühstück machte, erstieg Shackleton einen kleinen Kamm in der Nähe, um sich einen besseren Überblick zu verschaffen. Um 6:30 Uhr glaubte er, eine Dampfpfeife zu hören; er wußte, daß die Männer der Walfangstationen um diese Zeit geweckt wurden. Er kehrte eilig zu den anderen zurück und sagte ihnen, daß sie um 7 Uhr ein weiteres Signal hören würden, wenn die Männer zur Arbeit gerufen wurden. Mit tiefer Erregung warteten die drei, verfolgten die Bewegung der Zeiger auf Worsleys Schiffsuhr; und auf die Minute genau um 7 Uhr hörten sie alle die Dampfpfeife. Es war das erste Geräusch einer zivilisierten Welt, das die Männer seit dem 5. Dezember 1914 gehört hatten. Und es sagte ihnen, daß die Station bemannt war; nur Stunden von ihnen entfernt gab es Männer und Schiffe, mit denen sie ihre Kameraden auf Elephant Island retten konnten.

Sie ließen den Primuskocher, der ihnen so gut gedient hatte, zurück und begannen den Abstieg von der Bergkette. Es war ein beschwerlicher Weg durch den tiefsten Schnee, dem sie während des ganzen Marsches begegnet waren. Der Hang wurde steiler, und der Schnee verwandelte sich in blaues Eis. Worsley schlug vor, umzukehren und eine sicherere Route zu suchen, Shackleton jedoch bestand eisern darauf, auf diesem Weg zu bleiben. Sie waren jetzt seit 27 Stunden unterwegs, und sie waren der völligen Erschöpfung gefährlich nahe. Und noch immer konnte das Wetter jederzeit umschlagen. Selbst jetzt noch wäre ein plötzlicher Schneesturm ihr sicheres Ende gewesen.

Am Anfang schlugen sie mit dem Beil Stufen in das Eis. Dann legte sich Shackleton auf den Rücken und schlug nur noch kleine Haltepunkte ein, während er langsam nach unten glitt. Worsley versuchte, ihn mit dem Seil von oben zu sichern, hätte aber nie die Kraft gehabt, ihn zu halten, wenn er abgerutscht wäre. Eher hätte Shackleton sie alle mit in die Tiefe gerissen.

Sie brauchten drei Stunden, um die kurze Strecke hinunter an den Sandstrand der Fortuna Bay zu bewältigen. Gletscherschutt, der zu feuchtem Matsch geworden war, zog an ihren Stiefeln. Auch hier stießen sie auf menschliche Hinterlassenschaften. »Wie so oft war das Werk des Menschen zerstörerisch«, notierte Shackleton. Die Kadaver mehrerer Seehunde mit Schußwunden lagen am Strand herum. Sie gingen auf die andere Seite der Bucht zu.

Gegen 12:30 Uhr hatten sie den Hang, der die andere Seite der Bucht begrenzte, überwunden und arbeiteten sich über eine glücklicherweise flache Strecke auf die letzte Hügelkette zu, die sie noch von der Stromness Bay trennte. Plötzlich brach Crean ein. Unter ihnen war Eis, die »Ebene« war ein gefrorener Bergsee, dessen Eis von Schnee bedeckt war. Bis zur Taille durchnäßt, zogen ihn die anderen beiden heraus, und sie gingen vorsichtig weiter, bis sie wieder festen Boden unter den Füßen hatten.

Eine Stunde später standen sie auf dem letzten Kamm und sahen auf die Stromness Bay hinunter. Ein Walfangschiff kam in Sicht und danach ein Segelschiff; kleine Gestalten bewegten sich zwischen den Gebäuden der Station hin und her. Zum letzten Mal auf ihrem Marsch schüttelten sie sich die Hände.

Sie bewegten sich jetzt mechanisch, zu erschöpft, um noch einen Gedanken zu fassen. Auf der Suche nach einem Weg von der Hügelkette zum Hafen hinunter folgten sie einem Bachlauf, gingen bis zu den Knöcheln im eisigen Wasser. Sie kamen an einen etwa sieben Meter herabstürzenden Wasserfall, und ohne lange nachzudenken, beschlossen sie, ihn hinabzuklettern. Sie hatten keine Zeit mehr, eine andere Route zu suchen, sie waren körperlich und geistig am Ende, sie wollten nur noch vorwärts und an ihr Ziel. Sie banden ein Ende des abgenutzten Seils an einen Felsen und ließen zuerst Crean hinab. Er verschwand völlig im Wasserfall. Dann kam Shackleton, und schließlich kletterte Worsley, der, wie Shackleton schrieb, »der Leichteste und Gewandteste der Gruppe« war, aus eigener Kraft hinunter. Sie ließen das Seil hängen und schleppten sich weiter.

Um 15 Uhr erreichten sie die Stromness Station. Sie waren 36 Stunden ohne Unterbrechung unterwegs gewesen. Ihre bärtigen Gesichter waren schwarz vom Tranrauch, und ihr verfilztes und salzverklebtes Haar hing ihnen fast bis auf die Schultern. Ihre dreckige Kleidung war in Fetzen; Worsley hatte vergeblich versucht, seinen von der Rutschpartie den Berg hinunter aufgerissenen Hosenboden zusammenzustecken. Kurz vor der Station begegneten sie den ersten Menschen außerhalb ihrer Gruppe, die sie seit achtzehn Monaten zu Gesicht bekommen hatten – zwei kleinen Kindern, die voller Furcht davonrannten. Wie im Traum gingen die Männer weiter, durch den Außenbezirk der Station, auf den Hafenkai zu. Jede banale Einzelheit der Station erschien ihnen bedeutungsvoll. Ein Mann sah sie, erschrak und lief eilig weiter. Wahrscheinlich glaubte er, betrunkene, heruntergekommene Seeleute vor sich zu haben.

Der Vorarbeiter, Matthias Andersen, befand sich auf der Kaimauer. Auf englisch bat Shackleton ihn, die Gruppe zu Kapitän Anton Andersen zu führen, der im Winter Leiter der Station gewesen war, als die *Endurance* hier geankert hatte. Der Vorarbeiter sah sie prüfend an und antwortete, daß Kapitän Andersen nicht mehr da sei, daß er sie

aber zu dem neuen Leiter, Thoralf Sørlle bringen würde. Shackleton nickte; er kannte Sørlle, der vor zwei Jahren dabei gewesen war, als sie hier Station gemacht hatten.

In taktvollem Schweigen führte der Vorarbeiter die drei zu Sørlles Haus.

»Mr. Sørlle kam an die Tür und sagte: ›Was ist?‹« schrieb Shackleton.

»›Wissen Sie nicht, wer ich bin?‹ sagte ich.

›Ich kenne Ihre Stimme‹, antwortete er zweifelnd. ›Sie sind der Steuermann der *Daisy*.‹«

Ein alter norwegischer Walfänger, der die Szene miterlebte, berichtete davon in gebrochenem Englisch:

»Der Leiter sagt: ›Wer zum Teufel sind Sie?‹ Und der schrecklich aussehende bärtige Mann sagt ganz ruhig: ›Mein Name ist Shackleton.‹ Und ich, ich wende mich ab und fang an zu weinen.«

Sie hatten es geschafft. Und nun wurden all die langgehegten Träume wahr. Heiße Bäder, eine Rasur, saubere neue Kleidung, und alle Kuchen und Leckerbissen, die sie essen konnten. Die Gastfreundschaft der Walfänger war grenzenlos. Nach einem ge-

SOUTH GEORGIA
»Wir waren reich an Erinnerungen. Wir hatten die Außenseite der Dinge durchstoßen. Wir hatten ›gelitten, gehungert und triumphiert, waren auf allen vieren gekrochen und hatten doch nach den Sternen gegriffen, wir waren an der Größe der Dinge selbst gewachsen‹. Wir hatten Gott in seinem Glanz gesehen, hatten den Text gehört, den die Natur schreibt. Wir hatten die nackte Seele des Menschen erreicht.«
(Shackleton, *South*)

waltigen Mahl wurde Worsley auf der *Samson* nach der King Haakon Bay geschickt, um den Rest der Gruppe zu holen, während Shackleton und Sørlle sofort daran gingen, zu planen, wie man die Männer auf Elephant Island retten konnte.

In der Nacht schlug das Wetter um. In seiner Koje auf der *Samson* hörte Worsley, wie der aufkommende Sturm um das Schiff heulte.

»Wären wir in der Nacht unterwegs gewesen«, schrieb er, »hätte nichts uns retten können.«

McNish, McCarthy und Vincent lagen im Schutz der umgedrehten *Caird*, als Worsley mit einem Beiboot und einigen Männern der *Samson* am frühen Morgen landete, um sie zu begrüßen. Sie waren voller Freude, die Männer vor sich zu sehen, aber sie erkannten Worsley nicht und fragten, warum keiner von ihrer Mannschaft die Norweger begleitet hatte.

»Aber ich bin doch hier«, sagte Worsley lachend. »Sie blickten mich voller Verwunderung an. Sie hatten mich zwei Jahre lang jeden Tag gesehen, aber nach einem Bad, einer Rasur und in neuen Kleidern hielten sie mich für einen Norweger.«

Sie sammelten ihre paar Sachen zusammen und gingen an Bord der *Samson*, McNish trug sein Tagebuch in der Hand. Worsley hatte beschlossen, die *James Caird* auf jeden Fall mitzunehmen. Die Männer hingen nicht so an dem kleinen Boot wie an der *Endurance*, die sie solange getragen und geschützt hatte, aber immerhin hatte die *James Caird* sie gerettet, mit ihr hatten sie um das Überleben gekämpft, und sie hatten diesen Kampf gewonnen.

Ein Schneesturm hinderte die *Samson* auf der Rückfahrt zwei Tage lang daran, in die Stromness Bay einzulaufen, aber die Männer an Bord genossen diese Tage trotzdem wie einen großen Komfort.

In Sørlles Haus lagen Shackleton und Crean in ihren Betten und hörten zu, wie der Schnee an die Fenster schlug. Sie wußten genau, wie knapp sie der Katastrophe entronnen waren. Am Sonntag, dem 21. Mai, fuhr Shackleton über die Stromness Bay zur Husvik Station, um sich nach einem geeigneten Schiff für die Rettung der Männer auf Elephant Island umzusehen. Er charterte die englische *Southern Sky*. Ein weiterer alter Freund aus den Tagen der *Endurance*, Kapitän Thom, befand sich gerade im Hafen und heuerte sofort als Kapitän an; Walfänger drängten sich freiwillig, als Mannschaft auf der *Southern Sky* mitzufahren.

Als die *Samson* in den Hafen einlief, kamen die Männer der Walfangstation, um sie zu begrüßen. Sie trugen die *James Caird* auf den Schultern an Land.

»Die Norweger erlaubten uns nicht, das Boot anzurühren«, schrieb Worsley. Am selben Abend, einem Montag, gab Sørlle einen Empfang für Shackleton im Klub der Station. Er lud alle Kapitäne und Offiziere der Walfangflotte ein.

»Es waren alte Fahrensleute«, hielt Shackleton fest. »Die Gesichter von Falten gezeichnet und von den Stürmen eines halben Jahrhunderts gegerbt.«

Der Klubraum war »blau und dunsterfüllt vom Tabakrauch«, schrieb Worsley. »Drei oder vier ehemalige Seeleute kamen auf uns zu. Einer sprach uns auf norwegisch an, und der Stationsleiter übersetzte. Er war über vierzig Jahre zur See gefahren und kannte die Gewässer von South Georgia bis zum Kap Horn und von Elephant Island bis zu den South Orkneys wie seine Westentasche. Aber er beteuerte, daß er noch nie von einer ähnlich wagemutigen Leistung auf See gehört habe, wie wir sie mit unserer Fahrt im offenen Boot von Elephant Island nach South Georgia vollbracht hatten ... All die anwesenden Seeleute schüttelten uns dann feierlich die Hände. Dies war eine große Anerkennung für uns, bedenkt man, daß sie von anderen Seefahrern kam, noch dazu von Männern eines so stolzen Seefahrergeschlechts wie den Norwegern.«

McNish, Vincent und McCarthy hatten die Gelegenheit, mit einem der Walfangschiffe nach England zurückzukehren, und sie nahmen sie mit Shackletons Zustimmung wahr. Die Spannungen zwischen McNish und Vincent und dem Rest der Mannschaft scheinen sich bis zum Schluß nicht gelegt zu haben. McNishs Bezeichnung für Worsley, »Nimrod«, eine leicht bösartige Anspielung auf den großen Jäger der Bibel, zeigt, daß er im Laufe der Expedition nichts von seiner sarkastischen Ader eingebüßt hatte. Und seine trockene Beobachtung, daß Vincent dazu neigte, im Schlafsack zu bleiben, während die anderen die Arbeit machten, macht deutlich, daß auch Vincents Leistung bei der Bootsfahrt an der skeptischen Haltung des Zimmermanns diesem jungen Fischer gegenüber nichts geändert hatte. Die Haltung Shackletons und Worsleys diesen beiden Männern gegenüber sollte erst sehr viel später deutlich werden. Zusammen hatten die sechs eine einzigartige Leistung an Seemannschaft und Courage vollbracht, aber sie trennten sich so, wie sie die Expedition begonnen hatten – als harte, eigenwillige, unsentimentale Seeleute. Keiner dieser drei Männer, die schon jetzt nach England zurückkehrten, sah einen der anderen oder auch irgendein Mitglied der gesamten Mannschaft jemals wieder.

Am 23. Mai, drei Tage nach ihrer Ankunft in Stromness, stachen Shackleton, Worsley und Crean auf der *Southern Sky* in See und nahmen Kurs auf Elephant Island. Das war der Moment, auf den Shackleton so lange gewartet hatte. Gegen die vertrauten westlichen Winde kämpfend, war die *Southern Sky* bis auf 100 Meilen an Elephant Island herangekommen, als sie auf Treibeis stieß. Vierzig Meilen weiter war das Packeis so dicht, daß sie zum Abdrehen gezwungen waren.

»Der Versuch, den unverstärkten Stahlrumpf des Walfangschiffes durch die Massen von Packeis zu zwingen, die wir jetzt vor uns hatten, wäre selbstmörderisch gewesen«, schrieb Worsley. Sie versuchten, das Eis in einem großen Bogen zu umfahren, aber die Kohle drohte ihnen auszugehen, und schließlich waren sie gezwungen, zurückzudampfen. Die *Southern Sky* nahm nun Kurs auf die Falklandinseln. Dort wollte Shackleton versuchen, ein anderes Schiff zu bekommen. Und von da konnte er nach England telegrafieren.

Die Nachricht von Shackletons Überleben war eine Sensation. Zeitungsschlagzeilen verkündeten die Geschichte, und der britische König gratulierte mit einer telegrafischen Botschaft: »Mit großer Freude höre ich von Ihrer sicheren Ankunft auf den Falklandinseln, und ich hoffe sehr, daß auch Ihre Kameraden auf Elephant Island bald gerettet werden. – George, R. I.«

Selbst die Witwe Robert F. Scotts, Kathleen Scott, die immer grimmig den Ruhm ihres Gatten zu mehren suchte, gestand zu: »Shackleton oder nicht Shackleton, ich glaube, dies ist eines der erstaunlichsten Abenteuer, von denen ich je gehört habe – prachtvoll.«

Aber bei aller freudigen Erregung sah sich die britische Regierung nicht in der Lage, bei der letzten Rettungsfahrt zu helfen. Noch befand sich Großbritannien im Krieg, und es konnte keine Schiffe für zivile Zwecke erübrigen, schon gar keinen Eisbrecher. Das einzige geeignete Schiff war die *Discovery*, Scotts alter Dampfer – aber der konnte vor Oktober nicht in See stechen.

Darauf konnte Shackleton nicht warten. Das Außenministerium wandte sich an die Regierungen von Uruguay, Argentinien und Chile, während Shackleton verzweifelt die südlichen Häfen nach einem geeigneten Holzschiff absuchte. Mehr als jedem anderen war ihm bewußt, wie schwierig es war, ein solches Schiff zu finden – die kräftige kleine *Endurance* war einzigartig gewesen. Am 10. Juni bot die Regierung von Uruguay ein kleines Vermessungsschiff an, die *Instituto de Pesca No 1*. Sie war auch bereit, ohne Bezahlung eine Mannschaft zu stellen. Nach dreitägiger Fahrt kamen sie bis in Sichtweite von Elephant Island, aber dann verhinderte das Packeis jedes weitere Vorankommen, und das Schiff kehrte in seinen Heimathafen zurück.

In Punta Arenas konnte Shackleton mit Hilfe von Geldern der British Association die *Emma* chartern, einen vierzig Jahre alten Schoner aus Eiche. Er heuerte eine internationale Crew an. Sie stachen am 12. Juli in See, und auch dieses Mal kamen sie bis auf 100 Meilen an Elephant Island heran, bevor Eis und schlechtes Wetter sie zum Umkehren zwangen.

»Für einige Leute der Mannschaft waren die Kälte und die harte Dünung zuviel«, schrieb Shackleton mit der zurückgenommenen Ironie eines Veteranen der *James Caird*. Schlechtes Wetter hielt die *Emma* drei Wochen auf See, und erst am 3. August lief sie wieder in Punta Arenas ein. Das Undenkbare war eingetreten: Wochen des Wartens verwandelten sich in Monate.

»Die Anspannung dieser Zeit war schrecklich«, schrieb Worsley. »Shackleton schien manchmal dem Wahnsinn nahe. Tag um Tag gruben sich tiefere Falten in sein Gesicht; sein dichtes, dunkles, lockiges Haar wurde silbergrau. Er hatte kein graues Haar auf dem Kopf, als wir zu unserer ersten Rettungsfahrt in See gingen. Jetzt, bei unserem dritten Versuch, war er grau geworden.«

Er hatte auch begonnen zu trinken, was eigentlich seinem Charakter völlig widersprach. Auf einem Foto, das Hurley in Ocean Camp aufgenommen hat, sitzt Shackleton geistesabwesend, aber merkwürdig heiter auf einem Brocken Eis. Auf einem Foto indessen, das ihn während der Zeit der Suche nach einem Rettungsschiff zeigt, ist er nicht wiederzuerkennen. Spitz vor Anspannung, scheint dies das Gesicht eines alten Mannes zu sein. Es war jetzt Mitte August – *vier Monate* seit dem Aufbruch der *James Caird*.

Aus Chile schickte Shackleton ein weiteres Telegramm an die britische Admiralität, in dem er dringend um ein hölzernes Schiff bat. In der Antwort hieß es, daß die *Discovery* irgendwann um den 20. September ankommen würde; aber rätselhafterweise stand da auch, daß der Kapitän der *Discovery* Leiter der Rettungsaktion sein würde – Shackleton sollte praktisch als Passagier mitfahren und unter seinem Kommando stehen.

Shackleton konnte das nicht glauben und kabelte sowohl der Admiralität als auch seinem Freund und Interessenvertreter Ernest Perris mit der Bitte um Aufklärung der Sache.

»Schwer zu beantworten«, telegrafierte Perris zurück, »wahrscheinlich ablehnende Haltung Dir gegenüber. Übliche Haltung der Kriegsmarine gegenüber Handelsmarine. Admiralität will wohl selbst den Ruhm der Rettungsexpedition auf sich ziehen.«

Unter Norwegern und Südamerikanern war Shackleton auf großzügige und herzliche Hilfsbereitschaft gestoßen; nur in England überstieg das Interesse, ihn an seinen Platz zu verweisen, die Sorge um das Schicksal seiner Männer. Von dieser Antwort tief alarmiert, wandte sich Shackleton noch einmal eindringlich an die chilenische Regierung. Die Chilenen wußten vielleicht, daß nicht nur das Leben der Männer, sondern auch ihre Ehre auf dem Spiel stand, und sie überließen ihm die *Yelcho*, einen kleinen kraftvollen Dampfer, eher ein Schlepper als ein großes Schiff, mit einem stählernen Rumpf, also eigentlich für den Zweck der Expedition ungeeignet. Aber am 25. August liefen Shackleton, Crean und Worsley mit einer chilenischen Mannschaft aus und nahmen Kurs auf Elephant Island.

In einem Moment der Nachdenklichkeit hatte Shackleton am Ende seines Berichts über den Marsch durch South Georgia geschrieben:

> Wenn ich an jene Tage zurückdenke, habe ich keinen Zweifel, daß die Vorsehung uns geleitet hat. Sie führte uns nicht nur über die Schneefelder, sondern auch über das gischtweiße Meer zwischen Elephant Island und der Küste von South Georgia. Ich weiß, daß es mir bei unserem langen und zermürbenden, sechsunddreißig Stunden währenden Marsch über die namenlosen Berge und Gletscher South Georgias oftmals so schien, als wären wir vier und nicht drei. Ich verriet meinen Gefährten nichts davon, aber später sagte Worsley einmal zu mir: »Boss, ich hatte während unseres Marsches das seltsame Gefühl, daß da noch jemand bei uns war.« Crean hat einmal etwas Ähnliches gestanden.

Jetzt, da sie wieder in die Welt der Menschen zurückgekehrt waren, schien diese Instanz verschwunden zu sein; und die Haltung und die Kraft, die sie so weit gebracht hatten, würden nichts wert sein, wenn sie bei ihrer schließlichen Ankunft auf Elephant Island auch nur einen toten Mann vorfänden.

DIE HÜTTE AUF ELEPHANT ISLAND

Marston und Greenstreet hatten vorgeschlagen, die beiden verbleibenden Boote, die *Stancomb Wills* und die *Dudley Docker*, in eine Unterkunft umzuwandeln. Die Boote wurden umgedreht und auf Steinwände von etwa eineinhalb Meter Höhe gelegt. In dieser Hütte lebten die 22 Männer die folgenden vier Monate. Die Reste der Zelte wurden als »Schürze« um die Wände gelegt, um den Wind abzuhalten.

Elephant Island

Wir gaben ihnen drei kräftige Hurras mit auf den Weg & sahen zu, wie das Boot in der Ferne kleiner & kleiner wurde«, schrieb Wild beim Auslaufen der *James Caird.* »Als ich dann sah, daß einige Männer Tränen in den Augen hatten, befahl ich sie alle sofort an die Arbeit. Mein eigenes Herz war auch sehr schwer. Ich hörte, wie einer der Pessimisten sagte: ›Die sehen wir nie wieder‹ & ich hätte ihn fast mit einem Stein niedergeschlagen, begnügte mich aber mit einigen Bemerkungen in wirklicher Zwischendeckssprache.«

Die *Caird* war um 12:30 Uhr losgefahren, noch einmal zurückgekommen, um dann um 16:00 Uhr endgültig abzusegeln. Wild stieg auf einen Felsen, der als Ausguck diente, und sah das Boot mit seinem Fernglas noch einmal, bevor es im Packeis verschwand.

Alle Männer waren bei der Beladung und Vorbereitung der *James Caird* teilweise oder ganz durchnäßt worden, und nach einem heißen Mittagessen wrangen alle ihre Schlafsäcke aus, soweit es möglich war, und gingen für den Rest des Tages zu Bett.

Am nächsten Morgen hatte sich die Bucht mit Packeis gefüllt – die *Caird* war keinen Tag zu früh aufgebrochen. Nach dem Frühstück hielt Wild eine kurze Ansprache, die sich »kurz, aber klar zur Haltung der Männer in der Zukunft« ausdrückte, wie Hurley beifällig bemerkte. Auch wenn Shackleton nicht mehr da war, so machte Wild deutlich, gab es immer noch einen Boss, der die Verantwortung trug. Den Männern wurde Arbeit zugewiesen, sie sollten Pinguine häuten und Schneehütten bauen. Auf diese Hütten hatten sie große Hoffnungen gesetzt, aber es stellte sich heraus, daß die Körperwärme der Männer den Schnee darin zum Schmelzen brachte und alles noch feuchter wurde.

Das Land, auf dem sie kampierten, war eine schmale, felsige Landzunge, die aus dem Festland 200 bis 250 Meter herausragte. Das Land lag etwa drei Meter über dem höchsten Tidenstand, und es war kaum mehr als dreißig Meter breit. Ein Gletscher im Westen der Landzunge kalbte häufig riesige Eisbrocken. Im Osten lag ein schmaler Kiesstrand, auf dem sich oft Seehunde und Pinguine aufhielten. Ihr Lager war den Elementen völlig schutzlos ausgesetzt.

»Wir beten darum, daß die *Caird* South Georgia sicher erreichen möge & ohne Ver-

DAS LOCH IM EIS
Die 22 Männer, die auf Elephant Island zurückblieben, hatten noch immer keine Unterkunft. Man grub eine Höhle in einen tief verschneiten Hang, aber das führte zu nichts: »Wir haben einen großen Raum gegraben, in dem acht Mann schlafen könnten, aber es ist viel zu naß, um das Experiment zu wagen.«
(Lees, Tagebuch)

zögerung Hilfe holt«, schrieb Hurley, der einer der härtesten und widerstandsfähigsten Mitglieder der Gruppe war. »Das Leben hier ohne Hütte & Ausrüstung ist fast unerträglich.« Das war am letzten Tag des April, und die *Caird* war gerade sechs Tage fort.

Marston und Greenstreet schlugen vor, mit dem einzigen vorhandenen Material, nämlich den beiden Booten, eine Unterkunft zu bauen. Das bedeutete aber, sie auf Dauer unbrauchbar zu machen. Die Vorräte auf Kap Valentine waren nur über Wasser erreichbar, und man mußte im Frühling dort hinüberfahren, wenn die *James Caird* ihr Ziel nicht erreichte. Das aber war eine undenkbare Eventualität, und die Dringlichkeit einer Unterkunft für die Männer war unabweisbar.

»Da wir bei unserer Ernährung sowenig Kohlenhydrate bekamen, waren wir alle schrecklich geschwächt«, schrieb Lees, »& die Arbeit beanspruchte mehr als die doppelte Zeit, die wir bei normaler Gesundheit benötigt hätten.« Schließlich waren zwei Mauern errichtet, die anderthalb Meter hoch waren und sich an Findlinge anschlossen, die als zusätzliche Windbrecher dienen sollten. Die Mauern hatten etwa sechs Meter Abstand voneinander. Die *Stancomb Wills* und die *Dudley Docker* wurden mit dem Kiel nach oben auf die Mauern gelegt und mit Steinen beschwert. Verschiedene Stücke Treibholz wurden wie Sparren auf den Booten befestigt, und dann wurde eines der großen Zelte über die ganze Konstruktion gelegt. Weiteren Zeltstoff schnitten sie für die Außenwände zu, und der Eingang des Zelts wurde als Tür zu der Hütte an dem Boot festgemacht.

Als das vollbracht war, verteilte Wild die Kojen in der »Hütte«. Zehn der Männer, darunter alle Seeleute, nahmen die oberen Kojen, während der Rest auf dem Boden nebeneinander gelegt wurde. Der Fußboden war soweit wie möglich von Steinen und

Eis befreit und begradigt worden, aber unter der restlichen Leinwand und anderen Stoffen, die als Unterlage dienten, gab es immer noch Eis und gefrorenen Guano. Schon in der ersten Nacht zeigte ein heulender Schneesturm alle Schwächen der Hütte erbarmungslos auf. Die Männer hatten sich in der Hoffnung niedergelegt, endlich eine Zuflucht zu haben, aber als sie aufwachten, waren sie von mehreren Zentimetern Schnee bedeckt.

»Es war ein elender Morgen«, schrieb Macklin. »Alles war tief eingeschneit, die Stiefel so steifgefroren, daß wir sie erst auftauen mußten, bevor wir sie anziehen konnten, kein warmes oder trockenes Paar Handschuhe mehr zu finden. Ich glaube, ich verbrachte an diesem Morgen die unglücklichste Stunde meines Lebens – alles wirkte völlig hoffnungslos, & das Schicksal schien absolut darauf aus, all unser Trachten zu vereiteln. Die Männer saßen da & fluchten vor sich hin, nicht laut, aber mit einem Nachdruck, der ihren Haß auf diese Insel, auf der sie Zuflucht gesucht hatten, deutlich machte.«

Aber Wild ließ sich nicht beirren, und nach und nach wurden die Risse und Lücken, durch die der Schnee eingedrungen war, mit den Überresten eines alten Jaeger-Schlafsacks abgedichtet. Später brachte Hurley einen kleinen Tranofen in die Hütte, der unter das Dreieck, das die beiden Hecks der Boote bildeten, gestellt wurde.

»Von jetzt an werden wir immer schwarz vom Rauch sein, aber hoffentlich zumindest trocken«, schrieb Wordie. Weitere Verbesserungen, das Ergebnis von mehreren Experimenten, vermehrten den relativen Komfort der Hütte. Kerr baute aus dem Metall von Zwiebackdosen einen Schornstein, der einen großen Teil des Rauchs abführte, während Marston und Hurley aus Sardinendosen Tranlampen konstruierten, die ein schwaches Licht erzeugten. Hurley und Greenstreet überwachten den Bau einer Kombüse aus Steinen, die zu zylindrischen Wänden aufgetürmt und mit dem Segel der *Dudley Docker* abgedeckt wurde. Ein aufgestellter Riemen schließlich diente als Fahnenmast, an dem das Banner des Royal Thames Yacht Club aufgehängt wurde.

Wild richtete einen strikten Tagesablauf ein. Der arme Green, der auf einigen Nachschubkisten schlief, wurde um 7 Uhr geweckt, kurz vor Tageslicht. In der grauen Dämmerung ging er zu der kleinen Kombüse, wo er den Tranofen entzündete und die nächsten zwei bis drei Stunden damit zubrachte, dicke Seehundsteaks zuzubereiten. Um 9:30 Uhr weckte Wild alle Männer mit dem stets gleichen Ruf: »Aufrollen und stauen! Vielleicht kommt der Boss heute.« Dann rollten die Männer ihre Schlafsäcke auf und

VOR DER HÜTTE AUF ELEPHANT ISLAND
Frank Hurley lehnt an der neuen Unterkunft. »Die Hütte ist ein entschiedener Fortschritt & ein Schritt in die Richtung, das Leben unter den strengen klimatischen Bedingungen erträglicher zu machen. Die ganze Gruppe von 22 schläft in diesem kleinen Raum gemütlich, wenn auch wie Sardinen.« (Hurley, Tagebuch)

ELEPHANT ISLAND
Beim Häuten von Pinguinen. »Wir haben noch einen kleinen Vorrat an Seehundfleisch und anderen Dingen, und ein Pinguin pro Tag reicht für zwei Mann. Das sind elf Pinguine am Tag für die ganze Mannschaft oder 1300 Vögel für die Zeit von Mai bis August. Gegenwärtig leben wir von der Hand in den Mund und haben nur eine kleine Reserve.« (Lees, Tagebuch)

verstauten sie in den Duchten der Boote. Nach dem Frühstück gab es fünfzehn Minuten, »um was zu rauchen«, während Wild die verschiedenen Aufgaben für den Tag verteilte – Jagen, Häuten, die Zubereitung von Pinguinen und Seehunden, die Verbesserung und Instandhaltung der Hütte, Nähen und Putzen und so weiter. »Essen fassen« war um 12:30 Uhr, und den Nachmittag verbrachte man mit ähnlichen Vorhaben wie am Vormittag. Das abendliche Mahl, das meist aus Seehundeintopf bestand, wurde um 16:30 Uhr eingenommen, und danach saßen die Männer auf Kisten im Kreis um den Bogie-Ofen. Eine streng beaufsichtigte Rotation sorgte dafür, daß jeder einmal die Woche den Platz in unmittelbarer Nähe des Ofens bekam.

»Es war ein gespenstischer Anblick«, schrieb Hurley. »Das Licht der Lampe erleuchtete von unten wie ein Bühnenscheinwerfer die rauchgeschwärzten Gesichter. Die funkelnden Augen spiegeln sich in den Aluminiumbechern, das zuckende Licht aus der offenen Ofentür läßt die Schatten an den Wänden tanzen. Es kommt mir alles so vor, als wäre dies eine Ratsversammlung von Räubern oder Briganten, die ihr Entkommen durch einen Kaminschlot oder eine Kohlenmine feiern.«

Nach der letzten Pfeife des Tages wurden die Kisten so zusammengeschoben, daß Green darauf sein Lager bereiten konnte – er genoß dieses Privileg, weil sein Schlafsack noch gründlicher durchnäßt war als der der anderen. Die in den oberen »Kojen« schwangen sich mit langgeübter Gewandtheit zwischen die Duchten der Boote, während die anderen ihre Unterlagen und Schlafsäcke auf dem Boden ausbreiteten. Hussey beschloß den Abend häufig damit, daß er den Männern noch eine halbe Stunde etwas vorsang, begleitet von seinem Banjo. Leise Unterhaltungen setzten sich noch eine Weile fort, bis alles schlief, meistens gegen 19 Uhr. In der Nacht bildete sich oft eine zentimeterdicke Eisschicht aus kondensiertem Atem an den Wänden.

Am 10. Mai machte Hurley eine Gruppenaufnahme mit seiner Taschenkamera.

DIE GRUPPE AUF ELEPHANT ISLAND
Hurley schoß diese Gruppenaufnahme am 10. Mai 1916. »Die scheckigste & ungepflegteste Gesellschaft, die je auf eine Platte gebannt wurde.« (Hurley, Tagebuch)
Hintere Reihe: Greenstreet, McIlroy, Marston, Wordie, James, Holness, Hudson, Stephenson, McLeod, Clark, Lees, Kerr, Macklin.
Zweite Reihe: Green, Wild, How, Cheetham, Hussey, Bakewell.
Vorne: Rickinson (unter Hussey). Blackborow lag krank in seinem Schlafsack.

»Die scheckigste & ungepflegteste Versammlung, die je auf eine Platte gebannt wurde«, schrieb er. Seine Stimmung hatte sich beträchtlich verbessert, seit sie die Hütte bezogen hatten, und er zeigte sich wieder empfänglich für die strenge Schönheit des wechselnden Lichts auf den Gletschern und Felswänden.

»Ein Sonnenaufgang mit grellen roten Wolken, die sich im absolut stillen Wasser der Bucht spiegeln – ich bin völlig unfähig, das in Worte zu fassen«, schrieb er. »Die gewaltige, dem Meer zugewandte Eiswand nahm eine erbsengrüne Färbung an, hier & da Flecken von Smaragd! Violette Schattierungen & Purpur lagen auf den Schneehängen ... Die felsigen Abbrüche, die normalerweise graubraun sind, behielten ihre natürliche Farbe, schienen aber von einer glänzenden Goldschicht überzogen.«

»Oh, hätte ich nur meine Kameras«, schrieb er an anderer Stelle, um seine verlorene Ausrüstung trauernd. Alle seine geretteten Glasplatten und cinematographischen Filme waren in hermetisch verschlossenen Kanistern in einem Schneeloch vergraben worden, zusammen mit den wissenschaftlichen Aufzeichnungen der Expedition, dem Logbuch des Schiffes und einem Fotoalbum.

Der Winter war angebrochen. In der südlichen Hemisphäre entspricht der Mai dem November, und bis zur Mitte des Monats hatte sich eine Eisschicht über den Kieselstrand gelegt. Alles war schneebedeckt. Die Temperaturen auf Elephant Island, das über dem antarktischen Polarkreis liegt, waren nicht so niedrig wie auf den Eisschollen, aber da die Männer ständig feuchte Kleidung trugen und den Stürmen relativ schutzlos ausgesetzt waren, litten sie doch sehr unter der Kälte.

Die Männer hungerten nicht, aber die Monotonie der praktisch ausschließlich aus Fleisch bestehenden Ernährung war sowohl geistig als auch körperlich schwer zu ertragen. Ab und zu ließ Wild kleine Rationen der verbleibenden Leckerbissen verteilen. Der letzte Rest eines Graupenpuddings mit Marmelade etwa wurde von der Gruppe mit großer Begeisterung aufgenommen. Lees war über diese Extravaganz entsetzt und hielt fest, daß der Pudding seiner Meinung nach über mehrere Tage hätte gestreckt werden sollen, statt auf einmal verzehrt zu werden. Aber Hurleys Reaktion rechtfertigt die Ausschweifung:

»Großartiger Graupenpudding zum Mittag«, schrieb er. »Auch noch ein bißchen Marmelade dazu. Das Mahl war ein großer Genuß, vor allem weil wir seit zwei Monaten kein ganz aus Getreide gemachtes Essen mehr bekommen hatten.« Das fast vergessene Gefühl, nach einer Mahlzeit wirklich satt zu sein, und das Gefühl, etwas »Besonderes« erlebt zu haben, scheint die Moral der Männer sehr gehoben zu haben, und in diesem Sinne hatte Wild das Richtige getan.

Die Tage wurden kürzer, die Sonne schien nur noch von 9 bis 15 Uhr. Die Männer verbrachten bis zu siebzehn Stunden am Tag im Schlafsack. Die Dunkelheit machte es sehr viel schwieriger zu lesen, was die wenigen Ablenkungsmöglichkeiten weiter einschränkte.

»Alle verbrachten den Tag faulenzend und Tran und Tabak rauchend im Schlafsack«, schrieb Greenstreet. »So vergeht wieder ein gottverdammter lausiger Tag.« Neben verschiedenen nautischen Nachschlagewerken und Büchern von Scott und Browning

ELEPHANT ISLAND
»Ich mache diese Eintragung auf dem höchsten Punkt unserer Landzunge … Das Wetter ist sehr gut: heller warmer Sonnenschein & Windstille. Kap Wild ist eine schmale Landzunge, die etwa 200 bis 250 Meter ins Meer hinausragt … Am Ende der Landzunge befindet sich ein etwa sieben Meter hoher Felsen, der seinerseits von einem felsigen Inselchen geschützt wird, dessen Gipfel etwa 100 Meter aufragt. Wir nennen ihn Gnomon … Ich fotografiere ihn.«
(Hurley, Tagebuch)

waren auch fünf Bände der *Encyclopaedia Britannica* aus der Schiffsbibliothek der *Endurance* gerettet worden. Den höchsten Unterhaltungswert hatte zweifellos Marstons *Penny Cookbook*, das viele imaginäre Mahlzeiten inspirierte.

Tauschgeschäfte mit Lebensmitteln wurden zum wichtigsten Zeitvertreib. Insbesondere Lees war ein Meister in diesen Verhandlungen, denn seine Neigung, Kleinigkeiten und Reste aufzuheben, und sein Zugang zu den Vorräten garantierten, daß er immer einen kleinen Leckerbissen hatte, den er anbieten konnte.

»McLeod tauschte einen kleinen Nußkuchen gegen sieben halbe Pinguinsteaks, die ihm täglich zum Frühstück Stück für Stück ›ausgezahlt‹ wurden«, schrieb Lees. »Wild tauschte sein Pinguinsteak gegen einen Zwieback von Stephenson. Neulich fragte mich der Letztere, ob ich ihm einen Nußkuchen für seine Zuckerration, d. h. sechs Zuckerwürfel pro Woche, geben würde, und auch Holness bot dies an.«

Als immer mehr Stunden in der Dunkelheit verbracht werden mußten, spielte das gemeinsame Singen zur Begleitung von Husseys Banjo eine immer wichtigere Rolle. Während draußen der Wind wütete, lagen die Männer angezogen in ihren Schlafsäcken und sangen inbrünstig all die vertrauten Lieder, die an die schöne, sichere Zeit auf der *Endurance* erinnerten. Shantys wie »Captain Stormalong« oder »A Sailor's Alphabet« waren die beliebtesten, besonders, wenn sie von Wilds hervorragendem Baß dargeboten wurden oder von Marston, der die beste Stimme in der Gruppe hatte. Das Erfinden neuer Lieder oder das Improvisieren neuer Texte zu vertrauten Melodien, ein Genre, in dem sich Hussey als Meister erwies, ermöglichte den Männern überdies, Dampf abzulassen und ein wenig zu sticheln, ohne einen anderen zu verletzen:

Wenn Gesichter erbleichen unter dem Ruß,
Wenn Augen sich weiten in Schreck und Not,
Wenn wir auf Knien um Schonung bitten,
Dann weißt du, daß Kerr zu singen droht.

Der Gesundheitszustand der Gruppe war nicht mehr so gut wie im Patience Camp. Wie Lees festhielt, hätten fast alle Männer die trockene Kälte der Eisschollen der weniger strengen, aber feuchten Kälte von Elephant Island vorgezogen. Es gab eine Reihe von Entzündungen und anderen kleinen Beschwerden, und Rickinson, der sich mehr oder weniger von seiner Herzkrankheit erholt hatte, litt unter Salzwassergeschwüren, die nicht abheilen wollten. Hudson war noch immer bettlägerig und hatte einen großen schmerzenden Abszeß am Hintern entwickelt. Greenstreet litt unter Erfrierungen, wenn auch nicht in dem Maße wie Blackborow.

Blackborows Zustand war so ernst geworden, daß Macklin und McIlroy, die ihn ständig überwachten, sich schon darauf einstellten, ihm die Füße amputieren zu müssen. Im Juni schien es seinem rechten Fuß besser zu gehen, aber die Zehen des linken waren brandig geworden und mußten abgenommen werden. Da die Ärzte eine Temperatur benötigten, die hoch genug war, um ihren geringen Vorrat an Chloroform verdampfen zu lassen, warteten sie zur Durchführung der Operation auf einen milden Tag.

Am 15. Juni wurden alle Männer, auch die Kranken, aus der Hütte herausgeholt, während die Ärzte sie in einen Operationssaal verwandelten. Lebensmittelkisten, die mit Tüchern bedeckt wurden, dienten als Operationstisch, und Hurley heizte den Bogie-Ofen mit Pinguinhäuten ein, so daß die Temperatur schließlich 25 Grad Celsius erreichte. Die wenigen chirurgischen Instrumente wurden in dem großen Topf ausgekocht. Macklin und McIlroy zogen sich bis auf die Unterhemden aus, der saubersten Kleidungsschicht, die sie besaßen. Nachdem Macklin den Patienten betäubt hatte, vollzog McIlroy den chirurgischen Eingriff. Hudson konnte es nicht mitansehen, er wandte das Gesicht ab; Hurley dagegen, der nie empfindlich war, fand den Vorgang faszinierend.

»Blackborow hatte heute eine Operation an den Zehen«, schrieb Greenstreet, der an Erfrierungen und Rheumatismus litt. »Die Zehen seines linken Fußes wurden ihm alle abgenommen, nur ungefähr 1/4 Stümpfe blieben übrig. Ich sah zu und fand die Operation faszinierend. Der arme Kerl war sehr tapfer.« Wild sah auch zu und zuckte mit keiner Wimper. »Er ist wirklich ein harter Junge«, schrieb Macklin.

Als die Operation vorüber war, durften die anderen in die Unterkunft zurückkehren, während Blackborow noch unter Chloroform weiterschlief. Er war in der Gruppe außerordentlich beliebt, und seine heitere Zuversicht vor und nach der Operation wurde sehr bewundert. Auch Lees war von seiner Tapferkeit beeindruckt, aber die Operation machte ihm aus einem anderen Grund Sorge.

»Fast alles Chloroform ist aufgebraucht«, schrieb er, »wenn sie mir also ein Bein abnehmen müssen – obwohl es im Moment nicht danach aussieht –, werden sie es ohne Betäubung machen.«

Der Einbau einiger kleiner Fenster, die aus einem Uhrkasten und einem Stück Zelluloid gefertigt wurden, brachte ein schwaches Licht in die Hütte – genug aber, um den Männern vor Augen zu führen, in welchem Dreck sie da lebten. Fett, der Tranrauch und Ruß, Seehund- und Pinguinblut und schmelzender Guano hatten sich in jede Ritze und in jeden Winkel der Hütte gesetzt. Fleischstücke, die in der Dunkelheit unbemerkt zu Boden fielen, faulten vor sich hin. Nachts wurde ein Zwölf-Liter-Petroleumkanister als Urinal benutzt, um den Männern das Stolpern über die anderen Schlafsäcke und den Gang hinaus in die Kälte zu ersparen. Wild hatte festgelegt, daß der Mann, der den Kanister bis sechs Zentimeter unter den Rand füllte, dafür verantwortlich war, ihn hinauszutragen und auszuleeren. Das führte dazu, daß die Männer dem Kanister fernblieben, sobald die kritische Grenze erreicht zu sein schien; jeder versuchte, es solange auszuhalten, bis ein anderer den verhaßten Gang antreten mußte.

Der »Mittwintertag«, der 22. Juni, wurde wie auf der *Endurance* mit einem Festmahl, Liedern und kleinen Aufführungen gefeiert. Wie Shackleton legte Wild großen Wert darauf, die Monotonie ihrer Existenz bei jedem nur denkbaren »Anlaß« aufzulockern. Man hob das Glas auf den König, die wiedergekehrte Sonne, auf den Boss und die Mannschaft der *Caird*. Dabei wurde ein neues Gebräu getrunken, das aus Clarks neunzigprozentigem Methylalkohol (zum Konservieren von Tier- und Pflanzenarten mitgeführt), aus Zucker, Wasser und Ingwer bestand (der Ingwer war irrtümlich mitgekommen, man hatte geglaubt, die Dose enthielte Pfeffer). Dieser »Gut Rot 1916« wurde sehr populär, besonders Wild selbst entwickelte eine große Zuneigung zu dem Getränk. Der Trinkspruch auf »Geliebte und Ehefrauen« wurde jeden Samstag ausgebracht.

Der Juli brachte wärmeres, feuchteres Wetter. Der große Gletscher an der Mündung der kleinen Bucht stieß enorme Eisbrocken ab, die sich wie Gewehrschüsse knallend lösten und große Wellen aufwarfen, als sie ins Wasser eintauchten. Ein ernsteres Problem war die Zunahme geschmolzenen Schnees und Eises – und des Pinguinkots – auf dem Fußboden der Hütte.

»Schmelzwasser stand am Boden und machte ihn zu einem tiefen Matsch, in dem die notdürftigen Fliesen untergingen. Wir machten uns an die übelriechende Arbeit, den Matsch und das Wasser nach draußen zu befördern und neue Holzfliesen zu legen«, schrieb Hurley. »Wir gruben in der Hütte eine Senkgrube und schleppten etwa vierhundert Liter stinkender Flüssigkeit hinaus.« Dieser unerfreuliche Vorgang mußte nun den ganzen Monat hindurch mehrfach wiederholt werden.

Zur allgemeinen Gereiztheit trug die Tatsache bei, daß den meisten Männern der Tabak ausgegangen war. Nur die Sparsamsten und Diszipliniertesten hatten noch etwas.

»Holness, einer der Seeleute, sitzt jeden Abend in der Kälte da und starrt Wild & McIlroy in der Hoffnung an, daß sie ihm den unbrauchbaren Teil einer Toilettenpapierzigarette geben werden«, schrieb Lees. Diese Krise rief einen vorher unbekannten Erfindungsgeist hervor. Mit dem Eifer von Wissenschaftlern in ihrem Labor, erprobten sie methodisch jede brennbare Faser, die sie finden konnten, auf ihre Eignung als Er-

EISZAPFEN
»5. Juli 1916: Schöner, ruhiger Tag, wenn auch langweilig. Am Morgen gehe ich mit Wild spazieren. Wir besuchen eine Höhle im Gletscher, die von prächtigen Eiszapfen geschmückt ist.« (Hurley, Tagebuch)

satztabak hin. Große Hoffnungen richteten sich auf ein Verfahren, das Bakewell ersonnen hatte. Er sammelte die Pfeifen aller Männer ein und kochte sie zusammen mit Sennagras, das sie zur Isolierung ihrer Finneskostiefel benutzten, im großen Topf aus; seine Theorie war, daß Nikotinreste in den Pfeifenköpfen dem Gras Tabakgeschmack geben würden.

»Ein starkes Aroma wie von einem Präriefeuer liegt in der Luft«, schrieb Hurley. Das Experiment scheiterte, aber Bakewell nahm es mit philosophischer Gelassenheit auf. »Wenn wir genug zu essen und zu rauchen gehabt hätten, wäre unser Verstand unterbeschäftigt gewesen«, schrieb er, »und das wäre für die Moral der Gruppe gefährlich geworden.«

Das Rauchen war nicht das einzige Vergnügen, dessen die Mannschaft im Laufe der Zeit beraubt wurde. Wild hatte dem Tauschhandel mit Lebensmitteln Einhalt geboten, nachdem es Lees gelungen war, den gedankenlosen Seeleuten den Zuckervorrat vieler Wochen abzunehmen. Sich auf die Aussage der Mediziner stützend, belehrte er Lees, daß die Männer die Kohlenhydrate im Zucker brauchten, sollten sie nicht Mangelerscheinungen bekommen. Umtrünke mit Methylalkohol hatten im Juli stark zugenommen, aber dieser Vorrat ging ebenfalls zur Neige, wie auch, und das war besorgniserregender, der an Zwieback und der kostbaren Nußpaste. Die Pulvermilch war schon verbraucht. Bald würde es zu den Mahlzeiten nur noch Seehund oder Pinguin geben. Aber diese eintönige und wenig bekömmliche Ernährungsweise war nicht das einzige, was die Männer ermüdete; auch die nie endende Notwendigkeit, die Tiere zu töten, forderte ihren Tribut.

»Etwa 30 Pinguine kamen an Land & ich war froh, daß das Wetter zu schlecht war, um sie zu erschlagen«, schrieb Hurley. »Wir haben es aus tiefster Seele satt, jeden Vogel, der auf Nahrungssuche an Land kommt, töten zu müssen.«

Der 23. August war so hell und mild, daß ein Frühlings-Großreinemachen unternommen und Schlafsäcke und Decken draußen zum Trocknen ausgebreitet wurden. Blackborow wurde hinausgetragen, damit er die Sonne genießen konnte. Er hatte jeden Tag der vier Monate auf Elephant Island in seinem Schlafsack verbracht, aber niemals hatte jemand eine Klage von ihm gehört. Das gute Wetter hielt sich, und einige der Männer sammelten Napfschnecken und Seetang aus Gezeitenteichen; in Seewasser gekocht, waren sie eine willkommene Abwechslung des Speiseplans.

Das Wetter blieb wie immer unberechenbar, es folgten noch ein paar schöne Tage, aber dann warf ein Schneesturm aus Nordost hohe Wehen von bis zu anderthalb Metern Höhe um die Hütte auf. Am 19. August war das Packeis so dicht, daß man vom Aussichtspunkt überhaupt kein Wasser mehr erkennen konnte. Die erwartungsvolle Atmosphäre, in der der Monat begonnen hatte, wurde nun von einer Stimmung zunehmender Sorge abgelöst. Der August war immer der letzte Monat gewesen, in dem eine Rettung noch zu erwarten war.

»Alle werden immer nervöser, was das Schicksal der *Caird* angeht & wenn man einen gewissen Zeitraum für unwägbare Ereignisse annahm, sollte ein Schiff nun langsam auftauchen«, schrieb Hurley. »Das Wetter ist miserabel. Kein Lüftchen weht & auch der Ozean liegt träge da, ganz bedeckt von Packeis & ein dichter weißer Dunst liegt wie ein Leichentuch über Land & See. Die Stille ist extrem bedrückend.«

Jetzt wurde zum erstenmal die Möglichkeit, daß Shackleton nicht wiederkam, offen diskutiert. Wild hatte in aller Stille angeordnet, daß Holz und Nägel gehortet werden sollten, und das war ein bedrohliches Anzeichen. Es hieß, daß sie unter Umständen aus eigener Kraft mit den Booten Deception Island erreichen mußten.

Schwüles, feuchtes Wetter quälte sie am 21., der Schnee schmolz, und das Schmelzwasser lief unter die Boote. Blackborows Fuß heilte nicht, und es sprach sich herum, daß die Schwellung und Entzündung darauf hindeuteten, daß der Knochen selbst infiziert war.

Das Wetter blieb sehr warm, und am 24. wurde Marston sogar beim Sonnenbaden angetroffen. Am 25. bezog sich der Himmel, und am 26. setzte der Regen wieder ein. All diese Tage hindurch schien kein Windhauch das Eis oder das Wasser zu bewegen. Am 27. gab Wild den Männern den Befehl, die Schneewehen in der Nähe der Hütte wegzuschaufeln, weil er Tauwetter erwartete. Die Arbeit wurde am 28. fortgesetzt, und obwohl sie anstrengend war, genossen die meisten die ungewohnte Übung.

Der 29. August war ein klarer Tag mit starkem Wind. »Wir arbeiten jetzt daran, eines der beiden Boote seetüchtig zu machen«, schrieb Lees. »Wild hat längst alles geplant & hat jetzt ein paar Auserwählten erklärt, wie er es machen will. Er wird mit vier anderen in der *Dudley Docker* aufbrechen & versuchen, dicht unter Land die Inseln entlang bis zu den South Shetlands vorzustoßen … von dort nach Deception Island, etwa 250 Meilen südwestlich von uns.«

In der Theorie war das einfach, aber niemand wollte diese Strapazen freiwillig auf sich nehmen. Der bloße Gedanke an eine weitere Bootsfahrt war selbst unter den günstigsten Umständen zutiefst erschreckend. Ohnedies war die beste Ausrüstung in die *Caird* gegangen, und jetzt blieb ihnen nur eine Fock, das Hauptsegel mußte aus Zeltleinwand hergestellt werden, und sie hatten nur noch fünf Riemen. Selbst der Mast der *Dudley Docker* war benutzt worden, um den Kiel der *Caird* zu verstärken. Vor allem aber würde die Abfahrt der *Dudley Docker* von Elephant Island ein offenes Eingeständnis sein, daß die *Caird* mit allen Mann an Bord irgendwo im südlichen Atlantik verloren war.

Der 30. August zog kalt und klar herauf. Alle Männer arbeiteten daran, eine Schneewehe zu beseitigen. Um 11 Uhr hielten sie inne, um die ruhige See und den niedrigen Wasserstand auszunutzen und Napfschnecken für das Abendessen zu sammeln. Um 12:45 Uhr gab es Mittagessen, Seehundrücken. Nur Hurley und Marston blieben draußen, um Napfschnecken zu entschalen.

Wild war gerade dabei, das Essen zu verteilen, als die Männer Marstons Fußtritte hörten, er lief – zweifellos, um noch etwas abzubekommen. Einen Augenblick später steckte er den Kopf herein, er keuchte.

»Wild, da ist ein Schiff«, sagte er aufgeregt. »Sollen wir ein Feuer anzünden?«

»Bevor Wild antworten konnte, stürzte alles hinaus«, berichtete Lees. »Es war ein Gewirr von Männern, die noch ihre Dosen mit Seehundeintopf in den Händen hatten. Das Tuch vor dem Ausgang wurde in Fetzen gerissen.«

Draußen war Hurley schon dabei, Paraffin, Tran und Sennagras zu entzünden, was eine explosive Flammenentwicklung ergab, aber wenig Rauch. Das spielte indessen keine Rolle, denn das Schiff steuerte eindeutig auf Cape Wild zu.

»Da lag es«, schrieb Lees, »kaum mehr als eine Meile vor der Küste, ein sehr kleines schwarzes Schiff, so etwas wie ein Dampfschlepper, nicht der hölzerne Eisbrecher, den wir erwartet hatten.« Während sie voller Glück und Verwunderung hinausblickten, lief Macklin zum »Flaggenmast« und zog seine Burberryjacke auf, soweit sie hinaufging, was etwa halbmast bedeutete. Hudson und Lees trugen Blackborow hinaus. Sie kamen gerade rechtzeitig, um zu sehen, daß das seltsame Schiff zu ihrer Verwirrung die chilenische Marineflagge hißte.

Unter lauten Hurra-Rufen beobachteten die Männer, wie das Schiff näherkam. Es ankerte knapp 200 Meter vor der Küste und ließ ein Beiboot zu Wasser. Und darin erkannten sie schließlich die kräftige, breitschultrige Gestalt von Shackleton und dann Crean.

»Ich war kurz davor, laut loszuheulen & konnte minutenlang kein Wort herausbringen«, schrieb Wild.

»Dann gab es noch einmal richtige Jubelschreie«, erinnerte sich Bakewell. Atemlos warteten die Männer, während Shackleton näherkam. Als er in Hörweite war, riefen sie unisono: »Alle wohlauf!«

Worsley stand neben Shackleton an Deck der *Yelcho*, als sie die Insel zuerst ausmachten. Ihre Herzen sanken, als sie die auf halbmast gehißte Flagge sahen, aber dann zählte Shackleton durchs Fernglas 22 Gestalten am Strand.

»Er steckte das Glas in die Hülle zurück und wandte sich mir zu, sein Gesicht zeigte mehr an Gefühl, als ich es jemals bei ihm gesehen hatte. Crean trat zu uns, und wir

konnten alle drei nicht sprechen ... Es klingt banal, aber buchstäblich ganze Jahre schienen von ihm abzufallen, wie er da vor uns stand.«

Innerhalb einer Stunde war die ganze Gruppe von Elephant Island an Bord der *Yelcho*. Hurley trug seine Kanister mit den Platten und Filmen und Greenstreet das Logbuch der *Endurance*. Shackleton, sich stets der Tücke des Eises bewußt, widerstand Einladungen, sich die Hütte anzusehen; er wollte das Packeis so schnell wie möglich hinter sich bringen.

Lees war der letzte, der die Insel verließ. Er hatte neben der Hütte ausgeharrt, um dem Boss alle Einzelheiten zu zeigen. Erst als das Boot zum letzten Mal zurückkam, lief er mit den Armen wedelnd an den Strand und sprang hinein.

Von der Brücke der *Yelcho* beobachtete Worsley die Rettungsaktion.

»2:10. Alles in Ordnung«, schrieb er in sein Logbuch. »Endlich! 2:15 volle Kraft voraus.«

Das Abenteuer war vorbei; und fast sofort sahen die Männer ihre Erlebnisse in einem anderen Licht. Es war im Grunde gar nicht so schlimm gewesen. Irgendwie hatte es Wild geschafft, den Alltag des Lagerlebens eher unbequem und hart als verzweifelt erscheinen zu lassen.

»Ich bin kein Mann großer Gefühle«, schrieb Hurley. »Aber als diese erhabenen Gipfel im Dunst versanken, konnte ich ein Gefühl der Trauer kaum unterdrücken. Wir verließen vielleicht für immer das Land, das uns genährt und gerettet hatte. Un-

DIE RETTUNG NACH 22 MONATEN

30. August 1916: Die *Yelcho* ist da. Drei Tage zuvor hatte Wild den Befehl gegeben, die Schneewehen um die im Freien stehende Küche zu beseitigen, damit sie nicht bei Tauwetter überschwemmt wurde. Die Hacken und Schaufeln der Männer sind noch zu sehen, wo sie sie stehengelassen haben. Ihre wenigen Habseligkeiten sind schon gepackt.

DIE RETTUNG DER MANNSCHAFT AUF ELEPHANT ISLAND
»30. August – Mittwoch – Tag der Wunder.«
(Hurley, Tagebuch)

sere Hütte, ein einsamer Rest menschlicher Behausung, wird zu einem Zentrum werden, um das Scharen von Pinguinen sich sammeln, um es staunend anzublicken und über seinen Ursprung zu rätseln. Gute alte Elephant Island.«

Shackleton hatte seinen Männern und der Welt draußen viel zu erzählen. Aber der Brief, den er seiner Frau sandte, hielt nur das Wesentliche fest.

»Ich habe es geschafft. Zum Teufel mit der Admiralität … Keinen Mann verloren, und wir sind durch die Hölle gegangen.«

DIE ›YELCHO‹ IM TRIUMPH.

Dieses Foto, das die Rückkehr des kleinen Schleppers in seinen Hafen dokumentiert, wurde von einem Mr. Vega aufgenommen, der laut Hurley der führende Fotograf der Stadt war.

»3. September, Sonntag. Schöner Sonnenaufgang mit großartigen Dunstwolken über den Hügeln & fernen Bergen, die Punta Arenas umgeben. Kurz nach 7:00 Uhr wurde Sir E. an Land gerudert & rief in Punta Arenas an, um unsere Ankunft anzukündigen, damit die Bevölkerung uns nach dem Gottesdienst in Empfang nehmen konnte. Wir sollten um 12:00 Uhr mittags einlaufen. Die *Yelcho* war über die Toppen geflaggt … Als wir uns dem Kai näherten, hörten wir ohrenbetäubendes Getute & Gepfeife von den anderen Schiffen im Hafen, ein Jubel, der von der gewaltigen Menschenmenge auf den Kais & im Hafen aufgenommen wurde.«

(Hurley, Tagebuch)

»Für meine Gefährten«

So fuhr ich auf der tiefen, weiten See hinaus,
Mit einem Schiff und dem kleinen Trupp
Gefährten, die mich noch nie verließen.
Dante: »Die Fahrt des Odysseus«, Inferno

Sagen Sie, seit wann ist der Krieg zu Ende?« hatte Shackleton Sørlle gefragt, als er nach dem Marsch durch South Georgia in der Stromness Station eintraf.

»Der Krieg ist noch nicht zu Ende«, hatte Sørlle geantwortet. »Millionen sind gefallen. Europa ist verrückt. Die Welt ist verrückt.«

Während ihrer Irrfahrt auf dem Eis war der Krieg oft Gegenstand ihrer Unterhaltungen gewesen. Die Männer machten sich vor allem Sorgen, daß er vorbei sein könnte, wenn sie nach Hause zurückkehrten, so daß sie ihn ganz verpassen würden. Bevor er an Bord der *Yelcho* ging, hatte Shackleton Post abgeholt, die für die Männer auf South Georgia wartete, und er hatte Zeitungen mitgebracht, um ihnen einen Eindruck von dem zu vermitteln, was in den zwei Jahren geschehen war, in denen sie den Kontakt zur Welt verloren hatten.

»Alles hat sich geändert«, erklärte Shackleton ihnen an Bord der *Yelcho*, wie Lees berichtet. »Sie nennen es jetzt die Ehrenliste statt der Gefallenenliste.«

»Der Leser wird kaum ermessen können, wie schwer es uns fiel, uns beinahe zwei Jahre des gewaltigsten Krieges der Geschichte vorzustellen«, schrieb Shackleton in seinem Buch, das den Titel *South* trug. »Die Armeen, die sich im Grabenkrieg ineinander verkrallt hatten, die Versenkung der *Lusitania,* die Ermordung der Krankenschwester Cavell, der Einsatz von Giftgas und Flammenwerfern, der U-Bootkrieg, der Gallipoli-Feldzug, die hundert anderen Geschehnisse des Krieges lähmten uns am Anfang fast ... Ich glaube, unsere Erfahrung war einzigartig. Keine anderen zivilisierten Menschen können den welterschütternden Ereignissen so unwissend gegenübergestanden haben wie wir, als wir Stromness Whaling Station erreichten.«

Der Krieg hatte alles verändert – und am meisten das heroische Ideal. Angesichts von Millionen gefallener junger Männer war Großbritannien an Überlebensgeschichten nicht sonderlich interessiert. Die Nachricht vom Schicksal der *Endurance*-Expedition war zwar so außerordentlich, daß sie in die Schlagzeilen der Zeitungen kam, aber Shackletons offizielle Aufnahme blieb bemerkenswert kühl. Als er nach dem Fehlschlag der Rettungsaktion mit der *Southern Sky* nach Stanley auf den Falklandinseln zurückkehrte, schrieb die Zeitung *John Bull* diesen albernen Bericht:

»Nicht eine einzige Seele in Stanley schien etwas auf seine Rückkehr zu geben! Nicht eine Fahne wehte im Wind … Ein alter Seebär brummte: ›Er hätte schon längst im Krieg sein sollen, statt auf irgendwelchen Eisbergen rumzukriechen.‹«

In Punta Arenas indessen wurden Shackleton und seine Männer von großen Menschenmengen herzlich willkommen geheißen. Die verschiedenen Nationalitäten der Stadt – darunter die Deutschen, mit denen die Briten im Krieg lagen – kamen mit Spruchbändern und Fahnen zum Hafen, um sie zu begrüßen. Shackleton war so klug gewesen, in Rio Seco, etwa sechs Meilen vor Punta Arenas, einzulaufen, um die Stadt telefonisch über seine kurz bevorstehende Ankunft zu verständigen. Das chilenische Außenministerium erkannte die publizistischen Möglichkeiten, die in Shackletons Popularität lagen, und ermutigte ihn, die Staaten zu besuchen, die ihm behilflich gewesen waren. Also fuhr er mit einer Handvoll seiner Männer nach Santiago, Buenos Aires und Montevideo – aber nicht zu den britischen Falklandinseln.

Die *Endurance*-Expedition endete offiziell am 8. Oktober 1916 in Buenos Aires, aber Shackleton hatte noch etwas zu tun. Die andere Hälfte der »Imperial Trans-Antarctic Expedition«, die Rossmeer-Gruppe, die dort ein Depot aufbauen sollte, wo Shackleton ursprünglich hatte ankommen wollen, auf der anderen Seite des Globus, war abgetrieben worden. Das Expeditionsschiff, die *Aurora,* hatte sich aus ihrer Verankerung gelöst und war dann von Packeis daran gehindert worden, an ihre ursprüngliche Position zurückzukehren. Eine weitere Überlebenssaga – unter anderem mit einer der beeindruckendsten Leistungen im Transport von Menschen mit Hundeschlitten in der Geschichte antarktischer Entdeckungen – hatte sich auf dem Schnee und Eis abgespielt, wo Shackleton einst als Polarforscher berühmt geworden war. Drei Männer hatten dabei ihr Leben verloren. Shackleton machte sich also noch einmal auf den Weg in die Antarktis, um die Reste dieser Expedition aufzunehmen.

Auf dem Bahnhof von Buenos Aires verabschiedete sich Shackleton von seinen Männern, die gekommen waren, um ihm eine gute Reise zu wünschen. Es war das letzte Mal, daß so viele Mitglieder der Expedition – alle der Elephant Island-Gruppe außer Blackborow und Hudson – versammelt waren.

»Wir sind auseinandergegangen«, schrieb Macklin. Mit wenigen Ausnahmen waren die meisten auf dem Weg zurück nach England. Blackborow lag in einem Krankenhaus in Punta Arenas, umsorgt, so schien es, von der ganzen weiblichen Bevölkerung der Stadt; Bakewell wollte bleiben.

»Als ich mich der Expedition anschloß«, schrieb Bakewell, »bat ich darum, in Buenos Aires ausgezahlt zu werden, wenn wir zurückkehrten. Sir Ernest stimmte zu, und nun war die Stunde der Trennung gekommen. Ich mußte mich von der besten Gruppe von Männern verabschieden, der ich jemals das Glück hatte, angehören zu dürfen.«

Hudson, der Invalide, der ewig Indisponierte, der Mann mit dem »umfassenden Zusammenbruch«, war schon fort. Er hatte es eilig, seinen Offiziersdienstgrad wieder in Anspruch zu nehmen und seinem Land zu dienen. Auf Elephant Island hatten die beiden Ärzte seinen schrecklichen Abszeß von der Größe eines Fußballs aufgeschnitten und trockengelegt, und diese Operation scheint für ihn eine Wende zum Besseren gewesen zu sein. Die Apathie, mit der er die meiste Zeit auf Elephant Island verbrachte, mochte von dem Fieber herrühren, das mit einer so starken Infektion unvermeidlich verbunden war.

Hurley, den die Empfänge und Feierlichkeiten schnell langweilten, verbrachte lange Tage in einer Dunkelkammer, die ihm ein Fotograf der Stadt zur Verfügung gestellt hatte.

»Alle Platten, die vor beinahe zwölf Monaten auf dem Wrack belichtet wurden, sind hervorragend geworden«, schrieb er. »Der kleine Kodakfilm hat gelitten, aber ich werde trotzdem Abzüge machen können.«

Aus Punta Arenas telegrafierte Shackleton lange Artikel an den *Daily Chronicle* in London.

»Rettung der gestrandeten Entdecker.« – »Shackleton in Sicherheit.« – »Shackletons Männer gerettet.« Die Geschichten setzten sich bis in den Dezember fort.

Hurley traf am 11. November in Liverpool ein.

»Der Zoll beanspruchte eine beträchtliche Zeit«, schrieb er, »besonders der Film war schwierig. Er wurde gewogen – eine Methode, seine Länge einzuschätzen – & ich mußte einen Einfuhrzoll von fünf Pence pro Fuß bezahlen. Der ganze Film trug dem Zoll einen Betrag von 120 Pfund ein.« Er fuhr mit dem Zug nach London, ging direkt ins Redaktionsgebäude des *Daily Chronicle* und übergab Ernest Perris den Film. Die nächsten drei Monate hindurch arbeitete Hurley hartnäckig an der Entwicklung seiner Bilder, seines Films und der Diapositive auf Platte, die er in Vorträgen benutzen wollte. Dramatische Fotoseiten erschienen in mehreren Zeitungen (im *Chronicle*, der *Daily Mail*, der *Sphere*), und er war außerordentlich stolz auf die Ausstellung seiner Paget-Farbplatten in der Polytechnic Hall; auf eine Leinwand von sechs Quadratmetern projiziert, erhob sich die *Endurance* aus der Dunkelheit unter einem leuchtenden, aber eisigen Himmel, um noch einmal mit ihrem Schicksal zu kämpfen.

Schon am 15. November hatte Hurley sich entschlossen, nach South Georgia zurückzukehren, um Tieraufnahmen zu machen. Er hoffte, damit jene ersetzen zu können, die er auf dem Eis hatte zurücklassen müssen. Der Aufenthalt in England war angenehm gewesen, trotz der Tatsache, daß »London das schlechteste Klima besitzt, dem ich bisher ausgesetzt war, was Erkältungen und Krankheit angeht«. In dieser Zeit traf er sich oft mit James, Wordie, Clark und Greenstreet.

Die Reise nach South Georgia war erfolgreich, und nach mehreren Wochen typisch intensiven Arbeitens kehrte Hurley im Juni 1917 nach London zurück und übergab Perris eine weitere Filmrolle sowie neue Platten. Der Film unter dem Titel *Im Griff des polaren Packeises*, der nach dem Krieg 1919 in die Kinos kam, wurde zu einem großen Erfolg.

Es ist nicht klar, warum Shackleton Hurley nie mochte und sogar tief mißtraute. Er hatte sich während der Expedition große Mühe gegeben, Hurleys Eitelkeit zu schmeicheln, zog ihn zu allen wichtigen Beratungen hinzu. Hurley seinerseits bewunderte Shackleton und drückte das sowohl öffentlich als auch in der Privatheit seines Tagebuches deutlich aus. Hurley war großsprecherisch, eitel, arrogant und eigenwillig, es war nicht einfach, mit ihm auszukommen – aber er war auch ein außerordentlich fähiger Mann. Öfen, Maschinen, improvisierte Schiffspumpen, Steinmauern für die Kombüse – viele Vorrichtungen, die für die Gruppe während der Expedition sehr wertvoll wurden, waren das Werk seiner riesigen Hände. War dies das Problem? Glaubte Shackleton, daß dieser begabte, harte, selbstsichere Australier die Art Mann war, die sich in manchen Situationen selbst Shackleton überlegen fühlte?

Der Film trug viel dazu bei, die Schulden der Expedition abzutragen, die auf Shackleton warteten, als er schließlich im Mai 1917 nach England zurückkehrte. Nach der Rettung der Rossmeer-Gruppe machte er eine rasche Vortragstournee durch die Vereinigten Staaten, die gerade in den Krieg eingetreten waren. Danach galt seine unmittelbare Sorge der Frage, wie er an eine angemessene Position im Militär herankommen konnte.

Obwohl er nach dem Gesetz aufgrund seines Alters – er war jetzt 42 – von der Wehrpflicht ausgenommen war und trotz seiner tiefen Erschöpfung, wollte Shackleton eine solche Position, weil er meinte, daß er dienen müßte, um später einmal Unterstützung für zukünftige Unternehmen bekommen zu können. Seine Rückkehr nach England war in der Presse kaum registriert worden; es gab keine Helden mehr, die keine Kriegshelden waren.

Monate vergingen. Dreißig seiner Männer, sowohl von der Weddellmeer- als auch der Rossmeer-Gruppe, dienten inzwischen, aber Shackleton konnte keine Stelle finden. Er trank, und er war ruhelos. Er verbrachte nur wenig Zeit zu Hause. In London war er oft in der Gesellschaft seiner amerikanischen Geliebten, Rosalind Chetwynd, anzutreffen. Schließlich wurde er aufgrund einer Intervention von Sir Edward Carson, einem ehemaligen First Lord of the Admiralty (und dem einstigen Verteidiger des Marquis of Queensberry im Beleidigungsprozeß, den Oscar Wilde gegen ihn angestrengt hatte), auf eine Propagandamission nach Südamerika geschickt. Seine vage formulierte Aufgabe bestand darin, die Moral der Briten dort zu heben, die englische Kriegsanstrengung zu verdeutlichen und über die Propagandamaßnahmen zu berichten, die dort bereits eingeleitet worden waren.

Im Oktober 1917 brach er nach Buenos Aires auf. Im April 1918 war er wieder in London. Aber noch immer hatte er nicht die Befriedigung, eine Uniform tragen zu dürfen. Wiederum machte er die Runde bei den Ämtern auf der Suche nach einer lohnenden Beschäftigung, aber praktisch ohne Resultat. Eine Reihe unbedeutender Missionen führte ihn nach Spitzbergen und schließlich nach Murmansk in Rußland, wo er den offiziellen Titel »Stabsoffizier für den arktischen Transport« tragen durfte. Zumindest konnte er ein paar alte Freunde zu sich holen. Auf seine Bitte war Frank Wild von seinen Pflichten in Archangelsk befreit und ihm als Assistent zugeteilt worden. McIlroy, in Ypern schwer verwundet, war als Invalide aus der Armee entlassen worden und kam nun nach Murmansk. Hussey war dort und später Macklin, der in Frankreich gekämpft hatte. Auch einige von Scotts früheren Gefährten waren an diesen polaren Vorposten versetzt worden, aber sie standen Shackleton distanziert, wenn nicht sogar feindselig gegenüber. Daß Scott und seine Männer an Skorbut gestorben waren, wurde offiziell noch immer geleugnet, da dies organisatorische Mängel impliziert hätte. Die

Männer der *Endurance* hatten fast zwei Jahre auf dem Eis ohne eine Spur dieser Krankheit überlebt, da Shackleton vom ersten Tag an, als die *Endurance* im Packeis festlag, darauf bestanden hatte, daß sie frisches Fleisch aßen.

Als der Krieg zu Ende ging, wußte Shackleton wieder nicht, was er tun sollte. Noch in Neuseeland hatte er Edward Saunders, der schon an seinem ersten Buch mitgearbeitet hatte, die wichtigsten Teile von *South* diktiert. 1919 wurde das Buch schließlich veröffentlicht, verfaßt von Saunders, der sich auf Shackletons Diktate und auf Tagebücher von Expeditionsteilnehmern stützte. Angesichts dieser Kompositionsmethode ist der Bericht bemerkenswert genau. Namen und Daten sind manchmal nicht ganz stimmig, und auch die Reihenfolge der Abläufe ist nicht immer richtig (zum Beispiel während der Fahrt der *James Caird*). Eine Reihe von Episoden wird ein wenig unter Wert abgehandelt, aber nur überraschend wenige fehlen ganz. McNishs Rebellion etwa wird nicht erwähnt. Shackletons Widmung lautete: »Für meine Gefährten.«

J. A. McILROY
Ein Weltmann mit umgänglichen Manieren, war McIlroy viel im Osten gereist, bevor er sich der *Endurance* als Schiffsarzt anschloß.

Das Buch wurde von der Kritik gefeiert und verkaufte sich gut. Shackleton sah indessen nichts von den Tantiemen. Die Testamentsvollstrecker eines der Männer, die seine Expedition finanziert hatten, Sir Robert Lucas-Tooth, der 1915 gestorben war, saßen ihm im Nacken und forderten die Rückzahlung von dessen Anteil. Um ihre Ansprüche außergerichtlich zu befriedigen, überließ Shackleton ihnen alle Rechte an *South*, seiner einzigen Hoffnung, Geld zu machen.

Bei Kriegsende war Shackleton praktisch pleite, bei nicht besonders guter Gesundheit und ohne Perspektive. Er war nur noch selten bei seiner Frau, die er dennoch zu lieben behauptete, und lebte meist in der Wohnung seiner Geliebten in Mayfair. Ganz gegen seine Neigung zwang ihn seine finanzielle Notlage, auf Vortragstournee zu gehen. Halbgefüllten Sälen erzählte er wieder und wieder die Geschichte der gescheiterten *Endurance*-Expedition, während hinter ihm Hurleys Lichtbilder hartnäckige Erinnerungen wachriefen. Als er seine Bilder vorbereitete, hatte Hurley eine einfallsreiche Methode von gemischten Motiven vervollkommnet. Tierbilder wurden dabei zum Beispiel über Aufnahmen leeren Eises gelegt oder eine Anzahl Szenen mit einem neuen Hintergrund spektakulär von hinten beleuchteter Wolken ausgestattet – das war sozusagen sein Markenzeichen. Hurley hatte seine Fotos immer als kommerziell betrachtet, und er scheint diese Art von Manipulation ganz ohne Gewissensbisse vorgenommen zu haben.

Im Jahr 1920 erklärte Shackleton plötzlich, daß es ihn in die polaren Regionen zurückziehe, ob in den Norden oder Süden, sei ihm egal. Ein letztes Mal klapperte er alle in Frage kommenden Geldgeber in London ab, bis ein alter Schulkamerad Shackletons von Dulwich, John Quiller Rowett, sich bereit erklärte, das ganze kaum definierte Unternehmen zu finanzieren.

Voller Zuversicht und angeregter, als er es seit Jahren gewesen war, schickte Shackleton den alten Gefährten seiner *Endurance*-Expedition die Nachricht, daß er wieder nach Süden aufbreche. McIlroy und Wild kamen aus Njassaland in Südafrika, wo sie eine Baumwollfarm aufgebaut hatten; Green erklärte sich bereit, als Koch mitzufahren. Hussey kam mit seinem Banjo, und auch Macklin, der zu einem der engsten Freunde Shackletons geworden war, wollte mitfahren. McLeod und Kerr meldeten sich ebenfalls zurück, und Worsley sollte wieder als Kapitän des Expeditionsschiffes dienen.

Das Schiff, die *Quest*, war ein etwas schwerfälliger ehemaliger »Sealer«, also ein Schiff, das zur Seehundjagd eingesetzt worden war. Die *Quest* erforderte in jedem Hafen, den sie anliefen, neue Reparaturen. Diesmal waren keine Schlittenhunde an Bord, nur ein Hund namens Query wurde als Maskottchen mit auf die Reise genommen. Noch als die *Quest* in See stach, war nicht klar, wohin sie fuhr und welchem genauen Zweck die »Expedition« dienen sollte. Die verschiedenen Pläne reichten von einer Umschiffung des antarktischen Kontinents bis zur Suche nach Kapitän Kidds Schatz. Es war egal. Alle an Bord waren im Grunde nur gekommen, um sich in der Atmosphäre des Abenteuers zu sonnen, um Erinnerungen aufzufrischen.

Die *Quest* stach am 17. September 1921 von London aus in See. Eine große jubelnde Menschenmenge gab ihr das Geleit. Filmaufnahmen der Expedition zeigen Shackleton als einen etwas dicklichen Mann mittleren Alters in Hosenträgern: Man konnte ihn sich vorstellen, wie er mit aufgerollten Hosenbeinen am Strand spazierenging. Alle seine Gefährten merkten sehr bald, daß er nicht mehr derselbe war, und Macklin und McIlroy machten sich ernste Sorgen um seinen Gesundheitszustand. In Rio erlitt Shackleton einen Herzanfall, weigerte sich aber, sich untersuchen zu lassen. Von einer Rückkehr nach England wollte er nichts hören. Er erholte sich, und die *Quest* setzte ihre Fahrt nach Süden fort.

Unterwegs begegneten sie einer unerwarteten Erscheinung – dem fünfmastigen alten Rahsegler *France*. Aufgeregt steuerten Shackletons Männer die *Quest* nahe an den Segler heran, um Aufnahmen zu machen. Für diese Veteranen eines heroischen Zeitalters war es eine Begegnung mit einer fast versunkenen Ära. Von ihrem schwerfälligen Dampfschiff aus betrachteten sie die *France* mit sehnsüchtiger Trauer.

Am 4. Januar erreichte die *Quest* nach einer stürmischen Überfahrt South Georgia.

»Endlich liegen wir in Grytviken vor Anker«, schrieb Shackleton in sein Tagebuch. »Wie vertraut die Küste schien, als wir sie herunterfuhren: wir sahen all die Berge noch einmal, die wir nach der Bootsfahrt überquerten ... Der alte vertraute Geruch von Walkadavern durchdringt alles. Es ist ein seltsamer und merkwürdiger Ort ... Wunderbarer Abend.

Im dunkelnden Zwielicht sah ich einen Stern
wie ein Juwel über der Bucht stehen.«

»Der Boss sagt ... ganz offen, daß er nicht weiß, wohin wir nach S. Georgia fahren«, hatte Macklin fünf Tage vorher niedergeschrieben.

In South Georgia fand Shackleton alte Bekannte wieder. Er wurde herzlich von Fridtjof Jacobsen begrüßt, der die Station von Grytviken leitete, und die Männer gingen an Land und sahen sich die Häuser an, in denen sie einen Monat verbracht hatten, als die *Endurance* hier vor Anker gelegen hatte. In dem schönen Wetter gingen sie in den Hügeln spazieren, setzten sich ins Gras und beobachteten Möwen und Seeschwalben. An dem Ort, an dem sie mit den Schlittenhunden trainiert hatten, warfen sie nun Stöckchen für Query.

Abends kehrten sie aufs Schiff zurück, um zusammen zu essen. Nach dem Mahl erhob sich Shackleton und verkündete witzelnd: »Morgen feiern wir Weihnachten.« Um 2 Uhr morgens wurde Macklin durch ein Pfeifsignal in Shackletons Kabine gerufen.

»Obwohl es eine kalte Nacht war, hatte er nur eine Decke, und ich fragte ihn, wo seine anderen Decken seien«, schrieb Macklin in einer Passage, die verrät, daß er den Boss schon eine Weile wie eine heimliche Krankenschwester umsorgte. »Er antwortete, sie seien in der untersten Schublade, und er habe keine Zeit gehabt, sie herauszuholen. Ich versuchte, es für ihn zu tun, aber er sagte: ›Nein, nein, heute nacht ist es gar nicht so kalt.‹ Ich ging aber in meine Kabine und holte eine dicke Jaeger-Decke aus meiner Koje, die ich über ihn legte.«

Macklin blieb eine Weile bei Shackleton und schlug vor, daß sie es in den kommenden Tagen etwas ruhiger angehen lassen sollten.

»Du willst immer, daß ich etwas aufgebe«, antwortete der Boss. »Was soll ich denn jetzt schon wieder nicht tun?« Das waren seine letzten Worte. Er erlitt plötzlich einen schweren Herzanfall und starb um 2:50 Uhr. Er war erst 47 Jahre alt. Macklin, dem die Aufgabe zufiel, eine Autopsie durchzuführen, diagnostizierte als Todesursache eine »Atheromatose der Herzarterien«, eine schon ältere Erkrankung, die nach Macklins Ansicht durch »Überanstrengung in einer Schwächeperiode« verschärft worden war. Macklin dachte dabei nicht an die Strapazen der *Endurance*-Expedition, sondern an die davorliegenden Forschungsreisen, sogar bis ins Jahr 1909 zurückreichende.

Hussey erklärte sich bereit, Shackletons Leiche nach England zurückzubringen, aber in Montevideo erreichte ihn ein Telegramm von Shackletons Frau Emily, die ihn bat, ihren Mann in South Georgia bestatten zu lassen; der Gedanke, die sterbliche Hülle dieses ruhelosen Geistes in den engen Reihen eines englischen Friedhofes zur Ruhe zu betten, war ihr unerträglich. Hussey kehrte um, und am 5. März wurde Shackleton zwischen norwegischen Walfängern bestattet, die ihn vielleicht besser verstanden hatten als alle anderen Menschen. Die kleine Gruppe seiner Getreuen war bei der einfachen Feier zugegen. Hussey spielte Brahms »Wiegenlied« auf dem Banjo, und dann ließ man Shackletons Geist in der rauhen Schönheit jener Landschaft zurück, die seinen Ruhm begründet hatte.

Obwohl Shackleton sein ganzes Leben hindurch immer davon geträumt hatte, eine gewöhnliche bürgerliche Karriere zu durchlaufen, scheint er im Grunde gewußt zu haben, daß er diesen Traum nie verwirklichen würde.

»Manchmal denke ich, daß ich nichts wirklich kann, außer mich mit ein paar Männern durch die Wildnis zu schlagen«, hatte er seiner Frau 1919 geschrieben. Er sollte weniger aufgrund seiner eigenen Leistung – vor allem der Expedition von 1909, in der er dem Südpol so nahe gekommen war – im Gedächtnis bleiben als aufgrund dessen, was er an Leistung in anderen wachzurufen vermochte.

»Shackletons Beliebtheit bei denen, die er führte, entsprang der Tatsache, daß er nicht nur große und spektakuläre Dinge vollbringen konnte«, schrieb Worsley. »Wenn es möglich war, kümmerte er sich persönlich noch um die geringsten Details ... Manchmal mochte es dem Gedankenlosen so scheinen, als wäre er ein Pedant, und erst später verstanden wir die enorme Wichtigkeit seiner nie ermüdenden Sorgfalt.« Hinter jedem genau bedachten Wort, hinter jeder Geste stand die hartnäckige Entschlossenheit, das Beste für seine Männer zu tun. Im Kern von Shackletons Führungsqualitäten in einer Krise lag die unerschütterliche Überzeugung, daß ganz normale Individuen zu heroischen Taten fähig waren, wenn die Umstände es erforderten; die Schwachen und die Starken konnten und *mußten* zusammen überleben. Shackletons legendären Ruf als Menschenführer kann man zu einem guten Teil auf die Tatsache zurückführen, daß er in seinen Männern eine Stärke und Ausdauer weckte, die sie selber nie in sich vermutet hätten; er adelte sie.

Shackleton genoß nie die große Anerkennung und den Ruhm eines Scott. England hatte in seinem Pantheon nur Platz für einen großen Polarforscher, und nach dem Ersten Weltkrieg paßte die Erinnerung an den zum Untergang verurteilten, tragischen jungen Helden besser zur allgemeinen Stimmung der Trauer im Lande.

Einen unerwarteten Tribut erfuhr Shackleton allerdings im Werk eines Dichters und damit in der kollektiven Vorstellung seiner Landsleute. Sein Bericht von einer geheimnisvollen Gestalt, die ihn, Worsley und Crean über South Georgia begleitet hatte, ließ T. S. Eliot nicht mehr los, und er verarbeitete das Bild im *Wüsten Land*:

Wer ist der dritte, der da immer neben dir geht?
Wenn ich zähle, sind nur wir beide da, du und ich
Aber wenn ich hinausblicke auf die weiße Straße
Geht da immer ein Anderer noch neben dir.

Die *James Caird*, die greifbarste Reliquie seiner Unternehmungen, wurde schließlich in Shackletons altes College, nach Dulwich gebracht, wo sie noch zu sehen ist.

Nach Shackletons Tod setzte die *Quest*, nun unter dem Kommando von Frank Wild, ihre Reise hartnäckig fort. Am Ende dieser etwas mäandernden Fahrt führte Wild das Schiff bis in Sichtweite der Küste von Elephant Island. Ein Landungsversuch allerdings wurde nicht unternommen.

»Nur wenige von uns hatten sich vorstellen können, daß wir die Insel noch einmal zu Gesicht bekommen würden«, schrieb Macklin. »Ah, was für Erinnerungen, was für Erinnerungen! Sie überströmen einen wie eine große Flut & bringen Tränen in die Augen & wie ich hier sitze & schreibe, überkommt mich eine Welle des Gefühls & ich kann nicht in Worte fassen, was ich empfinde. Noch einmal sehe ich das kleine Boot, Frankie Wilds Hütte, dunkel & dreckig, aber trotz allem eine gemütliche kleine Zuflucht. Wieder sehe ich die alten Gesichter vor mir & höre die alten Stimmen – alte Freunde, die über die ganze Welt verstreut sind. Aber das alles auszudrücken erscheint mir unmöglich.«

Auch wenn die Welt, in die Shackleton und seine Gefährten nach ihrer Expedition zurückkehrten, in der Tat verändert war, muß man doch festhalten, daß »die alten Zeiten« und ihre Werte bereits im Verschwinden waren, als die *Endurance* 1914 London verließ. Als Shackleton in Buenos Aires war, um Ersatzleute für seine Besatzung zu finden, war er besonders erfreut, auf Bakewell zu stoßen, dessen lange Erfahrung mit Segelschiffen in dem heraufziehenden Zeitalter der Dampfschiffahrt bereits eine Seltenheit geworden war. Shackletons unternehmerische Methode der Finanzierung seiner Expedition wies selbst schon auf eine neue Ordnung, in der energische, ehrgeizige Männer durchaus ihre Absichten verwirklichen konnten, ohne die Art von Patronage in Anspruch nehmen zu müssen, die Scott so vieles ermöglicht hatte. Die *Endurance* war ursprünglich als eine Art Kreuzfahrtschiff gebaut worden, das wohlhabende Passagiere mit den Wundern der Arktis bekanntmachen sollte. Deshalb war sie ein so komfortables, wohlausgestattetes kleines Schiff gewesen. Auch die Foto-, Film- und Abdruckrechte an dem vor ihnen liegenden Abenteuer waren bereits vor dem Aufbruch verkauft worden – ein weiterer Hinweis auf die wachsende Modernität der Vorkriegszeit. Daß ihre Erfahrungen zu einem Buch verarbeitet werden würden, war der Mannschaft immer klar, und in kritischen Situationen hatte Shackleton mehrfach dafür gesorgt, daß die Tagebuchschreiber und Hurley ihre Arbeit nicht aufgeben mußten.

»Mit einem Boot … hätten wir die Seehunde erreichen können, die wir gelegentlich auf Eisschollen sehen«, hatte Lees im Juni 1916 geschrieben, als sie auf Elephant Island waren. »Aber wenn wir alles hätten, was wir wollen, gäbe es keine Entbehrungen, über die man schreiben kann, und das wäre für ›das Buch‹ ein Verlust. Nichts verkauft ein Buch so gut wie Entbehrungen.«

Viele der Männer der *Endurance* waren in ihrem Leben nach der Expedition durchaus erfolgreich, aber andere hatten Schwierigkeiten, mit dem Verlust der alten Ordnung, die der Krieg hinweggefegt hatte, zurechtzukommen. Die Lebensläufe der Männer, die an einer der größten Überlebensgeschichten des Jahrhunderts teilhatten, gestalteten sich sehr unterschiedlich.

Im Februar 1918 druckte der *Telegraph* in London einen Artikel mit der Schlagzeile: »Die antarktische Expedition: die Polarmedaille.« Darin fand sich eine Liste mit den Namen der Teilnehmer an der »Imperial Trans-Antarctic Expedition«, die die Auszeichnung erhalten sollten, und ein kurzer Abriß dessen, was sie erduldet hatten. Einer der Orden wurde bereits posthum verliehen; fünf Monate nach der Landung der *James Caird* am Strand von South Georgia – drei Wochen nachdem er wieder in England eingetroffen war – starb Tim McCarthy an seiner Schiffskanone im Ärmelkanal. Nicht viel später sollte Alf Cheetham, von dem es hieß, er habe den antarktischen Polarkreis öfter überschritten als jeder der anderen, ertrinken, als sein Minensuchboot von einem deutschen Unterseeboot vor der Mündung des Humber torpediert wurde – ein paar Wochen vor dem Waffenstillstand.

Es ist auffallend, daß vier Namen unter den Geehrten nicht auftauchen: Shackleton hatte Stephenson und Holness nicht für die Auszeichnung vorgeschlagen, und er hatte auch zwei der Männer der *James Caird* übergangen: Vincent und McNish. Vincents Zusammenbruch und McNishs kurze Rebellion rächten sich nun. Da es nie eine förmliche Ordensverleihung gab, erfuhr die Mehrheit der Expeditionsteilnehmer viele Jahre lang nicht, daß einige ihrer Gefährten von der Ehrung ausgeschlossen worden waren.

Macklin, der Shackleton sehr nahestand, war erschüttert, als er davon hörte. Einem von Shackletons Biographen schrieb er:

> Unter allen Männern der Gruppe verdiente niemand soviel Anerkennung wie der alte Zimmermann … Er war nicht nur ein hervorragender Handwerker, sondern auch ein sehr fähiger Seemann. Alles, was er anfaßte, war erstklassig … und seine Bemühungen, die *Endurance* zu retten, wobei er die meiste Zeit in eisigem Wasser stand, verdienen alles denkbare Lob … Chippy hatte eine unglückliche Ausdrucksweise …, und er zögerte nie zu widersprechen, wenn er nicht einverstanden war, selbst gegenüber Shackleton, dem das aber, wenn ich mich nicht täusche, nicht viel ausmachte, besonders aber in der Auseinandersetzung mit Worsley, dessen aufbrausendes Temperament und Impulsivität er gar nicht schätzte. Das gab er ihm auch deutlich zu verstehen. Worsley lehnte Chippy deshalb ab – es war eine gegenseitige Abneigung, die zu dem Vorfall auf der Eisscholle führte. Ich denke, daß Worsley Shackleton in dieser Hinsicht in den späteren Phasen der Expedition beeinflußt hat, als die beiden viel zusammen waren. Ich betrachte die Tatsache, daß McNish die Polarmedaille nicht bekommen hat, als eine große Ungerechtigkeit. Ich denke auch, daß es zu hart war, den drei Fischern den Orden zu verweigern. Sie waren vielleicht keine sehr liebenswerten Charaktere, aber sie ließen die Expedition nie im Stich.

Nach seiner Rückkehr nach England fuhr McNish wieder zur See. In seinem Tagebuch hatte er sich immer wieder in liebevollen Nebenbemerkungen an seine »Geliebte« und seine Tochter gewandt. Aber diese unbekannte Frau aus Cathcart in Schottland scheint später in seinem Leben keine Rolle mehr gespielt zu haben. Er setzte sich zur Ruhe und lebte einige Jahre mit seinem Sohn und dessen Familie zusammen, bis er verkündete, daß er nach Neuseeland gehen wolle.

»Wie kommst du denn auf so was, ein Mann in deinem Alter?« mahnte seine Schwiegertochter. »Keine Sorge, Mädchen, ich hab da einen Job«, sagte Chippy. Ein paar Tage später kam ein Pferdekarren, auf den er seine alte Seekiste lud, und das war das letzte Mal, daß seine Familie ihn sah oder von ihm hörte.

McNish hatte immer geklagt, daß seine Knochen seit der Fahrt in der *James Caird* unaufhörlich schmerzten. Seine schwache Gesundheit und der Alkohol machten ihn arbeitsunfähig, und er verelendete. Für die Seeleute am Hafen von Wellington aber war der Zimmermann der *James Caird* ein Held, und der Nachtwächter drückte ein Auge zu, wenn der alte Mann sich in einen Schuppen schlich, um unter einer Plane zu schlafen. Die Hafenbrüderschaft sammelte monatlich für ihn und andere Unglückliche, und damit hielt er sich über Wasser, bis er zwei Jahre vor seinem Tod einen Platz im Altersheim von Wellington bekam.

Am Ende seines Lebens war McNish voller Bitterkeit gegenüber Shackleton – nicht weil der ihm die Polarmedaille verweigert hatte, auch nicht, weil er ihn im Alter im Stich ließ, sondern weil Shackleton seine Katze getötet hatte. Leute, die ihn in seinen letzten Jahren kannten, erinnern sich, daß er den Tod der Katze in jede Unterhaltung einflocht. Allein, gebrochen, sein Heldentum ein ferner Traum, dachte McNish offenbar nur noch an diese eine wahre Gefährtin, »die ihm so nahe war«, wie er immer wieder erzählte, »daß sie von der ganzen Expedition Mrs. Chippy genannt wurde«.

McNish starb 1930, und für einen verarmten Mann bekam er eine ungewöhnliche Beerdigung. Die Eskorte bestand aus Matrosen eines Schiffes der Royal Navy, und die Armee Neuseelands stellte eine Lafette zur Verfügung, auf der sein Sarg gezogen wurde. Seine letzte Ruhe fand er in einem unmarkierten Grab auf dem Karori-Friedhof von Wellington. Später ließ die Antarktische Gesellschaft von Neuseeland einen Stein darauf setzen. McNish hinterließ nur einen einzigen Gegenstand von Wert – das Tagebuch, das er auf der *Endurance* geführt hatte.

Vincent wurde Kapitän eines Trawlers und starb in seiner Koje an Lungenentzündung, das Todesdatum ist unbekannt. Nur ein Zeugnis aus seinem Leben existiert noch, ein unerwartet großzügiger Brief an Hudsons Mutter, in der er ihr versichert, daß ihr Sohn – den er zuletzt von Kälte und Erfrierungen völlig entkräftet auf Elephant Island gesehen hatte – sich gut gehalten habe und niemals eine Belastung für die anderen gewesen sei. Auch Holness kehrte in die Fischerei zurück und wurde bei einem Sturm über Bord gespült. Stephenson starb in einem Krankenhaus in Hull an Krebs.

Tom McLeod ließ sich in Kanada nieder, zwei Jahre lang fischte er vor Bell's Island. Er heiratete nie, weil er, wie er behauptete, »nie genug Geld besaß, um ein Haus zu kaufen, in dem ich die Frau unterbringen könnte«. Ohne das Wissen Shackletons hatte McLeod insgeheim die Bibel an sich genommen, die dieser auf dem Eis zurücklassen wollte, nachdem die *Endurance* vom Eis zerdrückt worden war. Er glaubte, daß es ihnen allen Unglück bringen würde, sie nicht mitzunehmen. Er schenkte sie der Familie, die ihn in Punta Arenas aufgenommen hatte, und sie gaben sie viele Jahre später an die Royal Geographical Society weiter – wo sie noch heute ist –, ohne die herausgerissenen Seiten des Buches Hiob. McLeod starb im Alter von 87 Jahren in einem Altersheim in Kanada.

Blackborow kehrte Ende Dezember nach Wales zurück, einige Monate nach seinen Gefährten, und wurde von den Leuten, die in seiner Straße wohnten, begeistert empfangen. Er meldete sich freiwillig zur Navy, wurde aber aus medizinischen Gründen abgelehnt und fuhr wieder zur See, bis er nach dem Krieg an der Seite seines Vaters im Hafen von Newport arbeitete. Er wurde oft eingeladen, über seine Erlebnisse zu sprechen, tat das aber nicht gerne und erzählte lieber von den Taten seiner Gefährten. Er trug einen Spezialschuh an seinem verstümmelten Fuß, sprach aber nie darüber und hatte mit großer Energie gelernt, ohne ein Hinken zu gehen. Er blieb mit seinen alten

Kameraden Bakewell und How in Verbindung; noch heute schreiben sich die Nachkommen dieser Männer. Blackborow starb 1949, im Alter von 54 Jahren, an Herzschwäche und einer chronischen Bronchitis.

Bakewell blieb in Südamerika. Ein Jahr lang arbeitete er für einen Schafzüchter in Patagonien, dann kehrte er auf die See zurück, wurde später Weichensteller bei der Eisenbahn und schließlich selbst Farmer. Er ließ sich 1945 in Dukes, Michigan, nieder, wurde Vater einer Tochter. 1964 wurde er nach England eingeladen, um an den Feiern zum fünfzigsten Jahrestag des Expeditionsbeginns teilzunehmen. Seine Nachbarn in Michigan wußten nichts von seinen Abenteuern – da es eine britische Expedition war, glaubte er nicht, daß es sie interessieren würde. Er starb 1969 im Alter von 81 Jahren.

Nachdem er während des Krieges in der Royal Navy gedient hatte, wurde Rickinson Marinearchitekt und Ingenieur. Er starb 1945. Kerr fuhr weiter auf Schiffen der Handelsflotte zur See, bis er in den Ruhestand ging. Hussey, der vielleicht von seinen meteorologischen Pflichten gelangweilt war, studierte noch Medizin und wurde, nachdem er in zwei Weltkriegen gekämpft hatte, praktizierender Arzt. Er hielt viele Vorträge über die Expedition. Seine Frau und er blieben kinderlos, aber vor seinem Tod übergab er seine Vortragsnotizen und Lichtbilder einem jungen Mann, den er zu seinem Erben gemacht hatte, mit dem Auftrag, »die Geschichte der *Endurance* am Leben zu erhalten«.

Marston arbeitete mit Hurley an einer Anzahl von Bildern, die aus einer damals recht populären Mischung aus Fotografie und Malerei bestanden. 1925 schloß er sich einer Organisation an, die daran arbeitete, ländliche Industrieformen wieder aufzubauen und zu unterstützen. Er starb im Alter von 58 Jahren an einer Herzthrombose.

Hudson, der während des Krieges auf als Handelsschiffen getarnten Kampfschiffen, sogenannten »mystery ships«, gedient hatte, schloß sich danach der British India Navigation Society an. Seine Gesundheit war durch die Bootsfahrt im Eis auf Dauer beeinträchtigt, Erfrierungen hatten seine Hände verstümmelt und am unteren Rückgrat Knochenfraß verursacht. Zur Zeit seines Todes während des Zweiten Weltkrieges war er Konvoikommandant in der Royal Naval Reserve. Er war gerade von einem Konvoi in die Sowjetunion zurückgekehrt, und man beauftragte ihn, sofort einen zweiten nach Gibraltar zu führen. Er hätte das ablehnen können, aber er erklärte sich bereit, den Auftrag zu übernehmen, und fiel auf der Rückfahrt.

Nachdem er während des Krieges auf einem Minensucher gedient hatte, nahm Clark später eine Stelle an einer Forschungsstation in der Nähe von Aberdeen an. Örtlichen Ruhm erwarb er sich als Fußball- und Cricketspieler. 1950 starb er im Alter von 65 Jahren in Aberdeen.

James wanderte 1937 nach Südafrika aus, wo er den Physiklehrstuhl an der Universität von Kapstadt bekam und schließlich Vizekanzler wurde. Er sprach sich in dieser Funktion öffentlich dafür aus, auch nichtweiße Studenten zuzulassen. Er starb 1964 im Alter von 73 Jahren.

Wordie, später Sir James Wordie, wurde ein berühmter Geologe, Präsident der Royal Geographical Society und Dekan von St. John's College in Cambridge. Seine Arbeit bei Expeditionen in die Arktis wurde mehrfach ausgezeichnet, und er war zum großen Teil dafür verantwortlich, daß eine neue Generation von Polarforschern zu weiteren Abenteuern aufbrach. Er starb 1962; wie sein Freund James wurde er 73 Jahre alt.

Nachdem er als Feldarzt im Krieg gedient hatte – er wurde mehrfach ausgezeichnet, darunter mit dem Military Cross –, ließ sich Macklin in Aberdeen nieder. Er wurde schließlich zum Leiter der Student Health Services an der Universität Aberdeen. Mit Clark hielt er einen engen Kontakt aufrecht. Macklin wurde einer der wichtigsten »Historiker« der *Endurance*-Expedition und von Shackletons späteren Jahren. Er starb 1967 im Alter von 77 Jahren.

McIlroy schloß sich nach dem Krieg der Orient Line an, einem Schiffahrtsunternehmen, und befand sich im Zweiten Weltkrieg auf einem Schiff, das torpediert wurde. Er mußte danach eine zweite Fahrt im offenen Boot durchstehen, bis die Schiffbrüchigen von einem Schiff der Vichy-Franzosen aufgenommen und in ein Lager im Sudan gebracht wurden. Er starb in den Achtzigern als Junggeselle, soll aber, so heißt es, bis zuletzt Freundinnen gehabt haben.

Lees bekam noch in Punta Arenas durch Shackletons Hilfe eine Anstellung im Royal Flying Corps. Er setzte sich sehr dafür ein, daß die Piloten mit Fallschirmen ausgestattet wurden, eine Neuerung, die von den kommandierenden Offizieren (die nicht flogen) zunächst mit der Begründung, dies würde den Kampfgeist beeinträchtigen, hartnäckig abgelehnt wurde. Um die Wirksamkeit von Fallschirmen zu demonstrieren, sprang Lees mit einem vom Turm der Tower Bridge in London, ein Ereignis, über das natürlich alle Londoner Zeitungen breit berichteten. Er heiratete später eine Japanerin und ließ sich zunächst in Japan, dann in Neuseeland nieder, wo er während des Zweiten Weltkrieges für den britischen Geheimdienst arbeitete, eine Aufgabe, die seiner immer geschäftigen, aber geheimnistuerischen Natur sehr entgegenkam. Lees war wahrscheinlich der Mann der Expedition, der von den anderen am wenigsten geachtet wurde, aber im Rückblick ist es unmöglich, ihn nicht sympathisch zu finden. Ohne sein hastiges, nervöses Geplapper und seine zwanghafte Aufrichtigkeit wäre die Geschichte der Expedition sehr viel ärmer. Lees starb im Alter von 79 Jahren in einer Nervenklinik, und selbst die Ärzte schienen ihn nicht ganz durchschauen zu können; verschiedene Vermutungen der Todesursache finden sich mit Fragezeichen auf seinem Totenschein. Er wurde in der Abteilung für Kriegsveteranen des Karori-Friedhofes in Wellington begraben, ganz in der Nähe von McNish. Die beiden hatten einander gehaßt.

Nach der *Quest*-Expedition ging Frank Wild nach Südafrika, wo vier schlechte Jahre, in denen sich Dürre und Überschwemmungen abwechselten, seine Baumwollfarm ruinierten. Der Alkohol war aber im Grunde sein Verhängnis. Sein schon damals nichts Gutes verheißender Appetit auf den »Gut Rot« von Elephant Island war von den Gefährten amüsiert kommentiert worden. Ein Journalist entdeckte Wild später wieder. Er arbeitete für vier Pfund im Monat als Barmann in der Zulusiedlung eines Bergwerks. »Teddy« Evans, dem Crean auf Scotts letzter Expedition das Leben gerettet hatte, hörte von der Not seines ehemaligen Kameraden und half ihm, eine Rente zu bekommen. Aber diese Hilfe kam zu spät, Wild starb nur Monate später im Jahre 1939.

Tom Crean kehrte nach Anascaul in Irland zurück, in die Stadt seiner Geburt; er heiratete, eröffnete ein Pub mit dem Namen »The South Pole Inn« und zog mehrere Kinder groß. Nach der Expedition hatte Crean einem alten Freund aus Schiffahrtszeiten geschrieben und die Monate auf dem Treibeis, die beiden Bootsfahrten und den Marsch durch South Georgia knapp zusammengefaßt. »Und ich muß sagen, der Boss ist ein prächtiger Gentleman, und ich habe für ihn bis zum Schluß meine Pflicht getan.« Freunde sagten über ihn, er habe Scott bewundert, aber Shackleton geliebt. Er starb 1938 an einem Blinddarmdurchbruch und wurde in der Nähe von Anascaul bestattet.

Worsley verbrachte den größten Teil seines Lebens mit dem Versuch, die Erregung und das Abenteuer der *Endurance*-Expedition für sich am Leben zu erhalten. Während des Krieges war er Kapitän eines getarnt bewaffneten Handelsschiffes, er versenkte ein deutsches U-Boot und bekam einen Distinguished Service Order. Dann schloß er sich Shackleton in Murmansk an und blieb nach dem Ersten Weltkrieg dort, um gegen die Bolschewiki zu kämpfen, wofür er dieselbe Auszeichnung noch einmal erhielt. Nach der *Quest* wurde er zusammen mit einem anderen Forscher Leiter einer arktischen Expedition, und er scheint bei dem Versuch, die Erfahrungen an Bord der *Endurance* zu wiederholen, fast mit Absicht im Eis steckengeblieben zu sein. 1934 beteiligte er sich an einer Schatzsuche im Pazifik – er und Shackleton hatten einander versprochen, einmal so etwas zu unternehmen. Im Zweiten Weltkrieg musterte er als Kapitän eines Handelsschiffes bei der Marine an, wurde aber wieder entlassen, als sich herausstellte, daß er fast 70 war. Er starb 1943 an Lungenkrebs, nicht ganz 71 Jahre alt.

Als Hurley seine Pflichten für die Expedition erfüllt hatte, wurde er zum »Staatsfotografen« ernannt und bekam den Ehrenrang eines Hauptmanns der Australian Imperial Force. Schon wenige Tage später ging er an die Front, um die Kämpfe in Ypern zu dokumentieren. Die Fotos machen deutlich, daß er sich dabei in große Gefahr begab, und einige sind kleine Meisterwerke in der Abbildung des Elends der Grabenkämpfe. Seine Plattendiapositive aus dieser Periode zählen zu den wenigen bekannten Farbaufnahmen des Ersten Weltkrieges. Seine Vorgesetzten unterschieden zwischen historischen Fotos und Propagandabildern, und Hurley entschloß sich, die letzteren zu liefern. Seine Leidenschaft für die Montage wurde nun exzessiv: gewaltige tragische Wolkenlandschaften, explodierende Granaten, bedrohliche Rauchwolken, Schwärme von den einfachen Kampfflugzeugen der damaligen Zeit – alles wird ohne Umstände über die ursprünglichen Bilder gelegt.

Auch nach dem Krieg schien seine bemerkenswerte Energie nicht zu erlahmen. Er nahm an Expeditionen nach Papua Neuguinea und nach Tasmanien teil, und im Zweiten Weltkrieg entsandte man ihn nach Palästina. Er heiratete eine schöne, junge spanisch-französische Opernsängerin – zehn Tage nachdem er sie getroffen hatte –, und sie hatten drei Kinder, denen er ein liebevoller, aber strenger Vater war. Nach dem Zweiten Weltkrieg publizierte er eine Reihe von Fotobüchern, die den verschiedenen Regionen Australiens galten. Um sie zu produzieren, reiste er unermüdlich. Die Aufnahmen sind kompetent, aber es ist sehr schwer, diese heiteren Postkartenidyllen mit den kühnen, eleganten und zum Teil sehr emotionalen Fotos der *Endurance*-Expedition in Einklang zu bringen. Gegen Ende seines Lebens veröffentlichte er mehrere Bücher über australische und tasmanische Wildblumen.

Im Alter von 76 Jahren, immer noch arbeitend, immer noch seine schwere Ausrüstung herumschleppend, kam Hurley eines Tages nach Hause und sagte seiner Frau, daß er sich nicht gut fühle. Diese Klage war für ihn so ungewöhnlich, daß seine Familie sofort alarmiert war. Er wickelte sich in seinen Hausrock, setzte sich in seinen Lieblingssessel und weigerte sich fortan, sich zu rühren. Ein Arzt wurde gerufen, aber Hurley wies ihn mit einer knappen Geste ab. Am nächsten Morgen saß er noch immer in dem Sessel, tapfer, zäh und still mit dem Tode ringend. Gegen Mittag, es war der 16. Januar 1962, starb er.

1970 wurden die drei noch lebenden Teilnehmer der Expedition zur Schiffstaufe der HMS *Endurance* geladen. Ein Foto zeigt sie, drei ältere Männer, die auf Klappstühlen unter dem Union Jack sitzen.

Walter How, Vollmatrose der *Endurance*, arbeitete nach dem Krieg in der Handelsmarine und kehrte schließlich nach London, in seine Heimatstadt, zurück. Er wollte sich der *Quest* anschließen, blieb dann aber im letzten Moment bei seinem plötzlich erkrankten Vater. Obwohl sein Augenlicht durch einen Landminenunfall während des Krieges eingeschränkt war, betätigte sich How als Amateurmaler und fertigte Flaschenschiffe an. Seine Modelle und Bilder der *Endurance* zeigen, wie tief sich ihre Linien in sein Gedächtnis eingegraben hatten. Er war einer der eifrigsten »Ehemaligen« der Expedition und scheute keine Mühe, um mit den anderen in Verbindung zu bleiben. Er starb 1972 im Alter von 87 Jahren.

Green, der Koch, hatte seinen Eltern einen Brief geschrieben, als er sich Shackleton 1914 in Buenos Aires anschloß, aber das Schiff, das die Post transportierte, erhielt einen Torpedotreffer und sank, so daß niemand zu Hause wußte, wo er war. Bei seiner Rückkehr in die Zivilisation 1916 mußte er selbst für seinen Transport sorgen – Offiziere und Wissenschaftler fuhren auf einem Passagierdampfer –, und er fand schließlich eine Überfahrt als »britischer Seemann in Not«, die ihn nichts kostete. In England stellte er fest, daß seine Eltern sich seine Lebensversicherung hatten auszahlen lassen und daß seine Freundin einen anderen geheiratet hatte. Er zog nach Hull und arbeitete nach dem Krieg weiter als Schiffskoch, hielt aber auch Lichtbildervorträge über die Expedition, die nicht immer sehr exakt waren (alle Lebensmittel gingen verloren, als sich die *Endurance* auf die Seite legte! Hunde wurden aufs Eis gesetzt, um das Schiff zu erleichtern!). Als sein Schiff Neuseeland anlief, hielt er einen Vortrag in Wel-

GREENSTREET MIT ATEMEISZAPFEN
»Einige seiner Witze & Geschichten sind deftig & schließlich kann man in einer so gemischten Gesellschaft wie der unseren keinen Salonstandard erwarten.« (Lees, Tagebuch)

lington und traf dort McNish, den man zu dieser Gelegenheit kurzzeitig aus dem Krankenhaus entlassen hatte. Als Green McNish unter den Zuhörern entdeckte, bat er ihn, aufs Podium zu ihm zu kommen, wo der Zimmermann dann von der Bootsfahrt mit der *James Caird* berichtete. Green starb 1974 im Alter von 86 Jahren an Bauchfellentzündung.

Lionel Greenstreets Kriegsdienst hatte schon in Buenos Aires begonnen, als er einen Schleppdampfer übernahm, der nach Großbritannien zurückkehren sollte. Während des Zweiten Weltkrieges diente er auf verschiedenen Rettungsschleppern im Atlantik. Er setzte sich in Devon zur Ruhe, besuchte aber weiterhin seinen Club in London. Er behielt seinen etwas rauhen, sarkastischen Humor bis zum Schluß. Irrtümlicherweise wurde sein Tod schon 1964 gemeldet, worauf es ihm ein großes Vergnügen war, den Zeitungen mitzuteilen, daß die Nachrufe verfrüht seien. Er starb im März 1979 im Alter von 89 Jahren, der letzte der *Endurance*-Überlebenden. Während es nicht schwierig ist, die lange vergangenen Erfahrungen der Expedition heraufzubeschwören, ist die Vorstellung nicht einfach, daß ein Mann, der mit Shackleton an den Südpolarkreis gesegelt war, noch sah, wie ein Mensch auf dem Mond spazierenging.

Unter Hurleys Fotos von der *Endurance*-Expedition ist das vielleicht unvergeßlichste und repräsentativste Bild jenes von einer Reihe von Männern, die in ihrer schweren Kleidung am Strand von Elephant Island stehen und mit erhobenen Armen jubeln, als das Beiboot der *Yelcho* herankommt. Hurley nannte die Aufnahme »Die Rettung«. Als das Foto in Worsleys Memoiren, *Endurance*, abgedruckt wurde, gab er indessen der Szene die Legende: »Die Abfahrt der *James Caird* von Elephant Island.« Das Originalnegativ im Archiv der Royal Geographical Society zeigt, daß die *Caird* energisch weggekratzt wurde, so daß nur die *Stancomb Wills* und ihre winkende Mannschaft blieb, die zum Strand zurückfuhr. Die Erklärung, warum Hurley dies gemacht hat, ist einfach: Er brauchte für seine Lichtbildervorträge einen angemessenen Höhepunkt am Ende.

Hurleys Tendenz, an den Fotos »herumzufummeln«, war gewöhnlich harmlos, aber in diesem Fall machte er einen schweren Fehler, denn das ursprüngliche, nun für immer verlorene Bild war das größere. Darin hatte er beide Seiten der Geschichte eingefangen, deren Erfolg auf Messers Schneide stand, die Spannung des Aufbruchs auf der einen und die geduldige Tapferkeit der Zurückbleibenden auf der anderen, die Hände zu einem entschlossenen, vertrauenden und mutigen Abschiedsgruß erhoben.

»Die Abfahrt der *James Caird* von Elephant Island.«

HAARE SCHNEIDEN

»Die Hunde können heute nicht raus, weil es zu dunkel ist. Wir ließen uns alle die Haare bis auf die Kopfhaut schneiden & wurden dann im Ritz fotografiert. Wir sehen aus wie Sträflinge & bei unserem Leben hier fehlt auch nicht viel daran.«
(McNish, Tagebuch)

Danksagung

Die Zahl der Institutionen und Personen, die mir geholfen haben, dieses Buch fertigzustellen, ist enorm. Mein erster Dank gilt dem American Museum of Natural History, dessen Mitarbeit für das vorliegende Buch wie für die begleitende Ausstellung gleichermaßen wertvoll war. In der Ausstellung *Endurance: Shackleton's legendäre Antarktisexpedition* werden praktisch alle Fotografien Frank Hurleys zu sehen sein, die von der Expedition gerettet werden konnten, sowie überhaupt alle bekannten Objekte, darunter, dank der freundlichen Genehmigung des Dulwich College, auch die *James Caird*. Die Ausstellung konnte nur aufgrund der überaus großzügigen Stiftung des Ehepaars Joseph F. Cullman III verwirklicht werden. Meine Dankbarkeit hierfür und für ihr Interesse und ihre Begeisterungsfähigkeit läßt sich kaum in Worte fassen.

Großen Dank schulde ich auch der Leiterin des Museums Ellen V. Futter und der Vorsitzenden Anne Sidaman-Eristoff für ihre Unterstützung der Ausstellung. Besonders danken möchte ich dem Dekan der naturwissenschaftlichen Abteilung, Dr. Craig Morris, und dem Stellvertretenden Direktor für Sonderprojekte, Maron L. Waxman, ebenso meinen Kollegen, dem Ausstellungsleiter David Harvey, dem Ausstellungskoordinator Joel Sweimler, der Kuratorin der Mammalogie Ross MacPhee und Cynthia Woodward für ihre unermüdliche Arbeit und ihren Enthusiasmus. Meine liebe Freundin Jenny Lawrence, Lektorin bei *Natural History*, begleitete die frühe Entstehungsphase von Buch und Ausstellung als kluge Ratgeberin und war mir stets eine geduldige Zuhörerin. Rose Wadsworth, die Koordinatorin für Wanderausstellungen, war gleichermaßen früh mit wichtigen Ratschlägen zur Stelle. Dank gebührt auch der Archivarin Maria Yakimov und Pat Dandonoli, Geschäftsführende Direktorin für institutionelle Planung und Medienproduktionen, und dem Grafiker Paul De Pass, die mit der Ausstellungsabteilung zusammenarbeiteten.

Die Mehrzahl der Fotos konnte mit der freundlichen Genehmigung der Royal Geographical Society, London, direkt von den Originalglasplatten und den geretteten Filmnegativen Frank Hurleys entwickelt werden. Seit ihrer Gründung, 1830, hat die Royal Geographical Society zahlreiche Expeditionen organisiert und finanziert und war tatsächlich auch unter den Förderern der Shackleton-Expedition von 1914–1916. Der

Fotobestand der Society ist legendär und von unschätzbarem Wert, aber selbst in dieser Gesellschaft nimmt die Hurley-Sammlung einen Ehrenplatz ein. Großen Dank schulde ich der Präsidentin der Society, Dr. Rita Gardner, ebenso dem Vizedirektor Nigel de N. Winser; letzterer war meinen Ideen sehr aufgeschlossen und hat mir Mut zugesprochen, als die Ausstellung noch nichts weiter war als ein Hirngespinst. Für die Überwachung des komplizierten fotografischen Entwicklungsprozesses gebührt Joanna Scadden, der Leiterin der Fotothek, ein ganz besonderer Dank. Der Archivar der Society, Dr. A. F. Tatham, war eine unverzichtbare Hilfe bei der Beschaffung von Dokumenten und verschiedensten Objekten – einschließlich der Bibel, die Shackleton im Eis zurückgelassen zu haben glaubte!

Das Scott Polar Research Institute der Universität Cambridge stellte die zweite Hälfte der Hurley-Sammlung zur Verfügung, indem es die Reproduktionserlaubnis für Bilder aus dem Album der Unikate und weniger gut bekannten Fotografien Hurleys gab. Ich bin den hilfsbereiten Mitarbeitern des Instituts sehr dankbar. Ganz besonders möchte ich Dr. Robert Headland danken, dem Archivar und Kurator der bemerkenswerten Sammlung von Dokumenten, Fotografien und Manuskripten des Instituts. Während meiner Institutsbesuche führte mich Dr. Headland durch die vielen Tagebücher und anderen Papiere und half mir unermüdlich mit klugen Anmerkungen und Hinweisen. Besonders dankbar bin ich auch Philippa Hogg für ihre liebenswerte und effiziente Hilfe bei der Beschaffung von Fotos und letzten unverzichtbaren Details. Die Tagebücher von Ernest Shackleton, Reginald James, Lionel Greenstreet (auf Mikrofilm), Thomas Orde-Lees und Frank Worsley wurden zusammen mit den Briefwechseln vieler dieser Männer, den Unterlagen des Biographen von Margery und James Fisher sowie Lees unveröffentlichten Memoiren *Beset by Berg and Floe* am Scott Polar Institute gelesen. Hier las ich auch im Typoskript Worsleys Erinnerungen an die beiden Bootsfahrten und die Durchquerung South Georgias. Die Zitate aus diesen Schriften werden mit der freundlichen Genehmigung des Instituts wiedergegeben.

Alle in diesem Buch und der begleitenden Ausstellung abgebildeten Fotos sind eine Produktion von Barbara und Michael Gray vom Fox Talbot Museum. Für ihre großartige Arbeit und die fachkundigen Erklärungen zu den fotografischen Techniken Hurleys bin ich ihnen außerordentlich dankbar.

Die Mitchell Library, Staatsbibliothek in New South Wales, Sydney, Australien, steuerte die Mikrofilme des Hurleyschen Tagebuchs und der *Memoiren* von Frank Wild bei, deren Originale sich im Bibliotheksbesitz befinden. Hurleys Fotografie von John Vincent wurde ebenfalls aus dem Bestand dieser Sammlung reproduziert. Größten Dank schulde ich auch Tim Lovell-Smith von der Alexander Turnbull Library in Wellington, Neuseeland, für die Leihgabe einer Mikrofilmkopie der Tagebücher von Frank Worsley (angefertigt mit der freundlichen Genehmigung des Scott Polar Research Institute), Henry McNish und Thomas Orde-Lees, deren Originale zum Bestand der Sammlung gehören. Zitate aus den hier aufgeführten Tagebüchern werden mit der freundlichen Genehmigung der genannten Bibliotheken wiedergegeben.

Vor allem aber bin ich den Familien der Expeditionsmitglieder und einer Reihe freier

Wissenschaftler zu großem Dank verpflichtet. Noch keines der Projekte, an denen ich bisher gearbeitet habe, hat eine vergleichbare Reaktion derart großzügiger und bedingungsloser Hilfsangebote ausgelöst. Tagebücher und Dokumente, die über viele Jahre hinweg streng bewacht im Safe gelegen hatten, wurden mir mit größter Selbstverständlichkeit zur Verfügung gestellt. Andere ließen mich an den Ergebnissen vieler Jahre harter Forschungsarbeit teilhaben oder gewährten mir Einblick in noch unvollendete, unveröffentlichte Studien; keiner von ihnen bat mich dabei auch nur um eine schriftliche Erwähnung. Ohne die Informationen und das Quellenmaterial, die mir diese Familien und Forscher überließen, wäre ich niemals in der Lage gewesen, dieses Buch zu schreiben.

Alexandra Shackleton, die Enkelin des großen Entdeckers, widmete mir nicht nur großzügig ihre Zeit und gewährte mir freien Zugang zu ihrem Familienbesitz, auch in ihrer Gesellschaft zu sein war stets ein besonderes Vergnügen.

Peter Wordie und Mrs. Alison Stancer stellten mir eine bislang unbekannte Kopie des Tagebuchs ihres Vaters zur Verfügung, ein faszinierendes und sehr genaues Dokument, auf das ich während meiner Arbeit immer wieder zurückgegriffen habe. Noch weitere interessante Papiere und Objekte ließen sie mich ebenso entgegenkommend prüfen.

Mrs. Elizabeth Rajala überließ mir zusammen mit anderen Fotos und Papieren auch die unveröffentlichte Autobiographie ihres Vaters, William Bakewell.

Die gesamte Familie Blackborow – Sohn, Enkel und Urenkelin und die Geschwister von Shackletons blindem Passagier – nahm mich sehr herzlich auf und gab mir bereitwillig Auskunft über Perce Blackborow.

Thomas McNish versorgte mich nicht nur mit Informationen und Dokumenten über seinen Großvater, während eines sehr angenehmen Aufenthalts in ihrem Hause war er zusammen mit seiner Frau Jessie auch ein wunderbarer Gastgeber. Isabel und Donald Laws und Iris Johnstone, aus einem anderen Zweig der McNish-Familie, entwickelten sich auf der Fährte des hochinteressanten und mysteriösen Subjekts »Chippy« McNish zu unermüdlichen Spürhunden.

Dr. Richard Hudson empfing mich liebenswürdigerweise in seinem Haus und erlaubte mir, den Sextanten zu besichtigen, den sein Vater zur Navigation der *Caird* an Worsley verliehen hatte, sowie die zahlreichen Papiere aus der Hinterlassenschaft seines Vaters durchzugehen.

Die Familie Macklin bot mir großzügig an, das Tagebuch ihres Vaters zu benutzen, ebenso seinen umfangreichen Briefwechsel und alle hiermit in Verbindung stehenden Papiere. Ein besonderer Glücksfall war die Gelegenheit, mich mit (der inzwischen verstorbenen) Jean Macklin, Dr. Alexander Macklins Frau, über einige Mitglieder der Besatzung auszutauschen.

Mrs. Dorris Warren sandte mir freundlicherweise Kopien von Fotos und Papieren aus dem Besitz ihres Vaters, Walter How, zu.

Mrs. Toni Mooy war nicht nur so großzügig, mir die Erlaubnis zu geben, aus den Tagebüchern ihres Vaters Frank Hurley zu zitieren, sie sprach mit mir auch freimütig über ihre Erinnerungen an den Vater.

Julian Ayer erteilte mir dankenswerterweise freien Zugang zu den Fotonegativen seines Großvaters Thomas Orde-Lees und teilte mir wertvolle Details aus dessen Lebensgeschichte mit.

Father Gerard O'Brien bin ich sehr dankbar für die Einzelheiten über seinen Großvater Tom Crean, ebenso gilt mein Dank Creans Patensohn, John Knightly, für seine Informationen über den großen Forscher. Das Kerry County Council stellte mir sehr freundlich Dokumente über Crean zur Verfügung.

Richard Greenstreet verschaffte mir biographisches Material zum Leben seines Onkels. Die Zitate aus dem Briefwechsel Lionel Greenstreets werden mit seiner freundlichen Genehmigung abgedruckt.

Rox Cockram versah mich mit wunderbaren Anekdoten und weiterem Material zur Biographie seines Onkels Charles Green.

Roland Huntford bin ich in doppelter Hinsicht verpflichtet, einmal für seine persönlichen Ratschläge in einem sehr frühen Stadium meiner »Entdeckung« Shackletons und zum anderen für seine grundlegenden Arbeiten über Scott, Amundsen und Shackleton. Zwei weitere ausgewiesene Antarktis-Historikerinnen, Ann Shirley und Margaret Slythe, waren mir eine große Hilfe, indem sie mich auf wichtige Personen und interessante Quellen aufmerksam machten.

Margot Morrell werde ich für das außerordentlich großzügige Geschenk ihrer Transkription der Tagebücher von Hurley und Orde-Lees ewig dankbar sein.

Shane Murphy teilte die Früchte seiner langjährigen intensiven Untersuchung der Hurleyschen *Endurance*-Sammlung mit mir; seine Arbeit erscheint demnächst unter dem Titel *According to Hoyle*.

Maureen Mahood erlaubte mir, ihre gründliche Arbeit über die auf Elephant Island zurückgebliebenen Männer zu benutzen, die bald unter dem Titel *Counting the Days* erscheint. Die Dokumente, Fotografien und zahlreichen Hinweise, die sie mir großzügigerweise vorab zugänglich machte, waren für mich von unschätzbarem Wert.

Leif Mills versorgte mich mit viel biographischem Material zu Frank Wild, das in Kürze als Buch mit dem Titel *Wild* veröffentlicht wird. John Bell Thomson, der Autor von *Shackleton's Captain: A Biography of Frank Worsley* (Hazard Press, 1998) bot mir eine Fülle von Material über Worsley; sein jüngstes Buch ist der einzige umfassende Bericht über den legendären Seefahrer.

Geoffrey Selley und Ralph Gullett bin ich dankbar für ihre Informationen über Leonard Hussey – und für die Verse von Husseys Scherzgedicht.

Mary DeLashmit von der Holderness Free Library unterstützte mich über einen bibliotheksinternen Leihservice mit ungezählten Büchern und Mikrofilmen; ich weiß nicht, was ich ohne ihre tatkräftige Hilfe hätte tun sollen.

Harding Dunnett, der Präsident der *James Caird* Society, Dulwich, England, war mein Leitstern. Sein präzises und enzyklopädisches Gedächtnis ersparte mir mehr als einmal wochenlange Arbeit. Besonders dankbar bin ich für unseren gemeinsamen Besuch des Dulwich College: Die dort ausgestellte *James Caird* zu sehen war ein sehr bewegendes Erlebnis.

Robert Burton, Aufseher des South Georgia Island Whaling Museums, war sehr hilfsbereit und entgegenkommend bei der Herausgabe von Dokumenten, Fotos und Informationen.

James Meiklejohn, Sekretär des Salvesen Ex-Whalers Club in Norwegen, kam mir mit faszinierendem Material norwegischer Walfänger über South Georgia zu Hilfe. Thomas Binnie jr. lieferte mir ebenfalls Material über South Georgia.

Als ich mich zu Beginn auf dieses Thema einließ, war Dan Weinstein eine Art Guru für mich, der mir den Weg zu manch ertragreicher Quelle wies.

Baden Norris vom Canterbury Museum, Christchurch, möchte ich für seine kenntnisreichen Auskünfte über die letzten Lebensjahre von »Chippy« McNish danken. Zwei Aufsätze haben mir ein gutes Stück weitergeholfen: Judith Lee Hallocks »Thomas Crean«, in: *Polar Record* 22, Nr. 140 (1985), S. 665–678; und Stephen Lockes »George Marston«, in: *Polar Record* 33, Nr. 184 (1997), S. 65–70.

Mein Dank gilt auch Laura Bemis Rollison, George Butler, Isobel Crimbie, Philip Cronenwett, Richard Kossaw, Ivo Meisher, Gael Newton, Jeff Rubin, Sarah Scully, Peter Speak und Robert Stephenson.

Wie immer bin ich meinem Freund und Agenten Anthony Sheil unendlich dankbar, auch dieses schwierige Projekt mit sicherer Hand geleitet zu haben.

Dank gebührt meinem Lektor bei Knopf, George Andreou, sowie Peter Andersen und Andy Hughes, dem Designer und dem Leiter der Herstellung.

Eine Auswahl bereits veröffentlichter Bücher bietet die Möglichkeit, noch weiter in das Abenteuer dieser Expedition einzudringen. Roland Huntfords *Shackleton* (wiederaufgelegt bei Athenäum, 1998) ist die einzige umfassende Shackleton-Biographie und war meine Hauptquelle für die Jahre zwischen den Expeditionen mit der *Endurance* und der *Quest*. Huntfords frühere Arbeit, *Scott und Amundsen: dramatischer Kampf um den Südpol* (Athenäum, 1980), die eine überaus lebendige Darstellung der Hintergründe der Expedition bietet, ist ein Meilenstein innerhalb der Shackleton-Forschung; sie schont Scott nicht, eine Tatsache, die ihr einerseits laute Lobeshymnen, andererseits auch harsche Kritiken eingebracht hat, je nachdem, ob die Kritik aus dem Scott- oder dem Shackletonlager kommt – beide Männer besitzen noch immer die Macht, die Gemüter zu erhitzen! Persönlich neige ich mehr zu Huntfords Sichtweise, für mich ist sein Buch faszinierend und zugleich von unschätzbarem Wert.

Shackleton von Margery und James Fisher (James Barrie Books, 1957), wurde geschrieben, als noch viele Expeditionsteilnehmer lebten und interviewt werden konnten.

Shackletons eigener Bericht, *South* (Heinemann, 1919), ist natürlich ein Klassiker. Unverzichtbar sind auch die beiden Bücher von Frank Worsley, *Endurance* (Philip Allen, 1931) und *Shackleton's Boat Journey* (unlängst wiederaufgelegt bei W. W. Norton). Weniger bekannt sind die beiden Bücher Frank Hurleys, *Argonauts of the South* (G. P. Putnam's Sons, 1925) und *Shackleton's Argonauts* (Angus and Roberts, 1948). Auch die Lektüre von Leonard Husseys *South With Shackleton* (Sampson Low, 1949) ist lohnend. *Shackleton's Last Voyage: The Story of the Quest*, von Frank Wild (Cassell and Company, 1923), erzählt die Geschichte dieser letzten Reise.

Alfred Lansings Buch *Antarktische Odyssee: das unvergessliche Abenteuer der Shackleton-Expedition* (Scherz, 1960) ist ein atemberaubendes Stück *Endurance*-Epik. Harding Dunnetts letztes Buch *Shackleton's Boat: The Story of the James Caird* (Neville & Harding, 1996) ist ein faszinierender, umfassender Bericht. Zwei wertvolle Bücher erzählen die tragische Heldengeschichte vom weniger bekannten Teil der Expedition: *The Ross Sea Shore Party, 1914–1917*, von R. W. Richards (Scott Polar Research Institute, 1992); und *Shackleton's Forgotten Argonauts*, von Lennard Bickel (Macmillan, 1982).

Eine Anzahl Bücher sind in Australien über Leben und Werk Frank Hurleys veröffentlicht worden: *In Search Of Frank Hurley*, von Lennard Bickel (Macmillan 1980), und *Once More on My Adventure*, von Frank Legg und Toni Hurley (Ure Smith, 1966). In *Hurley at War: The Photography and Diaries of Frank Hurley in two World Wars* (Fairfax Library in Zusammenarbeit mit Daniel O'Keefe, 1986) findet man einige Exemplare der seltenen Farbfotos aus dem Ersten Weltkrieg. Der Band *Frank Hurley in Papua: Photographs of the 1920–1923 Expedition*, von Jim Specht und John Fields (Robert Brown and Associates, 1984), stellt Hurleys wahrscheinlich bestes Werk nach den *Endurance*-Fotos dar.

Zu den Fotos

Am 22. August 1914, also kurz vor Hurleys Aufbruch zur *Endurance*-Expedition, erschien in der *Australasian Photo-Review* ein Artikel, der Hurleys Auswahl seiner Fotoausrüstung beschreibt:

> Der Leiter der Expedition hat die Zusammenstellung der Fotoausrüstung für die gesamte Reise gänzlich Mr. Hurley überlassen, und die Tatsache, daß die Kodak-Niederlassung in Sydney (Australasia) das angeforderte Material komplett ab Lager liefern konnte, hat gezeigt, bis zu welcher Perfektion das lokale Liefersystem entwickelt worden ist …
>
> Zu der Ausrüstung gehörten Graflex Kameras und eine Plattenkamera mit Balg für Aufnahmen, bei denen das Gewicht der Kamera keine Rolle spielte. Für die Schlittenpartien setzt man ganz auf Kodak-Kameras in allen Größen, einschließlich einer V. P. K. (Taschen-Kodak), und für diese gibt es natürlich einen reichen Vorrat immer zuverlässiger Kodak N. C. Filme. Für die Plattenkameras steht eine große Lieferung Austral-Standard-Platten zur Verfügung, neben Austral-Lantern-Platten, so daß Diapositive vor Ort gemacht werden können. Die Mehrzahl der Kameras ist mit Cooke-Objektiven mit unterschiedlichen Brennweiten und Blenden ausgestattet, darunter auch das wohlbekannte 12 Zoll F/3.5 Porträtobjektiv. Für besondere Aufnahmen gibt es die 17 Zoll Ross F/5.4 Telecentric.

Als die *Endurance* sank, gelang es Hurley, alle 6 3/4" x 8 1/2" und die Hälfte der 4 3/4" x 6 1/2" Glasplatten-Negative zu retten; sie sind derzeit im Besitz der Royal Geographical Society's Picture Library. Außerdem konnte er ein Album bereits entwickelter Fotos retten. Die Fotos aus diesem Album vermitteln zumeist ein ungeschminktes Bild vom Leben an Bord des Schiffes vor dem Einbruch der Katastrophe. Das Album liegt in den Archiven des Scott Polar Research Institute an der Cambridge University. Zwanzig gerettete Paget Color-Diapositive, äußerst seltene Beispiele früher Farbfotografie, sind im Besitz der Mitchell Library in der State Library of New South Wales, Australia. Nachdem Hurley sich gezwungen gesehen hatte, seine Ausrüstung im Ocean Camp zurückzulassen, machte er schließlich achtunddreißig Aufnahmen mit seiner

HURLEY FILMT VON DER TOPRAH

»Hurley ist ein Krieger mit seiner Kamera & würde überall hingehen & alles tun, um ein Bild zu bekommen.« (Greenstreet in einem Brief an seinen Vater)

kleinen Taschen-Kodak; auch diese Bilder gehören zu der Sammlung der Royal Geographic Society.

Alle Fotografien in diesem Buch wurden von den Original-Glasplatten und den Original-Filmnegativen oder von direkten Interpositiven der Albumbilder hergestellt. Für die Reproduktionen im Duoton hat man sich bei der Entwicklung so eng wie möglich an den Abzügen orientiert, die Hurley kurz nach der *Endurance*-Expedition von seinen eigenen Negativen gemacht hat. Die versal gesetzten Bildunterschriften sind bis auf wenige Ausnahmen Hurleys eigene Legenden zu diesen Fotos.

Die Ausstellung des Museum of Natural History: *Endurance: Shackleton's Legendary Antarctic Expedition,* ist die umfassendste Ausstellung, die je zu Hurleys Meisterfotografien der *Endurance*-Expedition zusammengestellt worden ist. Alle Fotos der Ausstellung und des Buches wurden von Barbara und Michael Gray in ihrem kleinen Studio bei Bath produziert. Michael Gray ist Kurator des National Trust, Fox Talbot Museum, Lacock, England.

Wir bedanken uns bei Sheil Land Associates Ltd., London, für die Genehmigung, Auszüge aus *Endurance* von Frank Arthur Worsley (© 1931 Frank Arthur Worsley) zu zitieren.

Die Originalausgabe erschien 1998 unter dem Titel
The Endurance. Shackleton's Legendary Journey to Antarctica
bei Alfred A. Knopf, Inc., New York

Die Fotos auf den folgenden Seiten wurden mit Erlaubnis des Bildarchivs der Royal Geographical Society in London reproduziert: 1, 3, 4, 8, 9, 12, 23, 24, 27, 30, 34 bis 47, 50, 51, 53, 55 bis 58, 60, 61, 62 oben, 64, 65, 68, 71, 73, 77 bis 80, 82 bis 85, 87 bis 91, 93 bis 97, 100, 101, 102, 104, 106, 107, 108, 110 bis 113, 115, 116, 118, 120 bis 123, 125, 130, 138 bis 143, 144 rechts, 146 bis 152, 175, 180, 182 bis 185, 187, 190, 193, 194, 196, 201, 213, 222

Die Fotos auf den folgenden Seiten wurden mit Erlaubnis des Bildarchivs des Scott Polar Research Institute, Cambridge, England, reproduziert: 7, 11, 21, 22, 26, 28, 29, 32, 33, 52, 54, 62 unten, 63, 67, 69, 70, 72, 74, 75, 76, 86, 92, 109, 124, 144 links, 164, 211, 214

Das Foto auf Seite 145 wurde mit Erlaubnis der Mitchell Library, State Library of New South Wales, Sydney, reproduziert.

Für die deutsche Ausgabe

Umschlaggestaltung: Nina Rothfos und Patrick Gabler, Hamburg
Karten auf den Vorsatzpapieren: Ditta Ahmadi & Peter Palm
Gesetzt aus der Goudy Old Style durch psb – presse service berlin
Druck & Bindung: Butler & Tanner Limited
Printed in Great Britain 1998
ISBN 3-8270-0296-6
ISBN 3-8270-0396-2 für die broschierte Ausgabe

Gedruckt auf chlor- und säurefreiem Papier

5 6 7 8 9 01 00 99